房地产丛书

物业管理法律实务

阎祖兴 主编

图书在版编目(CIP)数据

物业管理法律实务/阎祖兴主编.—北京:中国建筑工业出版社,2003
(房地产丛书)
ISBN 7-112-05286-6

Ⅰ.物… Ⅱ.阎… Ⅲ.物业管理—法规—基本知识—中国 Ⅳ.D922.181

中国版本图书馆 CIP 数据核字(2003)第 008405 号

房地产丛书

物业管理法律实务

阎祖兴 主编

*

中国建筑工业出版社出版、发行(北京西郊百万庄)
新 华 书 店 经 销
北京同文印刷有限责任公司印刷

*

开本:850×1168毫米 1/32 印张:12 字数:322千字
2003年4月第一版 2004年2月第二次印刷
印数:2501—3700册 定价:29.00元
ISBN 7-112-05286-6
F·414(10900)
版权所有 翻印必究
如有印装质量问题,可寄本社退换
(邮政编码 100037)
本社网址:http://www.china-abp.com.cn
网上书店:http://www.china-building.com.cn

图书在版编目(CIP)数据

物业管理法律实务/阎和礼主编. —北京:中国建筑
工业出版社,2003
(房地产丛书)
ISBN 7-112-05286-6

本书是依据我国现有的法律、法规和国外物业管理方面运作机制,结合多年为物业管理企业和业主等提供法律服务过程中所积累的经验所编写的。主要包括:物业管理法律关系、物业管理法律责任以及业主基本权益的法律保护等内容。本书可供物业管理从业人员,从事物业管理业务的律师以及广大业主参考之用。

编写人员名单

主编：阎祖兴

副主编：张文谦　刘宏生

参加编写人员（按姓氏笔画排列）：

于　淼　王　岩　孙凤久　邢　宏　李晓平

朱柏利　张秀军　张殿良　宋玉轩

出 版 说 明

自从我国实行改革开放以来,房地产业随之蓬勃发展,尤其是房地产业改革、住房制度改革,经过20多年的发展已取得了辉煌的成就。特别是住房制度的改革,结束了住房实物福利分配的阶段,已进入了以建设新住房制度为主的新阶段。房地产业市场活跃,生产力发展较快,1999~2001年每年竣工的城镇住宅面积都超过了5亿多平方米,这些巨大的变化和发展与住房制度改革取得突破性进展息息相关。通过政府对房地产业的宏观调控,在法制建设、行政管理、市场规范、房地产内部结构和企业自律能力等方面,都取得了较大的进步,我国的房地产业已走过了"复苏"阶段,进入了理性发展的新阶段。我国的房地产业就是在不断出现新情况、新问题、新困难,又不断地研究,提出许多新的有效对策,克服重重困难向前发展的。

在21世纪初,我国2008年申奥成功和加入WTO后,我国的住房制度改革和房地产的发展将翻开新的篇章,为了更好地反映我国房地产业的发展,我们组织了这套房地产丛书,将不断地反映我国房地产业发展的新成果、新经验,更好地满足广大读者在新形势下的需求。希望这套丛书对广大读者有所裨益,同时也希望大家对这套丛书的内容提出宝贵意见,以便我们改进。

中国建筑工业出版社
2002年8月

前　言

我国物业管理经过20多年的蓬勃发展,已经成为一个独立的行业,并在全国形成了一定规模,从业人员众多,与老百姓的生活日益息息相关。但由于目前我国物业管理的法律体系还处在进一步建立和完善之中,物业管理活动中还有很多法律问题尚未得到明确的、统一的认识和理解,物业管理企业、房地产开发企业、广大业主以及其他相关部门之间存在大量的法律关系,法律纠纷时有发生。为了便于各类物业管理纠纷的合理解决,充分维护业主的合法权益,我们依据我国现有的法律、法规和国外物业管理方面的运作机制,结合多年为物业管理企业和业主等多方主体提供法律服务过程中所积累的经验和教训,编写了本书。同时,为进一步强化本书的实践指导意义,我们还聘请了辽宁省高级人民法院民事审判庭副庭长张秀军法官、沈阳市中级人民法院行政审判庭副庭长李晓平法官、原经济庭副庭长孙凤久法官和沈阳市沈河区人民法院立案庭庭长于森法官、民事审判庭周全法官,参与了本书的编写。我们力争本书能在理论和实践上对物业管理企业从业人员、从事物业管理业务的律师以及广大业主有一定的借鉴作用。另外,本书对物业管理行政主管部门和其他相关业务部门也有一定的参考作用。

本书在编写过程中,得到了辽宁同兴律师事务所和沈阳华新国际网络物业管理服务有限公司的大力支持,在此表示衷心感谢。

由于时间和水平有限,书中必然存在不足之处,恳请广大读者给予批评和指正。

目 录

第一章 物业管理概述 ... 1
第一节 物业和物业管理 ... 1
第二节 国内物业管理的状况 ... 7
第三节 国外物业管理的状况 ... 15

第二章 国内外物业管理法律制度概述 ... 22
第一节 国外物业管理法律制度的状况 ... 22
第二节 香港特别行政区物业管理法律制度 ... 49
第三节 国内物业管理法律制度的现状 ... 63
第四节 目前我国物业管理法律制度存在的主要问题 ... 68

第三章 物业管理主体 ... 72
第一节 直接主体 ... 72
第二节 相关主体 ... 101
第三节 行政主体 ... 106

第四章 物业管理法律关系 ... 116
第一节 基本法律关系 ... 116
第二节 相关法律关系 ... 140
第三节 行政法律关系 ... 153

第五章 物业管理法律责任 ... 165
第一节 房地产开发企业在物业管理中的法律责任 ... 165
第二节 业主委员会在物业管理中的法律责任 ... 173
第三节 业主(物业使用人)在物业管理中的法律责任 ... 183
第四节 物业管理企业在物业管理中的法律责任 ... 191
第五节 其他相关主体在物业管理中的法律责任 ... 203

第六章 业主基本权益的法律保护 ... 211
第一节 业主基本权益的主要内容 ... 211
第二节 维护业主基本权益的法律基础 ... 213

第三节　维护业主基本权益的主要途径 …………… 229
第七章　物业管理企业日常法律顾问工作 ………… 247
　　第一节　规范物业管理企业依法运作的基本原则和方式 ……　247
　　第二节　规范物业管理企业与各方面的法律关系 …………… 252
　　第三节　建立法律文件的管理机制 …………………………… 256
　　第四节　建立信息反馈及处理机制 …………………………… 265
　　第五节　物业管理为律师业务拓展空间 ……………………… 271

第八章　网络智能化物业管理的法律问题 ………… 276
　　第一节　网络智能化物业管理的概念 ………………………… 276
　　第二节　网络智能化物业管理的主要内容 …………………… 281
　　第三节　网络智能化物业管理规则的建立 …………………… 288
　　第四节　网络智能化物业管理的运作 ………………………… 293
　　第五节　网络智能化物业管理目前的障碍及解决 …………… 298

第九章　物业管理活动中的诉讼和非诉讼 ………… 304
　　第一节　物业管理诉讼的法律特征 …………………………… 304
　　第二节　物业管理诉讼的程序与实体问题 …………………… 307
　　第三节　物业管理的非诉讼 …………………………………… 320

第十章　物业管理主要法律文件的分类与制作 …… 324
　　第一节　组建实体类法律文件的制作 ………………………… 326
　　第二节　委托类合同的制作 …………………………………… 335
　　第三节　公契的制作 …………………………………………… 342
　　第四节　购销、居间类合同的制作 …………………………… 347
　　第五节　其他法律文件的制作 ………………………………… 354

第十一章　案例分析 ………………………………………… 361

第一章 物业管理概述

1981年3月,中国的第一家涉外商品房物业管理公司在深圳成立,标志着物业管理这一新兴行业在我国的出现。二十多年来,我国在改革开放的形势下,政治稳定,经济迅速发展,房屋建设特别是新型社区、住宅、公寓大厦的建设更加迅速。物业管理企业也随之有了飞速的发展,并由主要分布在南部地区扩展到全国的各个地区。人们对于物业管理开始有了实质性的了解,物业管理进入平常百姓的生活,并且在我国政治、经济生活中发挥着越来越重要的作用。

第一节 物业和物业管理

一、物业的涵义

我们现在提到的"物业"一词,译自英语的 property 或 estate,英文的原意是"财产,所有物,不动产",译为中文后的"物业",主要是指"以土地和土地上的建筑物、构筑物、设备设施等形式存在的不动产"。这种含义的"物业"概念,先由香港传到沿海各地,而后传入了内地。

对于物业的涵义,由于人们接触的实际不同,产生了多种提法。大至一整座商业大厦,小到一个住宅楼内的一套住宅,都会有人称之为"物业"。之所以出现这一现象,主要是因为物业有可大可小的单元性,可以根据区域空间作相对的分割,比如一座大厦,可能因为所有权不同,而被分作若干个物业。

那么,物业到底是什么呢?到目前为止,对物业提出的概念有很多种表述。综合来看,物业一般包括以下几个要素:

1．建筑物与建筑物所坐落的土地：建筑物，指已经建成并可供使用的各类建筑物。按使用功能可分为居住物业、商务物业、工业物业和其他物业等。

2．设施：与上述建筑物相配套的公共设施，包括建筑物内部的多项设施、公共市政设施、与建筑物相邻的各种构筑物、道路、庭院(含花草树木)、停车场、照明设施等。

3．设备：与建筑物相配套，保证建筑物各项使用功能的设备，包括给水设备、排水设备、热水供应设备、消防设备等。

由此可知，一个单独的、孤立的、不具备任何相关配套设备、设施的建筑物，不能被称作是完整意义上的物业。完整的物业，必须具有使用功能，是建筑物、地产和相关的配套设施、设备的统一。

因此，"物业"的概念应为：物业是指已建成并具有使用功能和经济效用的各类供居住和非居住用的建筑物及其与之相配套的设备、市政、公用设施和建筑物等所依附的土地。

根据用途，物业可具体分为：住宅、写字楼、商场、酒店、旅馆、工业厂房、学校校舍等等。

二、物业的主要特性

世间万物都有与众不同的地方，物业也不例外，也有自己的特性。总的来说，物业有以下几个方面的特性：

(一) 物业的商品特性

物业的商品特性由物业的价值、使用价值以及商品经济的规律所决定。

物业商品特性的内容包括：物业在市场交易活动中进行买卖、租赁和抵押等，实现其商品的价值和使用价值，体现物业的商品性；物业的开发、建造、销售和管理都是商品经济活动，遵从价值规律；物业的消费或分配，即使是非盈利性质的，也充满商品经济的特点，遵守"商品对货币"的原则；而在物业的开发、建造、经营到消费、管理的全过程中，所有环节都不是无偿的，所有参与人之间，从本质上来说都是一种商品经济的关系。

物业的商品特性，决定了物业是可以保值和增值的。物业的这一特点,主要来自于物业作为房地产的价值能力。房地产作为一种资产,在其固有的物理性质中具有永久性和长期性,可以最小限度地受到外界自然力的影响。在商品活动中,作为固定资产的房地产在消费之后,不仅很小限度地受到经济波动的影响,而且其周边环境的发展,会使处在其中的房地产的价值更加得到提升,所以房地产具有保值和不断增值的能力。近十年以来,越来越多的人们开始认识到了物业的这一特性。

（二）物业的权属性

物业的权属性也就是物业的法律特性,主要反映的是物业的权属关系,也就是房地产物权。房地产物权,在我国的法律中,指的是物权人在法律规定的范围内享有的房屋的所有权及其占有土地的使用权。

物业商品的所有权不是一个单项权利,而是多种权利的整合体,拥有多项功能,比如租赁、出售、抵押等,这些功能形成了一整套抽象的权利体系。在这一权利体系中,各项权利可以拆分,单独行使或享有,或者形成不同的组合进行使用。在这些权利中出现的冲突、矛盾等,形成了物业特有的法律特性。

（三）物业的固定性

物业的固定性主要是指物业在空间位置上相对固定和不可移动的特性。任何人都无法用物理移动的办法将已建成的某一物业从一地移到另一地,更不能移动其在法律上的意义。这就是物业的固定性。

（四）物业的长期性

物业的长期性主要是建筑物的长期性。建筑物在建成之后,如无特殊情况,物理寿命可长达数十年甚至数百年,具有供人们长期使用的功能。物业的长期性决定了物业可以一次性售出,将其价值一次性收回;也可以以出租的形式零星出售,在较长时期中将其价值多次收回。

（五）物业的多样性

物业的多样性指的是建筑物的多样性。建筑物的多样性是由很多因素造成的。不同的建筑目的、建筑技术、建筑材料、建设年代、建筑风格,建筑物所处的不同的自然环境、经济环境,建筑物本身的技术条件等等,造就了建筑物在外观、结构、功能等各方面的多样性。

三、物业管理的概念

物业管理的概念同物业的概念一样来自英语,原文是"property management"或"real estate management",直译的意思是"房地产管理"或"不动产管理"。

物业管理的概念可以从多方面进行定义,但本书中只对物业管理在法律上的概念进行定义和介绍。从最简单的意义上理解物业管理就是对物业所进行的管理。管理是对一定事物进行组织、规范、引导、评价、约束的活动。依此思路,物业管理的定义可以是对物业进行组织、规范、引导、评价和约束的活动。很显然这一概念是片面的,不能正确地解释物业管理的概念。因为物业活动中的管理,不仅包含着管理的内涵,同时还包含着服务的内涵。笔者认为物业管理首先应定义为物业管理和服务(以下本书所提物业管理除非特殊注明,均包含物业管理和服务的内涵),应当从管理和服务两个方面来分析和研究物业管理的概念,这样才能掌握物业管理概念的实质,同时也是全面掌握物业管理活动的每一环节所必须的。

我国物业管理的概念,可从广义和狭义两方面来进行定义。

广义的物业管理概念,是指根据法律法规的规定或合同的约定,由有关行政机关、行业专门组织、物业管理企业、物业开发者或业主(使用人)对物业所进行组织、规范、引导、评价和提供相关服务的活动。

这一概念具备如下特征:

1. 物业管理主体的广泛性。广义的物业管理的主体有相关行政机关、行业专门组织、物业管理企业、房地产开发者、专业管理企业和业主(使用人)等。

2. 规则的规范性。物业管理的规则,为国家法律、法规的规定和合同的约定。无论是国家法律、法规，还是当事主体之间所签订的合同，均是规范性的法律文件。

3. 关系的复杂性。从广义的物业管理概念来看，物业管理的关系涉及到行政部门对物业企业的行政监管关系、物业管理企业与业主(使用人)的委托关系、房地产开发企业与物业管理企业的委托关系、房地产开发企业与业主(使用人)的关系等多项法律关系。

4. 内容的多样性和社会性。广义的物业管理的内容为对物业的管理和服务。无论是对物业的管理还是对物业的服务，其内容是相当多样的，不仅仅包括对物业项目的保安、保洁、绿化、维修等方面的管理和服务，还包括诸如配套项目的服务、社区内商务服务等众多的服务。物业管理服务的多样性，必然造成单一一个物业管理企业很难达到向业主(物业使用人)提供全部内容的管理和服务的要求，这就需要社会对物业管理给予支持，因此物业管理具有相当的社会性。

5. 管理的专业性。物业管理是由专业的物业管理企业来提供的，专业的物业管理企业为了达到物业管理的目的在其内部设置了诸多的专业部门，或者是其内部并不设置过多的专业部门，而是由物业管理企业整合社会资源来完成的管理服务，因此物业管理具有专业性。

需要强调的是，目前我国的物业管理法律制度中并不排除物业区域内的业主(物业使用人)自己来完成物业管理活动，但是不管业主(物业使用人)采取什么样的手段，其物业管理活动必将走向专业化，否则难以满足社会对物业管理的需求。

狭义的物业管理概念，指的是物业管理经营人(物业管理企业)接受物业所有人或物业使用人的委托，依照国家的法律、法规和管理标准等，运用现代的管理科学和先进的维修、养护、服务技术，按照委托管理合同的规定，以经济手段从事已投入使用的各类物业的养护、修缮等专业化、规范化的管理，并为物业所有人和使用人提供多方面高效周到的服务，为物业的所有人或使用人创造安全、方便、舒适、优美的环境,并使物业的使用价值和经济价值得到保护和提升的一种活动。

狭义的物业管理概念与广义的物业管理概念的主要区别为:

1．主体突出。狭义物业管理的主体主要为物业开发商或业主委员会(代表业主、物业使用人)、物业管理企业(包括各专业公司)。

2．依据单一化。狭义物业管理行为产生的依据为委托合同,而且只能依这种委托合同产生物业管理行为。

3．关系简单化。狭义物业管理的关系通常只指单一的委托关系,不论是房地产开发企业或业主委员会与物业管理企业之间的关系,还是物业管理企业与专业公司之间的关系均是一种委托关系。

4．狭义的物业管理概念不包含行政部门对物业管理行为的管理活动,而广义的物业管理活动包括行政管理机关对物业行为及物业管理企业的管理。

本书中我们在广义的物业管理基础上重点研究狭义的物业管理。

四、物业管理的起源

物业管理是社会经济发展的必然结果。物业管理的发源地在英国,19世纪60年代,英国处于工业革命的全盛时期,工业的快速发展带动了对劳动力的需求,吸引了大量的农村人口涌进城市,城市人口激增,导致旧城市压力增大,各种问题相继出现,其中以住宅缺乏现象和人们的生活环境质量问题最为严重。有些业主和建筑商相继建造了一些简易多层房屋,租、卖给中、低收入的家庭住用,但是由于缺乏科学的物业管理,出租的房屋受损严重,城市居住环境继续恶化,房主的利益也得不到保障。一位普通的英国市民奥克维娅·希尔女士,在迫不得已的情况下,为自己租出的几间房屋制定了一套规范租户行为的管理规则,要求租户遵守,却意想不到地收到了很好的效果,于是附近的房主纷纷效仿。一种新型的管理模式由此产生,随着英国在全球的势力扩张,这种方法得以在一些国家和地区引用和发展。这种新型的管理方法,被视为最早的"物业管理"。

此外,英国政府在广义物业管理上也起到了历史性的开创作用。

第一,19世纪60年代,伯明翰市开历史之先河,由市政府出面主持房地产的大规模开发、经营、租赁和管理。

第二,1862年英国政府开始采用地产权登记制度。

第三,1832英国开始制定住宅法规《乔利拉法案》,1868年制定了《工匠及劳工住宅法》,1885年英国政府颁布了世界上第一个物业管理法令《1885年工人阶级住宅法》(《Housing of the Working Classes Act 1885》)。

第四,1868年,英国房地产专业协会"英国皇家测量师协会"成立,这是一个"准"全国性质的物业管理协会。

第五,包括物业"大型维修储备基金"在内的各类投资基金也是起源于英国。1868年,英国建立了世界最早的投资基金组织"投资托拉斯"。

因此,无论从宏观运作还是从微观运作上看,物业管理的起源都可以界定在19世纪60年代的英国。

第二节 国内物业管理的状况

一、国内物业管理发展的历程

20世纪80年代初,深圳第一家物业管理公司成立,标志着中国开始有了自己的物业管理。物业管理在中国的萌发,外因主要是受东南亚等地房地产管理体制,特别是物业管理体制的影响,内因则是因为国内开始了创建文明住宅小区活动,并加强了对新建商品房售后管理。这一时期,物业管理作为一个行业,只是房地产开发的附属,只限于沿海部分的大中城市,没有形成全国性的规模。

20世纪90年代,人们开始关注物业管理这一具有独特功能的行业。

1993年,建设部房地产业司召开第一届全国物业管理研讨会,深圳市成立物业管理协会,标志着我国物业管理开始进入全面发展的时期。

1994年,建设部颁布有关物业管理的第一个规章,确立了物业管理在房地产行业中的地位。

1994年,建设部要求物业管理在广度上从新建区向建成区延伸,从深度上向市场化迈进。

1995年,建设部把物业管理提升到城市管理体制改革的高度,要求全社会关注和支持。

我国的物业管理虽然起步晚,但是发展迅速,覆盖面广。据不完全统计,到目前为止,我国已拥有3万多个物业管理企业,所管理的房屋面积已达到20多亿平方米,物业管理从业人员达到200多万人,在一些省市,如北京、天津、辽宁、江苏等地,物业管理的覆盖面积非常广泛。

二、传统房屋管理与物业管理的比较

建国以后,国家一直以计划经济条件下的行政管理体制对城市房屋进行管理,这一体制至今仍是部分城镇房屋管理的主要模式。

无论是新兴的物业管理模式,还是传统的行政性管理模式,都是对城镇房屋使用期的管理,物业管理可以说是在传统行政性管理的基础上的延伸和发展。两者有共同点,又有原则上的区别。

(一) 管理模式

传统房屋管理模式是一种行政性、福利性的管房模式,由政府机构实施管理;物业管理模式则是一种经营性、企业化的劳动服务行为,具体的管理由具有法人资格的物业管理企业和各种专业服务公司实施。

(二) 管理体制

传统房屋管理受房屋福利性分配模式的影响,是一种非经营性的管理行为,在租金很低不足以养房的条件下,利用行政补贴弥补经费的不足,但如经费还是不足,房屋得不到妥善的养护既受到损害;物业管理则在市场经济条件下,提供劳务的有偿服务,依靠对物业的经营和对业主的优质服务,来管好物业并取得自身的生存和发展。

(三)管理内容

传统管理工作的内容简单,一般局限在房屋和附属设备的使用和维修,管理水平不需要很高,并且由于租金低,收了租金也养不了房,房管部门又是行政性事业单位,缺乏开展经营性服务的主动性和积极性,所以服务范围狭窄、功能单一。

物业管理则对房屋、设备、设施、环境等实行全方位、多功能的经营管理,提供综合性服务,并千方百计地从广度和深度上拓展业务,既要管理好房屋,又要提供多方面的服务。

(四)产权关系和主导地位

传统的房屋管理产权单一,产权归国家所有,因而,管理基本上是一种单向行为,一切由管理单位说了算,住户处于被管理的被动地位。

随着房屋商品化、住宅制度的改革,产权结构发生了根本性的变化,作为随之产生的新行业,物业管理企业与业主是契约关系,双方通过共同认可的合同相联系,有明确的权利义务。物业管理企业的职责是对小区内所有的房屋及附属设施、设备进行维修管理,并对小区内的环卫、绿化、保安等实施全方位的管理,为业主创造舒适、优美、安全的居住环境,业主在管理中居主导地位。

综上所述,物业管理完全转换了传统管理模式下政府、管理单位、业主和使用人三者之间的关系。物业管理使原来由政府对物业和物业环境的保养、服务直接负责、直接管理,转换为由业主、使用人自负其责。表1-1清晰地反映了专业物业管理与传统房屋管理的比较。

专业物业管理与传统房屋管理比较　　表 1-1

	专业物业管理	传统房屋管理
单位性质	企业单位	事业单位
物业产权	个人产权(多元)	国家财产(单一)
管理人员	公开招聘	政府委派
管理手段	法律、经济手段	行政手段
管理任务	广泛:维修养护+综合服务	狭小:维修养护
管理经费	自筹、收费、多种经营	低租金、补贴
费用状况	收支平衡、略有盈余	严重不足
服务性质	有偿服务	无偿服务
双方关系	代表业主、业主主导	代表国家、房管主导
管理观念	为业主服务	管理租、用户
管理方式	社会化、专业化管理	分散的部门管理
经济模式	市场经济管理模式	计划经济管理模式
管理效果	房屋维护良好、物业保值升值、物业延长寿命	房屋损坏严重,物业寿命缩短、社会财富浪费

三、我国物业管理的类型

我国物业管理的形成和发展,与经济环境密切相关。在我国房地产业发展的过程中,物业管理首先是作为房地产的附属出现的,所以,物业管理早期阶段,大多数的开发商和物业业主在物业建成后,自己组建物业管理部门进行管理,这种物业管理被称作为自主经营型的物业管理。

自主经营型的物业管理有两个基本特征,一是物业的所有权和经营管理权是统一的,二权不分离;另一个是物业所有权人和物业经营管理人是同一个法人。

我国物业管理最初阶段,自主经营型物业管理占主导地位。但是,自主型物业管理因规模的限制,区域都不是很大,而且这种形式的物业管理,一般商场、宾馆、度假村、厂房等采用的比较多。随着国家经济的快速发展,人民生活水平不断提高,房地产业迅速成为国民经济增长的支柱产业,人们对物业管理的要求也不断提高。自主经营型物业管理因为开发商和物业管理企业实为一体,在企业的经营管理、对住户的服务、各项业务的开展上有很多的弊病,微观上阻碍了物业管理企业的正常运作和发展,宏观上阻碍了物业管理行业向规范化、标准化、专业化等方面的发展,同时亦无法满足市场对物业管理企业的要求。因此,在物业管理发展的过程中,委托管理型的物业管理渐渐占据了主导地位。

委托管理型物业管理,实际上是物业管理的基本的、典型的管理方式,就是开发商或业主(委员会)采用招投标或协议的方式,通过"物业管理委托合同"委托专业的物业管理企业对物业实施管理并对业主提供各项服务。

在本书中提到的物业管理,如非特殊说明,指的就是此种类型的物业管理。

委托管理型的物业管理,能够更好地适应城镇住宅制度改革和市场经济体制建设,彻底解决了开发商重建设轻管理的现象,使物业管理企业理清了与开发商之间的关系,能够按照物业管理行业的特点去发展,成为逐渐成熟的第三产业,为促进房地产管理的社会化、科学化,促进城市建设和房地产市场的发展起到了重要的作用。

四、我国物业管理的特点

我国物业管理虽然只有二十多年的历史,但是发展速度却非常快,尤其是最近十年,更是出现了全国各地普遍升温的态势。我国的物业管理表现出如下一些特点。

(一)物业管理的普遍性

这种普遍性体现在几个方面:

一是物业管理已成为覆盖全国的行业。物业管理自传入国内之后,不仅发展迅速,而且覆盖范围广泛,在许多省、市,如北京、上海、天津、广东、辽宁、江苏、福建等,各种物业管理企业纷纷成立。到目前为止,全国的物业管理企业达到二十多万家,从业人员达几百万人。

二是物业种类的增加。物业管理出现以后,由物业管理企业管理的物业种类在不断地增加。最初纳入物业管理范围的仅限于民用住宅,随着房地产管理体制改革的深化,行政用房、营业用房、文教用房、生产用房、涉外商品房等先后进入物业管理范围。

三是国际物业管理企业的介入。随着国内经济体制改革的发展和物业管理行业的进步,一些国际上知名的物业管理企业开始进入大陆,或做物业管理顾问,或与内地原有物业管理企业合资,为国内物业管理水平的提升提供了条件。

(二) 物业管理两种类型的并存性

物业管理的两种类型,也就是现代的专业物业管理模式与传统的房屋管理模式。由于历史的原因,城镇中还有一大批原来的公房没有出售,所以,在今后一段时期内,还需要用传统的房屋管理方式进行管理。但是,房地产体制改革的深化,已使大量的商品住宅进入市场,对于这部分住房的管理,完全可以采用现代的物业管理模式。从趋势上看,现代物业管理模式下的房屋比例在逐年增加,这也是中国物业发展的大方向。

(三) 物业管理服务的多样性

物业管理的标准,是与房地产建设标准和人们的生活要求相关的。住宅成为商品之后,住房的产权随之出现多元化的现象;市场经济的发展也带来房地产建设标准的多样性和房屋的质量、装修标准的多层次化。物业管理行业面对的市场,是从一般住宅小区到高级外商公寓等多样化的住宅。因此,物业管理企业要提供的服务也出现了多样化的特点,从一般的物业管理服务,如维修、保洁、绿化、保安等到家政、家教、商场、餐饮甚至商务配送专项服务等,已经有物业管理企业提出营造社区文化的理念,这表明了我国物业管理的水平已经达到在提供物质服务的同时,还要提供精神服务的高度。也只有这样,物业管理企业才能满足市场的不同层次、不同水平的需求,才能与国际水平接轨。这也是物业管理发展的必然趋势。

(四) 物业管理内容的多样性

除了物业管理服务的多样性，物业管理内容还表现出自己在深度上的特性。目前，我国的物业管理既有对一般住宅的管理，也有对高级公寓、高档写字间等的管理，其管理水平已经非常接近或达到了国际水平。尤其是上海、深圳、广州等地的多家物业管理企业，规模很大，管理着很多的物业项目，项目种类齐全，既有住宅、公寓、别墅等居住物业，又有经营性的物业，如办公大厦、商场、生产用房、文教用房、卫生用房等特种物业，其管理达到了一定的水平，很多优秀项目通过了 ISO 9002 的国际质量认证。这些都标志着我国的物业管理，在物业管理的类型和服务等方面已形成了自己的特色。

五、我国物业管理的发展前景

我国物业管理已经逐渐进入市场化的运作阶段，市场化后的物业管理，必然会促进物业管理行业的进一步发展，其前景十分广阔。

（一）物业管理的正常化

物业管理市场化之后，会在几个方面逐步进入正常化状态，其一是传统的房屋管理会逐渐纳入到专业的物业管理模式中来，使中国的物业管理市场更趋成熟。其二是物业管理企业和业主委员会之间的关系会更加顺畅。随着商品房市场的不断发展，社会对健全完善的物业管理的需求也在加大。物业管理行业的发展需要有完善、全面的物业法律法规体系，以及在此背景下才能够建立起来的物业管理企业与业主委员会之间的正常关系。只有理顺与业主委员会的关系，物业管理企业才有可能进入正常的工作状态，更好地发挥服务业主的作用。另外，物业管理行业的收费情况将与服务项目的设置逐渐平衡，使物业管理行业的资金运作进入良性化循环。

（二）物业法律、法规的完善化

专业的物业管理是物业市场发展的大趋势。但是，物业管理企业与业主、物业管理企业与房地产开发企业之间不断产生的纠纷，阻碍了物业管理的正常发展，也暴露出物业管理法律、法规体系不健全的缺陷。目前,国家各级政府都加大了对物业管理的重视程度,强化了对物业管理的指导和监督,致力于建立和健全物业管理方面的法律、法规和制度,相信物业管理企业与业主委员会和房地产开发企业的关系会逐步理顺。

(三) 物业管理企业的规模化

随着经济体制改革的发展,房地产业已经确立了其在国民经济中的地位,并在城市建设和社会生活中发挥着积极的作用。物业管理行业的发展,使物业管理企业的规模不断扩大,很多中、小型企业逐步向大、中型企业转化,出现了一大批物业管理企业集团。另外,一些外资物业管理企业的介入,也加快了物业管理集团化的进程。

(四) 物业管理项目的品牌化

物业管理行业市场的发展,物业管理企业规模的壮大和物业管理企业数量的不断增长,导致物业管理行业的市场竞争加剧,迫使物业管理企业在保证和提升管理品质上下功夫,在服务质量上不断强化,物业管理的范围也从只提供安全、舒适、整洁、方便等基本服务,扩大到提供社区文化、社区商务等增值服务内容,以此来树立独特的品牌,增强竞争力。

(五) 物业管理项目的网络智能化

目前,房地产市场已经开始出现网络智能化的住宅、大厦等等,网络智能开始成为房地产开发企业的营销内容之一,这也使得物业管理企业不得不适应环境,在物业管理服务的范围中,加上对网络智能化内容的管理。未来的物业管理企业应能做到对网络智能化内容了如指掌,在向房地产开发企业提供的前期服务中增加对网络智能部分的意见和方案,可使住宅和大厦的网络智能化设施、设备部分更加合理,也会使物业管理企业的管理更加顺畅。

(六) 物业管理项目的生态化

继网络智能化之后,随着环保主题的升温,房地产中又出现了以生态、绿色为主题的住宅和楼宇。调查结果表明,生态住宅已经开始在沿海省、市出现,虽然目前的数量还不多,但是有上升趋势。因此,物业管理企业应当提前做好准备,培养和提高本身的能力,当生态住宅开始普遍时,可以轻松地对这一新型住宅提供管理服务。

(七)物业管理行业的国际化

物业管理的国际化有两个方面,一方面是境外的知名物业管理企业在国内拓展业务,另一方面是中国的物业管理企业向境外输出物业管理服务。目前在国内的境外物业管理企业有很多,大多是做物业管理顾问,也有一些是成立规模化的物业管理集团,管理着众多数量的物业项目。中国在国外的物业管理,主要还是管理着由国内房地产开发企业在境外开发的房地产,今后国内的著名物业管理企业也将把物业管理服务作为国际服务贸易向外拓展。

第三节 国外物业管理的状况

物业管理在世界各地发展的过程中,融入了当地的文化特点,特别受各国房地产政策的影响,所以各国的物业管理都有与众不同的特点。

英国物业管理的整体水平是世界一流的。除了传统的维修、养护、清洁、保安等专业外,其物业管理的内容已延展到房地产开发工程的咨询和监理、房地产的功能布局和划分、房地产市场行情的调查和预测、房产销售目标客户群的认定、物业租售推广代理、通讯及旅行安排、网络智能化服务、专门性社会保障服务等全方位服务。在行业领导方面,成立了英国皇家物业管理学会,其会员目前遍布世界各地。

其他发达国家如美国、法国、德国、日本、瑞士、新加坡等,也结合本国的情况,逐渐形成了企业化经营、专业化管理、社会化服务,维护公共利益和公共秩序的现代意义的物业管理制度。下面介绍几个国家物业管理的状况。

一、美国

美国的物业管理已经非常成熟。美国设有专门的物业管理机构,机构中全部是高素质的专业从业人员。各级政府机构中都设有房地产管理部门,负责制定房地产和物业管理方面的法规并负责进行监督检查。美国有专门负责培训注册物业管理师的组织,即"房地产经纪人协会物业管理学会"(缩写为 IREM,总部设在芝加哥),任何一个管理师只有在达到 IREM 制定的标准后,才能得到注册管理师(CPM)的证书,才能有资格对物业进行管理活动。目前,这个学会已有 100 多个地方分会,拥有注册物业管理师约 15000 名,管理着全美 8770 亿美元的房地产,960 万套住宅和 7.06 亿 m^2 的商业楼宇。"国际设施管理协会"(IFMA)是另一家有规模的、在美国全国都有影响的物业管理协会,这个协会主要负责对全国物业设施的管理。1908 年,世界第一个专门的物业管理行业组织"芝加哥建筑物管理人员组织"(Chicago Building Managers Organization,CBMO)在芝加哥举行第一次全国大会。之后世界第一个全国性的业主组织"建筑物业主组织"(Building Owners Organization,BOO)和"建筑物业主与管理人员协会"(Building Owners and Managers associafiou,BOMA)相继在美国成立,这是专业负责代表物业管理过程中的业主利益的组织。这些协会大多还出版定期刊物、开办专题讲座和课程,以帮助物业管理人员提高专业知识、培养职业道德等等。

美国是一个典型的契约社会,政府不直接干预经济,而是通过政策、法律、规划、金融、税收、财政、保险、投资、价格等宏观手段进行管理和引导。物业市场和物业管理市场也是一样,在 19 世纪末 20 世纪初,美国便出现了运用这些宏观管理手段配套运作这一模式的雏形;另外,具有现代意义的城市管理学也于 20 世纪初率先在美国形成。这些标志着现代物业管理在美国形成,随着经济的发展和社会的进步得以持续发展,并日渐成熟。

在美国,成立物业管理公司必须取得营业执照。有的州还规定取得执照后的物业管理公司必须每 4 年接受 45 小时的专业课程培训,才能继续保留经营执照;一些管理岗位必须取得相应的专业证书等。还有的州规定管理人员必须持有大学毕业证书以及5年以上的物业管理经验等。国家法律规定,私人所持有的物业,可以由私人业主自己管理,也可以委托专业物业管理公司对其管理;政府所持有的物业,由政府设专门的机构进行管理。

在机构设置方面,美国物业管理公司一般由房产经理负责日常管理,并对该物业负责,房产经理下面设管理与维修部、财会部、能源管理部、治安保卫部等职能部门。

总的看来,良好的社会环境和法律环境使美国的物业管理者在接受业主的委托之后,能够顺利地行使物业管理权利,使业主的房产处于正常状态,并得以保值和增值,同时为业主提供了一个安全、舒适的生活环境和方便的社区服务。

二、日本

日本的大多数民众都居住在公寓式住宅内,因此,日本的公寓住宅管理很普遍。日本的公寓住宅管理,大多分为"委托式管理"和"自主式管理"两种方式。

委托式管理,就是委托专业的物业管理公司进行管理。日本的物业管理公司的服务内容与中国的物业管理企业不太相同,其经营范围可以从公寓房屋的销售和租赁中介,到收缴房租以及公寓房屋的养护、维修和管理等。委托有能力的物业管理公司对公寓进行管理,可以很好地保证居民的居住环境和公寓的保值和增值。在日本,委托物业公司管理公寓,需要支付管理费用,额度大约为房租收入的5%到10%不等。

自主式管理,就是由业主本身直接对公寓的公用设施和场地等公用部分进行管理。这种方式业主可以自愿参与管理,组成管理委员会(或称管理小组),对公用部分进行有组织的管理,各业主轮流领导管理委员会的事务。

随着公寓式管理的发展,日本又出现了"兼容式管理",其实这种管理方式是从"自主式管理"中慢慢演变过来的。自主式管理的优势在于可以节约成本,但是受公寓的规模和担任管理的业主自身素质的制约,另外在对一些项目的管理上也存在一定的问题,譬如花草树木的养护、电梯的巡检和维修、变电设备和供水设备等的维修和养护,都需要专业的技术人员,或专业的公司来承担。于是一些业主管理委员会开始聘请社会上的专业公司来负责公寓管理中的一些工作,这样就出现了"兼容式管理"。

日本物业管理的成熟还表现在公寓管理相关法规十分健全。1983年5月,日本政府修订了《公寓法》,建设省于1982年1月制订了《中高层共同住宅标准管理委托契约书》,1983年10月出台了《中高层共同住宅标准管理规约》,1987年7月又制订了《中高层共同住宅管理业务处理准则》,这三项规定被作为官方的标准法律样本,每个住户在购房时,都必须依照这些样本,并根据实际情况适当予以补充和调整后,与物业管理公司签约,确立双方的法律关系。

公寓管理中的专业管理部分,日本也有相当严谨、周密的法律规定,例如《大楼管理法》、《警卫业法》、《消防法》等。这些规定对各项专业的从业公司和从业人员的资格、专业技术工作的操作规范、工作质量的标准、工作安全的保障、专业技术的指标等都有非常具体的规定,要求物业管理公司在自己管理和外聘专业公司时必须严格执行。

三、新加坡

新加坡的物业管理政策很有特点,更多地受到了本国土地政策的影响。新加坡的土地管理制度与香港十分接近,类似英国的土地制度,除少数人由于历史原因拥有自己的土地外,所有土地归政府所有。政府对土地资源进行统一规划和开发。在住宅开发和管理方面,由政府属下的"建屋发展局"开发和建设居民住宅,并对其进行管理。建屋发展局建造的住宅大部分是"公共组屋"和"共管式公寓",小部分是"有地住宅"和"排屋"。

"公共组屋"一般为10层以上的住宅楼,是新加坡政府为解决低收入公民的住房问题而建造的,租用组屋的居民可以享受政府的财政补贴。

"共管式公寓"是在一幢楼宇内有多个业主,每个单元的产权归各个业主,公共设施为共有产权。"共管式公寓"的条件比"组屋"要好,所以最近几年,随着居民生活水平的提高,人们对居住条件的要求也越来越高,很多人从"组屋"搬到了"共管式公寓"。

"有地住宅"和"排屋"的房屋质量更高,价格也更贵,每年的建造数量不大。

建屋发展局主要对公共组屋实行物业管理,管理的内容包括住宅的保养和维护,公共设施、设备的维修和一些便民服务。管理的依据有政府批准的《住户手册》、《住户公约》和《防火须知》等法规。物业管理资金主要来源于三个方面:

1．建屋发展局在售房的利润中留下一笔管理基金。

2．组屋的一楼不作住宅,而是出租作为商店或娱乐室,为居民休息、娱乐、集会和购买食品用,是物业管理机构出租商铺的收入,也是开展便民服务的收入。

3．物业管理公司向业主或住户收取的管理费。

建屋发展局下设11个区办事处负责各区内组屋的管理和服务,局总部行政处负责协调日常事务。区办事处一般设立财务组、保养维修组、租约组、环境清理组、园艺组、小贩市场组和文书组等。各组都规定了明确的管理职责和工作条例,分别负责各项具体业务。办事处都配有电脑管理系统,工作效率和管理质量很高。居民购屋可以在同一幢大楼办妥一切住房手续和水、电、气、电话的使用手续;电梯实行24小时紧急修理制度,随坏随修。住户每月向区办事处交30新元左右的维修保养费(根据住房面积大小而定),由办事处统一安排住宅维修,住宅区设有日夜巡逻的修理车,住房或设施发生问题时,可以随时打电话给办事处。

近几年,建屋局与日薪工友工会商定,成立了私营的产业管理公司,向市镇理事会承包组屋管理和咨询服务,把公共组屋的管理、维修逐步推向社会化,以减轻政府的负担。

私人住宅和共管式公寓,是由各自依法组织的管委会负责管理,管委会则委托物业管理公司提供物业管理服务。

四、法国

在法国,各地都设有 HLM 机构,全称是"HLMUNION",意思是低租金住房联合会,以保证社会福利住宅的建设、出售或出租,以及对出租房屋的维修与服务。"HLM"指的就是社会福利住宅。

HLM 机构的主要任务是开发、建造社会福利住宅;出租或出售住房(以出租为主);对房屋及其设备进行经营管理、维修保养,对旧房进行改造。HLM 机构是非盈利性的,其在建房和出租、维修改造房屋等各方面都可以从政府获得补贴。目前,在全法国的住房中,有 16% 的房屋属于 HLM,法国每年建房总量中 HLM 占 25%,每年 HLM 还要改造 5 万套住房。

1950 年,法国"OPAC38"(国家房屋修缮与建设管理局)成立,专门负责管理法国 GRENOBLE 地区的房屋修缮与建设。在几十年的管理实践中,管理局总结出丰富的经验,开始对 HLM 采用先进的计算机管理手段,终于在 1983 年将对 HLM 进行管理的物业管理软件"HABITAT400"推向市场。

"HABITAT400"是一个模块式的物业管理软件,共有 3000 多个程序,软件的内容非常丰富,并且水平很高,系统非常完整,提供了广泛的使用范围,从房屋的出租、销售到建设期间的财务以及人员工资的管理等诸多内容一应俱全,包括企业管理、财务支出管理、总会计、相关协作单位、房屋现状勘察管理、企业工资与人事管理、物业维修管理、文件档案管理等等。"HABITAT400"有使用方便的多种功能,设有"帮助"键随时可以查阅,还可以广泛使用由用户设定的库,并能完成所需各种材料的打印输出。对于物业管理至关重要的资金管理,这个物业管理软件亦有涉及。管理人员还可通过"HABITAT400"进行财务预算管理,并随时查询预算执行情况,以便及时掌握物业公司的经营状况。还可通过计算机采购订货,进行房屋状况勘查管理等。

总之,"HABITAT400"是一种实用性很强的专业软件,它能广泛地满足各种需要,使其适应企业在运营各阶段的职能。目前,法国有 30 多家公司使用"HABITAT400"物业管理软件,管理着 26 万套住房。法国的这一经验,为我国物业管理的计算机化和规模化经营提供了值得借鉴的先进经验。

第二章 国内外物业管理法律制度概述

第一节 国外物业管理法律制度的状况

物业管理法律制度,是针对物业管理活动中涉及的各方面、各类型权利义务进行界定、调整、规范、制约物业管理过程中,各种基本行为的法律规范制度。例如发生以下一些情况:物业管理公司将专项维修费挪作他用且情节严重的;住房质量明显不合标准而开发商不予理睬的;义务人毁坏物业公共设施又拒不修复或赔偿的;义务人不缴纳管理费、水、电、煤气费等,有关组织或个人均可申请司法部门强制义务人履行自己的义务,并强制责任人承担自己的义务。由此可见,物业管理涉及面十分广泛,不仅涉及到社会多个行业和部门,还涉及到公民个人生活的各个方面,物业管理法律制度实际上是一个法律规范的体系。

下面介绍几个国家物业管理法律制度的状况。

一、美国

(一) 物业管理部门

1. 地方政府的房管机构:具体负责房屋开发、建设、使用、环保等具体工作,并通过土地使用规划、城市建设规划、租税政策、经营执照、资质认定等进行管理。如颁发房地产活动的有关规定和纪律条例,并将其作为物业管理法的一部分,具有法律效力;颁发或停发、吊销州内所有房地产方面的执照;从某些方面管理小区发展和不动产的处理等。

2. 行业协会和机构:如建筑物业主与管理人员协会、房地产管理学院、全国房地产代理人协会、美国土地开发协会等。

3. 物业管理公司：

(1) 执照的申请：在美国，申办经营执照手续比较简便，只要符合基本的法定条件，即可办理。如加州规定，物业公司的组成人员要具有大学学历，取得相应专业证书，5年以上物业管理经验，并要取得有关协会发给的合格证书等。

(2) 物业公司及管理人员资质的认定：一般是通过与物业管理有关的行业协会或组织来进行的。如美国房地产管理学院对合格的物业管理人员颁发三种证书，即合格物业经理(ARM)、合格住宅经理(CAM)、合格管理组织成员(AMO)。CAM相当于主管经理或执行总经理，要求必须具备一定的资质条件；ARM属于执行经理，具体负责同租户保持联系、汇报租赁的情况及出租物业的状况，并执行管理政策；AMO则是具体管理人员。物业公司则可获得"授权管理组织"的资质。国际建筑物业主与管理者协会主要负责处理、协调、规范与写字楼或综合楼管理有关的事务，对其合格成员颁发房地产管理者证书。全国公寓协会则对具有2年以上公寓管理经验和相关课程成绩合格的成员颁发合格公寓经理证书(CAM)。

(3) 物业公司的管理体制：在美国，物业管理公司一般设有管理维修部门、财会部门、管理能源部门、治安保卫部门、清洁部门等，并且每个部门设有专职负责人员，以保证工作的正常运转。

管理维修部门：主要负责物业经营与房屋维修，包括检修房屋及其设备系统、租赁管理、房屋档案资料的管理、维修人员的日常管理。此部门具有独立的诉讼权。

财会部门：负责制定住宅区的预算计划及做好各项费用管理工作，如会计出纳、经济核算、租金以及一切雇员的工资、奖金的发放等。

能源管理部门：主要负责住宅区的冷暖气供应及各项动力设备的管理和维修，在较大住宅区，还需负责污水处理系统及发电设备等。

治安保卫部门:负责住宅区的安全保卫工作,包括消防安全、防盗防窃、地区巡逻和地区交通管理工作。

清洁部门:美国许多物业管理公司往往将清洁工作承包给其他专业公司承担。

(4) 物业管理者的职责:

在美国房地产管理行业中,大多数管理人员不是物业所有者,而是业主的受托人。管理者一方面是业主的雇员或代理人,另一方面又是用户的雇主,因此管理者的职责就是满足业主和住户的要求。其主要工作任务包括:根据业主经营目标,制定管理计划;编制物业管理预算;保证租户获得最大的使用空间;建立并维护良好的租户与雇员关系;代收租金;提供物业配套设施和管理雇员工资;物业维修保护;建立完整的物业管理资料系统;所管理的物业的价值评估和纳税;物业保险处理等。

(二) 物业管理合同

物业管理合同是由公司与业主管理委员会之间签订确定相互之间权利义务的合同,此合同不仅对所有业主,而且对未来业主都有法律适用性,即未来业主买房后,不需另签合同,仍以原合同为依据与物业公司发生关系。由于美国各州有其独立的法规体系,合同法也是一样,各州规定不同。但一般情况下,主要条款应包括:管理公司的职责和义务;房东支付管理费用和提供办公用房的义务;管理合同的期限(一般规定2年内不可调换物业公司);收费的规定;违约责任的规定。

(三) 物业管理的收费

物业公司向业主收费的依据是双方签订的物业管理合同。一般情况下,合同中明确规定费用标准与管理内容以及违约责任等双方应享有的权利和应承担的义务。法律上不允许合同外收费,否则要承担法律责任。

在美国,物业管理合同对收费的规定因地区、设施和管理方式的不同而有所不同,但原则上都必须以物业管理公司与业主之间达成的年度预算为基础,在此基础上可以给物业公司一定的机动权。目前在美国主要有两种收费方法,第一种是根据物业管理公司与业主之间的年度预算总额的百分比,即 1/12 按月收取作为管理费;第二种是根据公司的利润计算管理费。由于第二种更利于调动物业公司的积极性,有利于提高服务质量,因此业主和物业公司一般都乐于接受此计算方法。

物业管理费原则上应提前交纳,迟交管理费要收取滞纳金。在美国,对不交纳管理费的业主,管委会主席会发阻止证书;对拖欠管理费的住户,通常的做法是:一警告,二断水、断电,三设置留置权。

(四) 物业管理的类型

1. 住房管理:主要对象为公寓楼,一般新建公寓建成后,即可租售。如果是出租,管理由开发商负责,一般租期较长(1～3年),物业经理按月代业主收取租金。如果是出售,则较为复杂。比如纽约州规定,在公寓住房单元总数的 15% 售出后,就要成立业主委员会,由其聘请一个管理委员会来管理公寓。法律规定,新建公寓的最初 2 年里,管委会的主任必须是开发商自己,其目的在于对公寓在功能和结构上暴露的缺陷负责。

除了政府的法令、规章外,在美国每栋公寓或公寓小区都有自己的《管理章程》。管理章程一般是由开发商参照政府颁布的《公寓法》结合公寓具体情况制定并经政府有关部门批准。《管理章程》对公寓的管理和公共部分的维修、运作、费用等做出详尽的规定。管理委员会依据公寓的管理章程对公寓进行管理。管理的范围非常广泛,包括走廊、门厅的卫生,电梯的维护,冷暖气及热水的供应,全楼的保卫、保险等。为此收取的管理费也较高,如纽约的某些公寓,每月每户须交纳的管理费要 600 美元左右。

管理委员会每年要向业主委员会书面报告管理费的收支情况,并提出下一年度预算,报业主委员会审查、批准。如要提高收费,则要由业主委员会报地方总检察长批准。

2. 商业楼房管理:主要负责楼房出租和租金的收取。商业楼用户对象复杂,占用周期长,因此一般以协商方式签订租用合同,并在合同中对物业各类开支费用的承担责任及比例予以明确规定。

3. 工业用房的管理：此类物业对象稳定，用户租用周期较长，使用目的具有专业性，因此一般在租约中规定由用户负责物业维修和保养，并负责支付包括房地产税、保险费在内的一些费用。物业经理只负责总体使用目标的管理和租金的收取。

（五）住房租赁和管理的规定

美国租赁业主要受合同法、租金管制法令、公寓法或住宅法等法规的约束。在美国居住用的不动产租赁和营业用的不动产租赁法律规定不同，但不管是哪一种，租赁的行为是自由的，只要不违背法律规定，租赁双方可以自由协商，并通过签订租约方式确定双方的权利和义务。

1. 关于租约的规定：

（1）租约的形式：租约可以口头，也可以书面形式成立，但口头租约的有效期最多只有一年。

（2）租约的种类：最常见的有两种，一种是按月或其他特定期限自动续约的租约。特定期限可以是半年、一年，甚至一周。租约到期后，如果房东或房客任何一方不想续约，就必须按有关规定的期限提前通知对方，否则租约即按月或其他特定期限延续下去。提前通知的期限是，一个月以上租期的租约，必须在到期日七天前通知对方。纽约州的法令还规定，业主应在规定通知（或租赁人就不再续约一事向业主发出通知）的期限之前 15～30 天正式提醒租赁人注意此事。另一种是载明起止时间的固定租约，可长至几年或短至几天。双方的租赁关系到租约期满的那一天起为止，不需另行通知。

（3）押金的规定：通常房东要求承租人付给相当于一个月租金的押金，如果房屋设施有损坏或有未付的房租等，可以从押金中扣除，否则租约期满后押金退还房客。美国法律规定，物业公司不得将押金挪作他用，公司有义务将押金存入银行，并将所生利息归承租人所有；法律同时规定，公司可以从存款总额中每年以 1% 的比例提取管理费。

（4）转租的规定：由于美国各州有独立的立法权，因此各州的法律对转租的规定也不相同。纽约州的法律规定，允许房客将房屋转租给第三人，但必须事先取得房东的同意（房客必须在转租开始30天前书面通知房东，房东则必须在一个月内做出回告，否则视为同意），房东除非有正当理由，否则不得拒绝转租要求。

（5）解除租约的规定：纽约州法律规定，房东在下列情况下可以驱逐房客：房客妨害公共安全，将房屋用作非法用途；房客严重违反租约规定的义务；房客占据不作主要住宅使用的公寓；房客拒绝房东在紧急情况下或合理的时间内进入公寓。

房东要求驱逐房客，必须向法庭起诉，并通知房客，法庭判决后有警察执行。纽约州法律还规定，业主不得扣押租赁人财物，不得以强迫、威胁等手段驱逐租赁人，否则法庭将判处业主支付3倍于损失的赔偿和予以刑事处罚，并判被驱逐的人有权搬回原处。

房东在下列情况下不得驱逐房客：房客因房东违反卫生及安全法而向政府机关检举；房客为保护自己在租约中订立的权利而采取的必要的行动；房客参加房客委员会，房东借故对房客进行骚扰或报复等。房东违反上述规定，房客可以要求赔偿。

2. 纽约公寓住宅法对出租公寓物业管理上的规定：

（1）房东必须向纽约市房屋管理处办理房屋的注册登记，备报其业务代表的地址、电话等有关资料。

（2）必须在公寓外显眼的地方安装并保持公寓的门牌号码。

（3）要提供并保持信箱服务，如果没有，必须安排一种可以让房客收到信件的办法。

（4）6层以上（或高于18.3m）的建筑，必须设有全天开放载客电梯。

（5）必须在公寓所有的入口处装上大门，在门上装自动锁。

（6）在每一位房客住房的大门上装锁（但没有义务在前一位房客搬出去之后，又为下一位房客换一把新锁）。

（7）1968年1月1日之后落成或改建的8户以上的公寓，房东必须安装各户与大门的对讲机。

(8) 必须提供并维持每位住户每个房间的电灯,保持公共空间如走廊、大厅、出入口等地方灯光有足够的亮度。

(9) 保证适合安居,且每一位纽约房客都受到这条法律的保护。

(10) 终年全日提供纯净水及卫生的自来水,水压必须稳定而且足够。

(11) 每天提供43℃热水。

(12) 必须按规定供应暖气(从10月1日至下一年5月30日),在室外温度低于13℃的情况下,上午6时至晚上10时使室内温度保持20℃以上。

(13) 负责驱除公寓的老鼠、蚊、蝇、跳蚤、蟑螂。

(14) 每3年油漆住房一次,契约期不超过3年的房租稳定的公寓,房客必须分担部分油漆费。

(15) 提供适当的排水系统。

(16) 在每个住房的大门上装置外窥口。

(17) 承担整座房屋的修理责任。如果房屋的损坏是由房客造成的,房东也应该修理,但费用要房客承担。

(18) 公寓里有3个以上单位,房东必须承担管理服务。如设备的修理,清理垃圾和弃置物件等。

二、日本

二战结束后,日本是战败国,由美国管理,其中也包括楼宇管理。直至1952年日本才开始接管部分楼宇管理工作,日本真正意义的物业管理开始于1957年,即日本第一座高层建筑的建成并委托日本管理公司管理。1962年,东京大楼管理业协会成立;1966年,全国大楼管理业协会成立;1979年,日本高层住宅管理业协会成立。随着各项法律法规的健全,日本在物业管理上逐渐走向规范和成熟。在日本,居民主要通过租赁和购买两种方式解决住房,居住的住宅有独立式住宅、联立式住宅、公寓住宅等,其中公寓式住宅所占的比例较大。

(一) 物业管理机构

1. 日本住宅总公司及其分公司均设立管理部,不同地区设置营业所及管理事务所,负责居住区的管理工作,各事务所管理主任常驻或定期巡回,并根据需要聘请专业公司作为具体业务实施部门,满足居住区居民的多种需要。

2. 商品住宅的管理,一般由全体业主按照有关房屋区分所有等级的法律定出管理机构条例,再按此条例设立管理组织,由全体管理组织成员按照管理机构条例对物业实行管理,目的在于对居住区公共财物进行管理,并维持良好的居住环境。

3. 公寓的管理,一般包括专业公司管理、业主管理委员会自主管理、自主管理及委托管理的兼容式管理几种方式。

专业公司管理是指委托专门的物业管理公司对公寓实施管理。在日本房地产业中,有一种综合性服务企业,从销售公寓、征收及交涉房租、介绍客户到养护管理等,都可以代理经营。还有一种具有综合商社职能的企业,住户的中介、经营、税务、法律咨询、更新手续、修补、保证入住率等它均可承担。委托管理须支付约为房租收入 5%~10% 的管理费。

业主委员会自主管理是指在各业主的自愿参与下组成管理委员会(或管理小组),由业主对公寓的公共部分、公共设施和场地直接开展有组织的管理。自主管理一般采取各业主轮流承担管理事务的方式。

兼容式管理是指一部分管理项目委托专业性物业管理公司负责,一部分项目采取自主管理。

(二) 公寓物业管理的内容

1. 建筑物维护管理,请建筑专业人员定期对建筑物进行检查、修理,制定维修计划。

2. 秩序维护管理,为保持居住者舒适的生活,通常在合同中明确一些要求,并张贴出来,如禁止深夜饮酒唱歌、夫妇吵架、通宵打麻将等等。

3. 防范管理,采取一些措施防止被盗,如要求住户使用门链或安装各家共同的紧急门铃等。管理者还与地方署的防范课联系，及时了解公寓周围的防范信息，把应注意的事项向业主公布。

4. 防灾管理，定期检查火灾报警器、灭火器、避难器具、避难通道的装备等，听取消防等有关部门灭火的注意事项，做到让住户众所周知。

5. 租赁业务的管理，可以直接向住户征收或利用银行转账或委托第三者收取租金。

6. 对住户共同使用部分如楼梯通道、大门等的管理，大部分公寓征收公共部分的维护管理费，按照人数均摊。

7. 卫生管理，为保持公寓的卫生清洁，业主应负责公共部分的卫生管理。

8. 为促进住户间相互交流、相互理解，组织一些活动的精神管理。

（三）物业管理费用

日本在《规约》中明确规定了住户的缴费义务，住户账户赤字或延付时，银行负责催债。住户无故拖延3个月以上时，银行告知物业公司，由物业公司委派律师与住户交涉；如没有结果，物业公司依据《规约》《委托契约书》诉诸法院解决。

日本物业管理费大致由以下几个部分构成：

1. 管理费：主要用于维修物业管理所需的办公开支和人员酬金；

2. 维修公积金：一般约为管理费的60%；

3. 公益金：用于中央空调、公共饮水器、电梯、水泵、走道照明用电以及绿化、除害、环境质量监测等支出；

4. 管理组合费：即业主委员会的办公费等；

5. 泊车费、装修费等专项服务费。

（四）日本公寓管理的法律规定

1. 公寓管理的相关法规：

为了使物业管理规范化，日本一方面加强物业管理机构的设立和管理，另一方面加强立法，对物业实行法制化管理。1970年，政府颁布了《大楼管理法》，并在以后几年里不断修正，1982年1月建设省制定了《中高层共同住宅标准管理委托契约书》，1983年5月修订了《关于建筑物区分所有权法》(俗称《公寓法》)，1983年10月，建设省制定了《中高层共同住宅标准管理规约》(简称《规约》)，1985年8月颁布了《中高层商品房共同管理业务处理准则》，1987年7月，又颁布了《中高层共同住宅管理业务处理准则》。

对于公寓大厦的专业操作，日本也有较为严格、周详的法律规定，如《大楼管理法》、《警卫法》、《消防法》等。这些规定对从业人员资格、操作规范、质量要求、安全保证、技术指标等都作了具体规定。物业公司不论自我操作还是外聘专业公司都必须执行上述规定。以大楼清扫技师为例，如要进行玻璃清洗工作，一要严格作业程序；二要了解并熟练选配所用的清洗剂；三要正确使用擦拭器具，并具备常见故障修理技术；四要根据清洁药剂持久性，排出作业间隔周期，做到既保持木墙的清洁又控制清洗的成本；五要具备高空吊仓作业的从业执照等。

2. 日本公寓法的有关规定：

日本公寓法规定：住宅区内有数栋建筑物，住宅区内的土地或附属设施(含相关权利)属这些建筑物的所有人(有专有部分的建筑物，则为区分所有人)共有时，这些所有人可以以其全体组成管理住宅区内的土地附属设施及有专有部分建筑物的团体，依本法的规定召开集会，制定规约，设置管理人。

(1) 集会的召集和议决：

① 集会由管理人召集。

② 管理人每年召集一次集会。

③ 1/5以上且持有表决权1/5以上的区分所有权人，可以对管理人提出会议目的的事项，请求召开集会，但是可以依规约减少。

④ 有前款规定的请求，而管理人没有在二周内发出自请求日起四周内确定开会日的召集通知时，则请求的区分所有人可自行

召集集会。

⑤ 无管理人时,1/5以上且持有1/5以上表决权的区分所有人可以召集集会,但是上述规定的比例数可以依规约减少。

⑥ 经区分所有人全体同意,也可不经召集手续召集集会。

⑦ 法律及规约另有规定外,集会的议事以区分所有权人及表决权过半数议决。

⑧ 表决权可用书面或由代理人代为行使。

(2) 规约的设定、变更和废止:

① 区分所有人之间关于管理或使用建筑物及其占地或附属设施的事项,除建筑物区分所有权规定外,可以制定规约加以规定。

② 规约的设定、变更或废止必须依据区分所有人表决权3/4以上多数通过的决议才可予以设定、变更或废止。

③ 如果规约的设定、变更或废止遭到共用该一部分共用部分的区分所有人超过1/4或超过表决1/4反对时,不得设定、变更或废止。

(3) 管理人的选任、解任和权限:

① 公寓法25条规定,以规约无另外规定的情形为限,区分所有人可以依集会决议,选任或解任管理人;管理人有不正行为或其他不适任的情形时,各区分所有人可以请求法院将其解任。

② 公寓法20条规定:以规约约定为共用部分所有人的区分所有人,负有为全体区分所有人(系一部共用部分时,为可共用的区分所有人)管理共用部分的义务。与此情形,管理人可向其他区分所有人请求相当的管理费用。

③ 公寓法26条规定:

a. 管理人有权利有义务保存共用部分及法律规定的建筑物的占地及附属设施,执行集会决议,并实施规约所定的其他行为。

b. 管理人就其职务代理区分所有人。

c. 对管理人代理权所加之限制,不得以之对抗善意第三人。

d. 管理人可以依规约或集会的决议,就其职务为区分所有人充任原告或被告。

　　e. 管理人依规约充任原告或被告时,应从速通知区分所有人。

　　(4) 共用部分的变更和管理:(17条、18条、19条规定)

　　① 共用部分的变更(以改良为目的且无需多额费用者除外),依全体区分所有人的决议或获表决权 2/3 以上多数的集会决议而实行。但是区分所有人的人数可依规约减少至过半数。共用部分的变更会影响专有部分的使用时,应该取得专有部分所有人的同意。

　　② 有关共用部分的管理事项,依集会决议规定,但保存行为,可由各共有人实施。就共用部分成立损害保险契约,视为共用部分管理事项。

　　③ 规约无另外规定外时,各共有人按其应有分比例承担共用部分负担,收取共用部分产生的利益。

　　(5) 区分所有人的权利义务:(公寓法第6条规定)

　　① 区分所有人不得实施对建筑物保存有损害的行为及其他就建筑物管理、使用损害区分所有人共同利益的行为。

　　② 区分所有人在保存、改良其专有部分或共用部分所必要的范围内,可以请求使用其他所有人的专用部分或不属于自己所有的共用部分。于此情形,其他共用人受损害时,应向其支付赔偿金。

　　(6) 区分所有人的责任:

　　① 管理人在其职务范围内所为的与第三人有关的行为,区分所有人应负责的比例为本法所定的比例,但是规约就建筑物及其占地和附属设施的管理经费规定了负担比例时,以此比例为依据。

　　② 第三人因前款行为对区分所有人有债权时,对区分所有人的特别承受人也可行使上述债权。

　　③ 管理组合法人的财产不足以清偿其债务时,区分所有人应按法律规定的比例,承担清偿债务的责任。

　　④ 对管理组合法人的财产实行强制执行不能奏效时,与前款

相同。

⑤ 区分所有人证明管理组合法人有资力且容易执行时,不适用前款。

(7) 管理组合法人的成立:

日本《公寓法》第3条规定:"由全体产权所有者构成的,对建筑物、所属土地及附属设施的管理团体"即称为管理组合法人,即区分所有权人可以以其全体,就建筑物、建筑物占地及其附属设施的管理组成一个团体,依本法规定召开集会、制定规约、设置管理人。

① 根据本法3条及区分所有人在三十以上者,以区分所有人及表决权3/4以上多数形成的集会决议,决定团体为法人,规定其名称及事务所,并于其主事务所所在地进行登记后,该团体即成为法人,称为管理组合法人。

② 管理组合法人成立前的集会决议、规约及管理人的职务范围内的作为,就管理人发生效力。

③ 管理组合法人设置理事,理事代表管理组合法人。

④ 管理组合法人设置监事,监事不得兼任管理组合法人的理事或使用人,监事就管理组合法人与理事利益相反的事项,代表管理组合法人。

⑤ 管理组合法人的有关规定适用于日本民法典、非诉讼程序法、破产法、法人税法、消费税法以及政府登记政令的有关规定。

(8) 管理组合法人的业务范围:

《规约》31条规定了管理组合法人主要业务范围:

① 负责对所属的土地、公用部分等的保安、维修、保养、清扫、消毒及垃圾处理。

② 负责与公用部分等相关的火灾保险以及其他损害保险业务。

③ 关于产权所有者专业部分,只有被认可适当的管理行为,管理组合法人才可进行。

④ 所属土地、公用部分的变更、处分及运营。

⑤ 政府机构、街道的涉外业务。
⑥ 对秩序及安全的维护。
(9) 管理组合法人在下列情况下可以解散：
① 建筑物全部灭失时。
② 建筑物无专有部分时。
③ 由区分所有人及其表决权各 3/4 以上多数通过的集会决议议决解散。
④ 根据民法典及民事诉讼程序法规定准用于管理组合法人的解散与清算。
⑤ 解散的管理组合法人的财产，除规约另有规定外，依照法律规定比例归属各区分所有人。

三、新加坡

(一) 物业管理机构

1. 建屋发展局：负责提供新加坡公共住宅的管理与维修服务，行使政府组屋建设职能和住房分配职能。具体来说，负责实施政府决定的建屋计划和统筹物业管理，策划及发展高质量住房，规划及发展新镇，翻新旧住宅区，推行各种住屋政策，提供优质住屋及有关设施等。该局于 1960 年 2 月 1 日成立，下设 36 个区办事处，每个区办事处一般管理 2～3 个小区，每个小区拥有 4000～6000 个住户。

2. 市镇理事会：1988 年 5 月，新加坡国会通过法令决定成立市镇理事会，负责管理公共住宅。主要职责是管制、管理、维持及改善管辖区域的公共产业，除组屋的公共场地、商店、市场外，组屋内部的管理在业务上受建屋发展局的指导，但实施中又有其独立性，目的是加强居民和政府的合作，让更多的市民参加该区的管理工作。新加坡现有 23 个理事会，每个理事会至少有 6 位成员，最多有 30 位。

3. 私人住宅的管理理事会：1968 年，新加坡颁布《分层地契法》，其中规定，对共管式公寓和其他建筑物，私人业主都拥有各自分层地契，对于共有产业都有分享权，法令规定业主必须依法组建管理理事会,系统、规划地负责大楼的保养和管理工作。

4．物业管理公司:市镇理事会和私人住宅管理理事会都是通过委托物业公司负责日常工作。物业管理公司一般下设市场管理组、保养维修组、财务组、环境清洁组、园艺组、服务组和文书组等。

(1) 市场管理组负责市场和消防安全、车辆保管与管理、各类商业与文化娱乐等。

(2) 工程维修组负责公共设施与设备的维修、房屋的维修与工程预算、业主房屋装修的监督等。

(3) 财务组负责各项费用的收缴、各类计划及统计等。

(4) 园艺组负责庭院绿化工作。

(5) 环境清洁组负责清扫卫生。

(6) 服务组负责综合代办服务及交通运输等。

(7) 文书组负责行政管理、后勤工作等。

由此可见,新加坡的物业管理范围很广,除购房直接放在建屋发展局申请批准外,其他业务如房屋维修养护,商业房屋、公共场所的租赁管理,出租住宅的租金缴纳与售房期房款的收取,居住小区停车场、小区环境清洁绿化,介绍居民就业,配合治安部门搞好治安工作等等都由物业管理公司负责管理。

(二) 公共住宅内部装修的管理规定

1．新加坡法律规定,住户装修必须向建屋发展局领取装修许可证,由领有发展局施工执照的承包商承办。

2．装修户与承包商必须一起前往物业管理部门办理装修手续,并且交纳一笔材料搬运费和垃圾清理费。

3．室内装修工程必须在领到钥匙之日起 3 个月内完成,以后 3 年不得进行第二次装修。

4．工程装修完毕由住宅稽核员根据装修申请进行工程检查验证。

5．室内装修不准改变住宅主体结构(墙体、柱子、梁)。

6．厨房、卫生间的磨石地板和墙壁砖头 3 年内不准更换;室内管线、电源开关不得改变,楼房外观不准改变等等。

（三）住宅小区公共设施的养护规定

1. 住宅楼的维修：建屋局规定每5年对整幢楼的外墙、公共走廊、楼顶及其他公共场所进行一次维修。

2. 电梯的保养和维修：所有电梯都由物业管理部门做例常检查和维修，一旦发生故障，5分钟必须到场。

3. 户内水电卫生设备的保养服务：建屋局设有热线电话，与各物业公司保持联系，为居民提供24小时服务。各物业公司都有维修车，以便能迅速到达维修地点。这类维修实行有偿服务。

4. 公共天线：每幢住宅楼都设有公共电视天线，为住户提供服务，以保证良好的收视效果。

5. 公共住宅楼下空地的管理：这类空地平日作为老人、儿童的活动场所。遇有居民举行喜事或其他庆典活动，可以租用，但须向建屋局下设的管理部门申请准用证。

6. 停车场的管理：停车场由小区物业管理公司统一管理，并有完善的制度。任何拥有车辆的住户必须向物业公司申办"停车季票"，夜间停车必须特别申请，并办理"夜间停车特许证"。外来车辆按钟点收费。此外，停车场还提供洗车服务。

7. 垃圾的处理：为确保整洁，小区全面推行垃圾袋装化；同时还规定，易燃、易爆、易碎物不得投入垃圾箱。

（四）公共住宅的租赁和买卖管理的规定

1. 转售：

公共住宅由新加坡政府建造，75%出售给私人，房主可以转手出售，但必须符合以下规定：

（1）房主购房后，必须住满5年后才可出售；

（2）出售住宅时申请购买新宅的，必须在原有住宅内住满5年，且必须保证在拟购新房内居住3年以上才能申请；

（3）若出售后原房主又购买私房居住，则必须在该私房出售二年半之后，才能第二次购买政府的公共住宅；

（4）出售住房后，原房主租住私房的，两年半内不得重新购置政府的公共住宅；

(5) 出售住宅要向区办事处缴纳5%的转卖手续费,并且建屋局有优先购买权。

2. 转让:

新加坡规定房主可以把公共住宅转让给是该套住宅的基本住户且能组成一个家庭单位的嫡亲,但转让必须符合下列条件:

(1) 原为联名房,其中之一以自己家庭为单位另购住宅;

(2) 房主因结婚而另组家庭,即被视为转售。

3. 租赁的规定:

(1) 新加坡法律规定,租户必须要在原承租住宅内住满2年以上,才可以申请转到另一住宅。转换住宅须到区办事处办理手续。

(2) 经办事处批准,居住三室或三室以上的住户,可以将住宅分租出去。未经批准则视为违法行为。承租人必须是新加坡公民,或合法居民。政府限制租金标准,规定每间房屋月租不得超过75新元。租户每分租一个房间,要向区办事处缴纳5元注册费以及每月10元的额外服务费和保养费。

(五) 物业管理费

1. 来源:

一是建屋局在售房及租房利润中留下的管理基金,二是建屋局下属的物业管理处主管的商业中心的商务收入,三是物业公司开展便民服务收入,四是物业管理公司向业主或住户收取的管理费,其标准由建屋局制定,一般按单元收费。

2. 用途:管理费主要用于以下支出:

(1) 员工薪金及福利性补贴,约占总额的25%~45%;

(2) 房屋、机电设备和消防设备的维修、养护;

(3) 住宅区的保洁、绿化及管理费开支;

(4) 公共设施的维修、养护;

(5) 办公用水、用电及办公用品等杂费开支。

(六) 相关的法律规定

新加坡无论建屋、购屋还是租屋都是通过建屋发展局法令予以严格详尽的规定,如颁布了《国家土地法》、《土地所有权法》、《契据登记法》、《住宅开发者(管制与许可证)法》、《建筑师法》、《居住财产法》、《卖契法》、《房屋和共同财产维修与管理法》、《租金控制法》、《土地征用法》等等,在物业管理方面强调法治化管理。为了健全小区管理制度,实现物业管理法治化,物业管理部门还编写了《住户公约》、《住房手册》、《防火须知》等规章,对公共住宅室内装修、室外公共设施保养都作了详细的规定。

1.《分层地契法》:

1968年新加坡政府颁布了《分层地契法》,规定对共管式公寓和其他建筑,私人业主都拥有各自分层地契,每个单位或单元的购买者对于共有产业都有分享权,法令规定分层单位业主必须依法组建管理理事会,其目的是为了更有系统有规划地负责大厦的保养和管理工作。其主要内容如下:

(1) 新加坡规定,分层地契建筑物(区分所有权建筑物)在开发销售前,开发商须经政府有关部门依据相关法规批准专有部分与共有部分的分割图则,在建筑的空间上明确各产权人的专有部分,相邻产权人专有部分之间的界限及与共有部分的界限。

(2) 分层地契法按中心线原则,以相邻部分的中心线为界限,来划分相邻产权人之间的权利界限和责任范围。例如,外墙属于共有部分,任何产权人都不能改变外墙面貌,这样就能保持建筑物的外观整洁。

(3)《分层地契法》规定了业主委员会行为的程序和方式,规定如何召开业主大会,如何表决决议、规约等。

(4) 在管理内容上,体现在对建筑物共有部分的管理和对使用区分所有建筑物之人的行为进行管理,在管理方式上,一般采取委托管理方式,即由管理团体依照业主大会的决议,委托专业的物业管理公司进行管理。管理团体监督物业公司对委托管理契约的执行情况。

(5) 新加坡的分层地契法中明确了产权人的权利和义务,以及业主管理委员会的权利和义务。规定了业主管理委员会的运作规则,在何种情况下提请召开业主大会,何种事物必须由业主大会以怎样的表决结果来决定。业主管理委员会对物业管理的责任义务包括对产权人和共有部位建筑档案的保管,对共有部位的维护,对债务的责任,业主委员会的账目审计,理事会成员的资格,理事会决议的执行与异议的程序以及违法的责任和处罚,同时也规定了物业管理公司根据业主管理委员会的契约所承担的责任和义务。

(6) 新加坡针对以上这些问题,成立了分层地契局。《分层地契法》中规定任何一个产权人可以对业主委员会有关业主大会的开会及其程序、居住社区的管理规定、业主管理委员会的任何决议、业主管理委员会是否考虑全体产权人的利益等提出申诉,分层地契局均可根据分层地契法做出裁决。同样物业公司对业主管理委员会的不规范行为,以及产权人的侵权行业、拖欠物业管理费等事项也可提出申诉。分层地契局在审理案件中,由一名法官和两名经验丰富的专业人士作为陪审员,负责审理,不服地契局的裁决,可以向高等法院上诉。新加坡分层地契局的审判功能快捷处理了有关物业管理方面的纠纷,维护当事人的合法权益,有效地维护了住宅区的秩序和环境。

2.《房屋和共同财产维修与管理法》:

(1) 房屋事务官及其他官员的任命:

根据房屋和共同财产维修与管理法第三条的规定:

① 部长可以任命房屋事务官和其他类似官员。

② 按照部长一般或特别的指令,事务官负责本法和土地权利法第四章的执行,并行使土地权利法所赋予的权力。

③ 根据部长或事务官一般或特别的指令,可由按第①款所任命的其他类似官员行使或承担本法及其他规定所赋予事务官的权力或义务。

(2) 房屋事务官的权力和义务:

① 事务官要求房屋所有人进行维修与修缮的权力。

a. 当事务官认为房屋或共同财产没有保持良好状态和可供

服务的修理或为合适的、清洁的状态,那么,事务官可以下达书面通知,要求所有者在通知所规定的期限采取措施或进行修缮和维修。

b. 如果事务官认为没有按照第①款所开的通知行事时,事务官或其授权的其他人可以执行或强制要求执行通知中所规定的事项。

c. 没有执行第 *a* 款所开出的通知的人即构成犯罪,并将处以五千元以下的罚金,在定罪后仍继续犯罪的,将每天加处二十五元以下的罚金。

d. 可以将既违反本法又违反其他规定的人处以五百元以下的罚金。

e. 违反上述规定被通知的对象可以在通知中规定的期限内,以规定的方式向部长提出针对通知的上诉。经部长对上诉的决定为终局性裁决。

② 事务官要求房屋或共同财产所有人准备储蓄金的权力。

a. 当在执行由事务官按本法第四条规定开出的通知时有过错的,事务官可以下令房屋或共同财产所有人准备储蓄金,以执行通知中规定的任务,所有人应在命令规定的期限内存储,事务官也可规定在不得迟于执行此命令的七天以内。

b. 第 *a* 款中规定事务官管理的储蓄金可以作为对政府的债务而提起诉讼。

c. 如果事务官认为第四条所开出的通知的任务已完成,他可以在扣除所花费和开支后,归还储蓄金或一部分储蓄金。

③ 进入权。

a. 事务官依本法而任命的任何官员或按事务官的指令行事的人或官员在所有合理的时间,为进行下述行为,可以进入房屋、土地或建筑物:

(*a*) 检查确定本法所赋予的权力能否行使;

(*b*) 从事要求事务官就本法第四条签发的通知在执行时是否有过错而从事的事项。

41

b. 任何人阻止、妨碍事务官,依本法任命的任何官员或按事务官的指令行事的人或官员从事本条例所授权从事的事项,即构成犯罪,处以一千元以下罚金或三个月以下监禁或两科并处。

c. 不得对事务官、依本法任命的任何官员或按事务官的指令行事的人或官员为实现本法规定的目的而从事的善意行为提起诉讼。

④ 事务官有任命事务开发管理代理人的权力。

a. 如果事务官相信在经他或他所指定人的适当请求后,开发人没有令人满意地完成开发的管理与维修,那么,事务官可以在公报上任命一人或多人进行开发的管理与维修(此人在本法中称为管理代理人)。

b. 由事务官按第 *a* 款所任命的管理代理人进行开发管理与维修的,有权获得由事务官确定数额的酬金或费用,此笔酬金或费用将从开发维修基金中支出。

c. 事务官在十四天以内未向开发人送达书面通知,表明其任命一开发管理代理人的意图,对开发人在接到通知后的十四天内作出的声明不予考虑的,那么,事务官就不能行使本条所给予他的权力。

d. 依本条而由事务官下达的命令损害了某人,该人在公报上公告此命令的三个月内可以向部长提出上诉。部长的裁决为终局性裁决,不得再要求司法复审。

e. 事务官按第 *a* 款所做出的命令,不管是否已上诉到部长,均为有效。

f. 事务官可随时撤回第 *a* 款中的任命,而任命另一人为开发管理代理人。

(3) 管理代理人的权力与义务:

某人要想成为一管理代理人,就必须向事务官存放债券,该债券须按事务官同意的格式,达到由银行、金融公司或保险商列出的金额。此债券的作用在于可责令银行、金融公司或保险商对管理代理人因其就有关开发购买人支付的资金而发生错误时所造成的损失进行补偿。

① 一旦管理代理人已按本法规定由事务官任命好后，管理代理人便控制开发维修基金的资金，并控制了用维修基金中资金进行或购买的所有投资或证券。

② 任命好管理代理人后，未经管理代理人的许可，不得从维修基金中支出任何款项。

③ 根据事务官的一般控制和指令，依本法第十二条规定而任命的管理代理人在开发管理与维修上有开发人的所有权利和义务。

④ 在不歧视第③款的普遍性的基础上，由事务官任命的管理代理人应拥有下列权力：

a. 管理开发维修基金；

b. 以开发人的名义向开发中的公寓购买人开出书面要求，要求其支付维修费；

c. 接收由开发中的公寓购买人应向开发人交纳的用于开发的共同财产维修的费用，并出具有效的免责证明；

d. 接收由开发人向维修基金交付的有关未销售的公寓的开发维修费和主管当局已签发临时居住证的公寓的开发维修费；

e. 为从开发中的公寓的购买人那里获得维修费用而以开发人的名义起诉；

f. 以自己的名义起诉，以收回应由开发人或其他人向维修基金支付的款项。

⑤ 管理代理人将其以管理代理人身份所能获得的所有资金缴入开发维修基金是其义务。

⑥ 管理代理人在其任命之后应尽快，或在任命后的两个月之内，准备好并向事务官提交一份在其任命时的情况陈述，内容有：

a. 维修基金账户上的金额；

b. 用维修基金中的资金所进行或购买的投资或证券；

c. 应由开发中的公寓购买人支付的，而现在仍为赊欠的有关开发的共同财产维修的金额；

d．开发中的共同财产所引发的,应交入维修基金的任何收入;

　　e．经本法第九条授权可从维修基金中提起的开支以及仍未支付的金额。

　　⑦ 管理代理人违反第⑤、⑥款规定即构成犯罪,应被处以五千元以下罚金。

　　(4) 维修基金的设立和用途:

　　① 根据规定,从主管部门签发有关正在开发的公寓的临时居住证或其他按规定开始适用于开发的日期起,适用于此规定的开发人应当设立开发维修基金,单独或者专门用于以下全部或任何目的:

　　a．使开发的共同财产保持良好修缮状态;

　　b．支付提供共同财产的清洗、担保服务使正在开发的公寓居住者舒服的开支;

　　c．对不卖给购买者的公寓固定装置和装备进行维修,修缮与翻新;

　　d．对正在开发的用于或能用于两套以上公寓或共同财产共用的下水道、水管、电线、电缆和管道进行维修、修缮与翻新;

　　e．支付开发的火灾和其他风险的保险费;

　　f．支付租金和利息(如果有的话);

　　g．支付维修基金审计费;

　　h．支付因维修基金的管理和开发中的共同财产管理所需的所有合理费用。

　　② 本条适用于下列开发:

　　a．在房屋或其部分被建成之后,已发给地层分部计划许可证;

　　b．有四个以上单元的公寓已建成;

　　c．开发的公寓卖给了两个以上的购买者。

　　③ 根据规定,在下列情况下视为开发者已卖掉公寓:

　　a．如果他通过书面协议,以可估算的对价同意将公寓的财产

或利息转让、转移、让与给其他人;

b. 如果他通过契约或文件将公寓转让、让与,但是,如果是期限为二十一年以上的,不能续展或购买的租赁协议、契约或文件者不适用 a、b 项的规定。

④ 在 1982 年 12 月 1 日以前已签发了开发公寓临时居住证的,开发人应从部长在公告上公布的日期起努力建立开发维修基金。

⑤ 部长可通过在公报上公告的方式免除任何人适用于此规定。

(5) 开发人的义务:

法律规定"开发人"指按照计划法第九条的规定获得当局批准进行土地开发的人;包括其执行者、管理者和权利的继承者。

① 开发人应将下列款项列入维修基金:

a. 从开发公寓的购买者那里获得的开发共同财产的维修费;

b. 对那些未卖出而已签发临时居住证的开发公寓,在公寓卖出后公寓购买者应交付的等量的维修费。

c. 以开发共同财产引出的所有收入。

② 开发人应为开发公寓所有人和购买者的信托而拥有维修基金中的所有资金。

③ 维修基金的资金应存入银行法所许可的银行或新加坡邮政储蓄银行,也可以用当时许可的信托资金投资方式进入投资或购买。

④ 当按照土地权利法第三十条的规定设立了开发管理公司,维修基金在支付完所有应由基金支付的开支后的余额应移交给管理公司。

⑤ 开发人应当:

a. 保留有关维修基金收入的账簿、证明收支所发生的事项;

b. 指定一名审计师每年审计此基金;

c. 在账簿审计后的二十八天内将证明后的审计账簿真实副本向事务官存档;

d. 允许事务官或其授权的以其身份行为的人在所有合理的时间充分、自由地获得账簿和基金的其他记录,并允许他们复制或摘抄这些账簿或其他记录;

　　e. 按事务官要求的间隔向事务官提供经证明的账簿真实副本。

　　⑥ 违反上述规定的开发人将视为犯罪,处以一万元以下罚款,定罪后仍犯罪的,则每天加罚一百元以下的罚款。

　　⑦ 任命一名管理代理人进行开发维修基金管理,不得免去开发人的下列义务:

　　a. 针对其开发的公寓购买人,对开发的共同财产进行修缮,改进好任何缺陷、收缩或共同财产中的其他过错;

　　b. 进行修缮和其他附加的工作,以确保按照主管当局批准的说明书和计划进行开发;

　　c. 在领到开发合格证之前,按照当地或政府当局的要求进行修缮和其他的附加工作。

　　⑧ 开发人支付储蓄金:

　　a. 由四套以上公寓组成的,在建成后进行地层分割的房屋的开发人,应向事务官存入部长规定的金额。

　　b. 事务官可接受银行或金融公司进行全部或部分支付的承诺,以代替现金存储。

　　c. 第 *a* 款所指的存款应在主管当局发给任何一套开发公寓临时居住证之前交付给事务官。

　　d. 事务官可以将此笔存款用于其认为纠正开发中的共同财产的缺陷所必要的工作。

　　e. 如果事务官已经动用存款或其中一部分,已完成第 *d* 款所指的工作,那么,事务官可以命令开发人在二十一天以内存入更多的资金,以确保开发人在事务官那儿拥有部长规定数额的存款。

　　f. 在主管当局对外开发中的公寓开出最后一份合格证之日起 3 年期满后,此笔存款或其余额应返还给开发人。

　　g. 未遵从事务官依第 *e* 款签发的指令的开发人构成犯罪,应

处以一万元以下罚金,定罪后继续犯罪的,每天加罚一百元以下罚金。

h. 部长可将任何法律实体或其他人排除在本条适用范围外。

i. 在1982年12月1日之前、之日或之后所建立起的任何房屋,都适用本条。

(6) 购买登记:

① 开发人应按事务官要求的格式进行登记,应包括有关开发公寓的下列细节:

a. 按土地权利法第七条规定向事务官注册的地层单位表中所列的每套公寓的估计份额价值;

b. 公寓的楼层面积;

c. 公寓购买人姓名和住址,若购买人非新加坡居民,则记名可送达购买人通知的地址;

d. 代表人进行公寓买卖的律师的姓名和地址。

② 经事务官要求后的十四天内,开发人应向事务官提交第①款所指的登记真实副本。

③ 事务官或其官员可以要求开发人提供其按第①项所获得的登记,以供检查。

④ 任何人未履行第①或②款义务或未提交供事务官或其官员检查的按第①项所获得的登记,则为犯罪,处一千元以下罚金,定罪后继续犯罪的,每天加罚一百元以下罚金。

(7) 购买人的义务:

① 按照公寓买卖合同中规定的期限购买人应向开发人支付开发中的共同财产的维修费,购买人在收到开发人的书面请求后的二十天内,没有任何理由拒绝或者没有支付维修费的,处以五千元以下罚金,在定罪后仍不交付的,每天加罚五十元以下罚金。

② 如果开发人将书面请求通过盖戳的邮递方式寄向购买人最新知道的地址,那么,应视为公寓购买人已收到书面请求(不管是否真正传递到)。

③ 事务官按照本法的规定指定一名管理代理人进行开发的

管理与维修,管理代理人发送的通知应视为开发人发送的通知。

(8) 房屋所有人的规定:

① 所有人是指:

a．包括目前正在收取房屋租金的人,不管是以其个人账户还是以代理人、信托人或产业管理人身份收取费用;

b．在有关租金受控制的房屋时,也包括房屋的租户;

c．在关于房屋的共同财产时,也包括租金或共同维修费用收取人以及经财产税法第十五条证实的,作为房屋分部的所有者而列入财产估算名单的人;

d．在经当局批准的地层分部建房的共同财产时,也包括控制该房屋的管理公司,房屋每一部分的附属所有人以及依土地权利法第三十三条规定而任命的管理人。

② 计算地层分割的房屋在 1976 年 4 月 15 日以前或以后已经建成了,房屋所有人或开发人在未经事务官书面同意之前,不得向购买包括此房屋在内的公寓的人收取房屋的维修费和管理费。

③ 违反第①款规定的即构成犯罪,处五千元以下罚金。

④ 本条的规定不得理解为要求一可分房屋的管理公司在按照土地权利法第 24 条规定收取维修与管理费时,先征得事务官的书面同意。

⑤ 尽管有第①款的规定,但在下列情况下,如果在 1976 年 4 月 15 日以前已经建成的房屋的所有人或开发人,在此日期前一直在从包括房屋在内的公寓购买人那儿收取房屋的管理和维修费,那么,即使未经事务官的书面同意也是可以的。

a．从那个日期起的三个月内;

b．如果在此期限期满前其从事务官那获得收费的书面同意或最终拒绝为止。

(9) 规则:

① 部长可制定下列规则:

a．列出本法所要求列明的事项;

b．提出有关房屋和共同财产管理与维修的合适标准;

c. 提出有关由某人交付的建房存款规则以确保其正当管理与维修以及没收这些存款;

d. 为执行本法的规定所需的一切规则。

② 根据本法所制定的规则可以:

a. 对不同种类的房屋和共同财产制定不同的规定;

b. 包含部长认为有利的附带的或补充的规定。

完善的法律和行政措施,有效地规范了新加坡的物业管理,使得新加坡的整体建筑普遍得到较好的维护。

第二节 香港特别行政区物业管理法律制度

1997年香港回归前,香港地区属于英殖民地,香港法属于英美法系,但其关于建筑物区分所有权制度却与英国现行法律有很大不同。1970年6月,香港政府制定了《多层大厦(业主立案法团)条例》,建立起一套具有地方特色的物业管理制度,有关各方对该《条例》进行了多年的讨论和修改,1993年,最终颁布了《建筑物管理条例》(香港法例344章),为香港物业管理的正常运作提供了完善的法律构架。

一、香港物业管理机构

(一) 物业管理公司

物业管理公司是应业主的聘请或根据发展商与政府订立的契约对屋村、大厦进行管理的机构。香港物业管理公司一般有三种:

一种是测量师兼营的物业管理公司,该种兼营物业管理的测量师行,多数曾为大厦负责推广、租售以及估价工作,大多属于中型公司。

第二种是附属于大型发展商的物业管理公司。香港政府在批地给开发商兴建私人房屋时,都要求发展商同时承诺必须承担房屋的物业管理工作。《多层大厦建筑业立法团条例》2A规定:如果发展商已经承诺负责开发的屋村的物业管理工作,则单位业主就不能再成立"业主立案法团"来自行管理物业。发展商为履行自己的承诺,也出于经济的考虑,往往成立附属公司管理物业,一般规模较大。

第三种是不附属于任何发展商,独立经营的专业性私人物业管理公司,受大厦业主立案法团、互助委员会或开发商等委托管理物业,一些公司还将业务范围兼顾到租务、估价、房地产交易等业务。这类公司在规模、服务素质上差别较大。

(二) 业主立案法团

业主立案法团是业主根据香港法例344章《建筑物管理条例》的规定成立的大厦管理机构。根据该条例,业主立案法团成立后,该建筑物所享有的权利、特权和所负的责任都交由法团去运作和执行,法团在法律上便负起业主对该建筑物各公共地方应负的一切责任,而管理委员会将以类似公司董事局的方式处理法团事务。按照条例规定,法团在法律上必须负责把大厦各公共地方保养妥善,并确保有关地方清洁,为此法团可通过管理委员会安排进行工程和聘请职员。事实上,法团通过管理委员会代业主处理一切有关他们利益的事项。

业主立案法团拥有法律权利和义务,但一直以来,由于组成业主立案法团的法律限制太多,所以业主立案法团在香港的物业管理参与甚少,发展数目非常缓慢。

(三) 业主咨询委员会

该委员会是根据大厦公契而产生的业主组织,并无实际权力,其主要职能是监督专业性管理公司的行为及提供意见。但如果管理公司辞职后,它可以代表业主负责大厦的管理工作。业主咨询委员会属于民间物业管理机构,因此无须向政府登记。

(四) 互助委员会

也是民间物业管理机构,一座大厦中1/5以上的住户便可以成立互助委员会,委员会由住户组成,目的在于改善大厦内的治安、居住环境和管理效果。互助委员会没有法律权利和义务。近年来,私人屋苑互助委员会的数目有不同变化,部分互助委员会已被业主立案法团取代；政府屋苑的互助委员会则变化不大。

(五) 房屋署

房屋署是香港一个管理建筑物的重要政府部门。主要为香港房屋委员会管理房屋、商场、工业大厦及"居者有其屋"的居屋苑。

二、物业管理费用的收取

(一) 征收管理费的根据

1. 《大厦公共契约》：每个多层大厦都有一份公契，一般由大业主(发展商)制定，业主买楼时公契便对其发生效力，除少数唐楼外，大多数公契都列明大厦由指定的物业管理公司管理，界定物业管理公司的职责，以及每一单位的业主权利份数。业权份数是业主对大厦管理权力及责任的比例，管理费主要根据业权份数配付。

2. 《建筑物管理条例》：该条例说明业主成立业主立案法团，与管业公司之间的关系及权责，以补充公契的不足。规定下列条款就《公契》与该条例有抵触时，以该条例为准：管理开支的总额厘定；账目的保存与记录；经理人开设有息银行账户；特别基金等。

3. 业主立案法团委任：根据《建筑物管理条例》，法团可以直接对大厦进行管理，或委任物业管理公司代为执行，物业管理公司与法团签订管理合同，收取管理费用，其权力来自法团。

(二) 管理费的确定

由于房产物业的维护、修缮、改建、更新与管理，都需要一定的人力和物力，需要有大量的开支。按香港现行的法例，管理公司不能承包管理费用，而是以实报实销的方式向全体业主收取管理费，其中包含了管理公司服务费(即利润，或可称为经理人酬金)。

业主或租客付与物业管理公司作为管理、维修及保养公共地方设施的费用，基本上包括以下各项开支：

1. 员工薪金；
2. 员工公积金及其他津贴；
3. 保安费；
4. 清洁费；
5. 公共水费；

6. 公共电费;
7. 电梯保养和维修;
8. 水泵保养及维修;
9. 保安系统保养和维修;
10. 消防设备保养和维修;
11. 中央空调系统保养和维修;
12. 会计费;
13. 核数费;
14. 律师费;
15. 杂项维修费用;
16. 管理处开支,如租金、水、电、文具费;
17. 园艺费、保险费;
18. 更新及改善基金拨备;
19. 紧急备用金及其他杂支。

(三) 管理费的分摊

香港管理费大致按以下几种方式进行分摊:

1. 以所占的面积作为分摊管理费的基础。例如:某建筑物以 $10m^2$ 作为 1 份,假如总面积为 10 万 m^2,即总份数为万份,若某户所购单位面积为 $60m^2$(即 6 份),该户应承担的管理费即为:(预算中的管理费)$\times 6 \div 10\ 000$。

2. 以管理份数为基础计算。例如:某小区有面积由 $50m^2$ 至 $120m^2$ 的单位多种,则可以将 $50 \sim 60m^2$ 作 5 份管理份数计算,$61 \sim 70m^2$ 作 6 份管理份数计算,如此类推,地铺份数则适当调低,然后每户业主按所分配的份数比例分担管理费。

3. 以楼宇的价值作为业权份数的基础。例如:以每 10 港元售价作为一份业权,假设整项物业总值 8000 万港元,即等于有 800 万份业权,若某业主购入的单位售价为 100 万港元,即表示拥有 10 万份业权,该业主所应负担的管理费为:(预算中的管理费)$\times 100\ 000 \div 8\ 000\ 000$。

4. 管理费的分担还要考虑业主或租客共同享用的公共地方

和公用设施情况。如：电梯、大堂、通道、花园；供电、煤气、自来水等设施，水泵、电梯，公共地方的渠道、管道、排污设施，公共天线、保安系统、中央空调等。

（四）管理费的收缴

香港通常在公契或管理协议中条款规定，业主要在每月的第一天向管理代理缴纳一定的金额，其数量是业主该年度按预算比例应上缴物业管理有关的债务的 1/12，这笔金额就叫管理费或服务费。如果业主没有按规定的期限缴纳管理费，物业管理经理或管理代理可对未偿还债务加收利息及催缴费，以支付因业主违约造成的额外工作费用。物业管理经理要给其下属拟订书面的征缴手续，以及随后发放的提醒通知，发了催缴通知，又多次口头提醒后，个别业主习惯性拒缴或拖欠 30 天，权利人可以采取以下手段：

1. 物业管理经理可根据公契条款，到地政署登记一份针对违约业主名下股份的备忘录，物业管理经理可以代表所有业主利益要求对违约业主的股份进行出售，并对违约业主的住房和店铺有绝对的使用居住权利，或通过香港法院的法律程序讨回债务。

2. 小额钱债审裁处对于不超过 15 000 港元的债务，有独立的审裁权。当事人必须自己出面，不能委托律师参加。如果是公司起诉，首先要向法院提交按规定格式填写的偿债请求，之后法院通知审理的时间和地点，审理之后，通常即刻做出裁决，若不服可自判决之日起 7 日内向高级法院提起诉讼。

3. 其他法院：对于债务超过 15 000 港元但少于 120 000 港元的案件，地方法院有独立审判权。

三、物业管理的范围和工作

一般的物业营运范围包括：日常大厦管理；房屋使用管理；房屋及其设施的保养和维修；公共设施的维护和保养；保安与消防管理（物业公司为防盗、防破坏、防流氓活动、防灾害事故而对所管物业进行的一系列管理活动）；清洁公共地方；园林绿化；财务管理；经租及中介管理；产业保险；居住区有关服务；

组织居民的联谊活动等。

四、不同类型物业管理的规定

物业管理所涉及的工作范围非常广泛,包括大厦的维修、保养、清洁、水电供应、升降机服务、康乐设施、保安及财政管理等,在香港每年都有各种不同类型的大厦兴建,包括大型屋苑、单幢式住宅、商业大厦、商场、工贸大厦等。每一类物业各有其特点,必须采用不同的管理方法。

(一) 香港公共屋村的物业管理

公共村屋是香港政府出资拨款,以低价批地和低息贷款方式资助,由香港房屋委员会兴建,用于出租给符合《轮侯公屋登记册》收入限额的低收入者的住宅群。公共村屋一般由房屋委员会所辖房屋署管理。近年,大部分屋村都逐渐交由私人管理公司以投标及合约的方式去管理,主要处理村内、停车场及商场的保安。互助委员会则与公司保持联系,协助解决居民日常生活问题。1995年,房屋署又推行屋村管理咨询委员会,效果显著。

1. 公共屋村物业管理的机构设置和职能:

房屋事务经理负责:

(1) 管理屋村日常事务,如清洁、保安、维修等;
(2) 制订每年的财务预算;
(3) 管理财务支出;
(4) 主管办事处及下属职员;
(5) 培训下属职员;
(6) 处理租户对有关住房(或店铺)的投诉和遇到的疑难问题;
(7) 确保租户缴纳租金并处理拖欠租金案;
(8) 监督租约的执行;
(9) 安排屋村的大型维修和改造工程的计划;
(10) 负责处理办事处文件和记录工作。

房屋事务主任负责:

(1) 每个事务主任管理一幢楼宇;
(2) 负责收取租金;

(3) 视察维修工程,检查保洁工作;
(4) 处理居民投诉和遇到的疑难问题;
(5) 领导市容整洁队执行清理整顿任务。
房屋事务助理员负责:
(1) 协助主任处理各种问题;
(2) 巡视整个屋村,加强治安工作;
(3) 督察清洁工作,使整个屋村保持清洁;
(4) 检查屋村内住户和商户是否堆放杂物于公共部位或场所。
技工负责:
(1) 负责整个屋村内的小型维修工程的技术工作,如排水堵塞、水管漏水等。
(2) 整个屋村的油漆粉刷工作;
(3) 定期检查设备运转是否正常。
2. 公共屋村的常规管理:
(1) 档案资料管理。在屋村管理机构中,储存有每栋楼号、每个单位和每个住户的档案资料,包括空调、水电、消防、保安系统资料以及房屋、设备的图纸和照片。
(2) 入住管理。房主签署租约后,应在指定日期去屋村领取大门钥匙;领取钥匙后,应前往房间做详细调查。若各项设备完好,应签署一份室内装置项目表;如有损坏,则须24小时内向屋村办事处报告。
(3) 住户的装修管理。住户若想装修住处或加设、更改一些设备,需先填写申请表格,待获得屋村办事处批准后方可进行。
(4) 维修保养。居屋轻微的损坏,由屋村内的技工修理,复杂较大的维修由屋村的保养承办商负责。
(5) 倾倒垃圾。屋村办事处雇用清洁公司承办清洁工作,除定期清洗公共地方外,每日逐户倾倒垃圾,不另收费。住户不准乱抛、乱扔垃圾,违者可发出传票检控,房屋署则派专人进行监督巡查。

(6) 收取租金。房屋事务主任每月初上门收取租金,并直接询问住户意见,及时处理有关问题。

(7) 终止租约。住户应在租约终止前1个月书面通知房屋事务经理,而通知的住满日为月底,并写明通讯地址,以便再次将房租出。

(8) 治安管理。屋村内保安人员日夜值班巡逻,并通过中央闭路电视,监视电梯和公共场所。

(9) 交通管理。屋村内不准乱停车辆,违者将被监控和罚款,以保证屋村环境宁静和居民购买活动的安全。

(10) 居住环境的管理。禁止小贩进入屋村叫卖,并说服住户到村内店铺和档位购物。该项工作由房屋署市容整洁队负责执行。

(二) 香港私人住宅的物业管理

香港有一半人口居住在私人住宅,私人楼宇以多层大厦为主,由发展商分层销售给个别买家,大厦既有业主,又有租客,他们共同使用公共设施,并根据《大厦公契》分别担负管理大厦的义务和责任。所谓大厦公契,其实是发展商提供用来界定分层业主对大厦拥有的权利和义务的一种书面契约文件,由一幢大厦或一个地段内的不同业主共同签署。公契是根据合约法成立的,由发展商(即卖方)及首名买主订立签署,一旦签订便告生效,以后的买主必须遵守。法律还规定所有大厦公共契约必须由律师起草。

契约界定了不同单位的业主对大厦或该地段的公共设施和公共地方的使用权利和使用责任。物业管理的对象则是这些公共设施和公共地方。其内容通常包括界定大厦内每个单位的范围和用途,界定大厦的公共权益及公共地方的划分和用途,以及一些公共权益条文等。大厦公契特别在维修及保养楼宇方面有详细的规定,同时对物业公司的管理权利及责任也清楚列明。

公契的条文因所在地区、物业类别、环境及设计的不同而有所差别。公共契约是一份有效的法律文件,其目的是明确各项规定及细则,作为一个法律依据去管理大厦,供发展商、业主、物业公司遵守。

1. 一般的公契条款包括：

(1) 有关各名词的解释。

(2) 列明各单位所占的业权份数，以计算各个物业业主应负担的维修费、管理费，决定每个业主对大厦管理决策的表决权的大小。

(3) 清楚载明公共地方和公共设施。

(4) 说明各业主的权益和责任，特别是有关公共地方及设施和分摊大厦所需的管理费、地租、特别维修费，以及无需经其他业主同意而自行转让、出租、抵押自己单个物业的权利等。

(5) 订明有关委托管理公司的任期及其职权范围细节，如保安、清洁公共地方、大厦维修与保养、编订每年财政预算及收支报告，以及有关大厦管理委员会的会议安排等。

(6) 公契有效期，通常与建筑物一起终结。

(7) 开发商保留的权利，如大厦外墙使用权、楼宇命名权等。

(8) 建立、改选业主委员会的期限、方式、成员人数、职务等。

(9) 管理费分摊办法。

2. 私人住宅物业管理的内容：

(1) 定期保养维修楼宇结构和设施；

(2) 为楼宇结构和设施投保；

(3) 防止非法更改大厦用途、非法间隔、防止违章建筑；

(4) 安排清洁和保安服务；

(5) 配合新的需要改善楼宇设施；

(6) 控制管理费开支；

(7) 执行大厦公共契约；

(8) 注意新区发展，提供资料、意见。

对私人住宅的物业管理法律规定，管理公司必须根据《大厦公契》和《建筑物管理条例》执行大厦管理，必须注意加强保安、防止盗窃的管理以及与居民建立良好的沟通及信任关系。《建筑物管理条例》作为大厦公契的强制性条款,当条例和大厦公契有所抵触时,以《建筑物管理条例》为准。

另外,根据《建筑物管理条例》,大厦公契若要撤销物业管理公司的管理权,仍须得到至少50%的业主通过。一般大型屋村的公契只容许发展商负责首三年至五年的管理权,但业主若通过会议,即可给予物业公司三个月的解雇通知,无须任何赔偿,也无须理会大厦公契的条款规定。

(三) 大型屋苑的物业管理

一般大型屋苑设施齐备,包括停车场、会所、花园等,其管理除按私人楼宇管理外,还须注意以下问题:

1. 要追讨的管理费金额较大,面对的人也会较多;
2. 资金和资源要妥善和恰当运用;
3. 维修工作量较多,需排列先后顺序;
4. 所有维修工程要公开招标;
5. 制订一套程序处理日常设施运作及准备一套完善的紧急应变计划,如遇火警、停电等;
6. 设立保安清洁时间表及工序表;
7. 屋苑内设施须定时维修;
8. 处理违例泊车事项,避免滥用职权或滥收解锁费;
9. 办公室内保持空气流通和光线充足。

(四) 商业大厦的物业管理

香港的商业大厦多为单一业权,由大业主直接管理,除着重保安问题外,对于预防性保养措施也非常重视,如消防系统、中央冷气、升降机等,同时也必须提供一个完善和舒适的工作环境。

(五) 工业大厦的物业管理

香港大多数工业生产线北移,很多工业大厦使用率偏低,管理费也较其他物业偏低。因为管理工业大厦有别于其他物业,所以应注意:

1. 清洁:一般物业只须负责公众地方清洁及处理日常生活垃圾,工业大厦还须清理工业生产所产生的废料。

2. 保安：对有关单位使用情况，保持准确的记录，例如空置情况、行业类别、危险品或化学物品的储存情况，及有无私自转变单位用途等。管理公司还须查阅大厦公契是否可以储存及使用各类危险品。

3. 停车场和卸货区的管理：如在繁忙时间需要货柜位设施，一般要预约，而在卸货区上落货台、货车也要有效管理，有序使用，才能避免引起争执。在铲车管控方面，由于缺乏政府法例监管，则依靠劝喻、订立守则和要求购买保险来控制。此外，维持停车场及卸货区交通顺畅也非常重要。

从以上可以看出，香港物业管理通常有三种形式：

1. 由房屋署物业管理处在屋村设立的屋村办事处管理住户，互助委员会从旁协助的自治形式，通常适用于租住公屋。办事处人员属于公务员，办事处的一切费用从租金中列支，住户只需按规定缴交租金，不必另付管理费。办事处除负责房屋维修、治安保卫工作，另一项主要工作就是收租。由于居住的人都不是业主，因此一般成立一个自治组织——住户互助委员会，其主要职责是向屋村提出建议，反映居民要求，加强与住户联系。

2. 由业主立案法团聘请专业物业管理公司管理，立案法团实行权利与责任对等的高度自治形式。常见于产权分散且业主愿意和能够组织法团的居屋苑和私人房屋。依据条例，立案法团必须做到：负责保持大厦公共地方及法团产业清洁，并妥善管理，使之可正常使用；遇有公职人员或公共机构根据任何条例所赋予的权力而勒令或要求对大厦共有产业进行任何工程施工时，法团均须遵办；公共契约如有明文规定法团须行管理大厦义务时，则法团须采取一切合理措施履行该项义务。

3. 在注册房屋事务经理监管下由专业物业管理公司主管，业主咨询委员会参政的自治形式。其特点是日常管理业务由物业管理公司负责，但屋村的法律责任仍由房屋事务经理承担。业主组成业主咨询委员会，定期与物业公司召开联席会议，为物业公司提供意见，不享有决策权，也不承担法律责任。

五、《建筑物管理条例》的有关规定

(一)《建筑物管理条例》的立法目的

1. 方便成立业主法团;
2. 加强对业主法团辖下管理委员会的监督;
3. 根据大厦公契引入与大厦有关的新措施;
4. 扩大土地审裁处的职权范围,使大厦管理事宜亦包括在内。

(二) 业主立案法团的成立

根据香港法例 344 章《建筑物管理条例》规定,成立业主法团首先要召开业主大会。成立业主法团一般有以下几种方式:

1. 一般而言,当业主购买一幢建筑物的单位时,即和其他业主一样受到公共契约的约束力或自动和其他业主共同签订一份公共契约。业主大会便可根据契约规定,由负责大厦管理的人士或契约授权的任何其他人士召开。

2. 不论是否订立公契,还可以由共同拥有该建筑物业权份数 5% 或以上的业主,安排举行业主大会。

3. 如公共契约订明必须依照上述其中一种方法召开大会,以便成立管理委员会,则须按规定而行。否则须由共同拥有该建筑物业权份数不少于 50% 的业主一致议决,方可成立管理委员会。

4. 如根据上文成立管理委员会遇到困难,可以由占建筑物业权不少于 30% 的业主联署向政务司申请,政务司在接获申请后,即可令召开业主大会。但如果政务司接到该建筑物 10% 以上的业主的联署反对,则命令不再有效。

5. 另外一个安排会议的方法是由占有该建筑物业权 20% 以上的业主联合向法院申请,由其指派一名业主召开会议。管理委员会由到会业主亲身或委托他人投票,以大多数赞成成立。

344 章 5 条(1)还规定,如要召开大会,须在会议举行前 14 日将通知书送达每一位业主。会议召集人须负责发出通知。5 条(4)规定,会议通知必须列明开会日期、时间和地点,以及会议将要决定的事项,其中包括成立管理委员会。管理委员会成立后 28 日内,必须依照条例向田土注册处处长申请,把各业主注册为法团。

业主立案法团透过管理委员会代业主处理一切有关他们利益的事项。如为支付一切运做费用,法团可设立常用基金,也可以成立一个应急基金,以弥补常用基金的不足或应不时之需。根据条例规定,法团管理委员会还有权让业主或业主书面授权的人士,在合理时间内审核账目等等。

(三) 管理委员会

管理委员会的人数多少视乎大厦的伙数,条例规定:

1. 如无公共契约,或公共契约并无指定管理委员会的人数,则:

(1) 设有不超过 50 个单位的建筑物,管理委员会不得少于 3 人;

(2) 设有超过 50 但不超过 100 个单位的建筑物,管理委员会不得少于 7 人;

(3) 设有超过 100 个单位的建筑物,管理委员会不得少于 9 人;

(4) 如有公共契约指定组成管理委员会的人数,而该数目大过上述规定的最少人数,则管理委员会的组成人数以该较大数为准;如该数目小于上述规定的最少人数,则管理委员会的组成人数不得违反上述规定的数目;

(5) 如有的话,须包括租客代表。

2. 下列人士不得作为管理委员会委员:

(1) 已宣布破产的人士;

(2) 已与其债权人达成债务和解协议的人;

(3) 曾被判监禁 3 个月或以上的人士;

3. 管理委员会委员如遇下列任何一种情形,须停任委员:

(1) 在上段 2 所述的情形下丧失其担任管理委员会委员资格;

(2) 因身体或精神上的疾病以致丧失执行职务的能力;

(3) 未征得管理委员会的同意,连续 3 次或 3 次以上缺席管理委员会会议；

(4) 用书面提出辞职，并将辞职书送达给管理委员会秘书；

(5) 以租客代表身份作为委员的人，不再是单位的占用人；

(6) 以业主身份获委任的人，而不再是业主。

4．管理委员会会议须由以下的人主持：

(1) 主席；

(2) 主席缺席时，由副主席主持；

(3) 主席及副主席皆缺席时，由管理委员会选出一名委员作为该会议的主席；

(4) 管理委员会的主席、副主席、秘书司库及其他管理委员会职员，可收取经法团在会员中决议通过的津贴。每个职员每月最高津贴金额如下：

不多于 50 个单位的建筑物　　　　600 港元

在 51 至 100 个单位之间的建筑物　900 港元

超过 100 个单位的建筑物　　　　1200 港元

(四) 强制性条款

《建筑物管理条例》列明公共契约有以下的强制性条款：

1．订定管理费用；

2．经理人记录账目；

3．经理人须开立银行户口；

4．经理人须设立及维持一项特别基金；

5．由经理人订立的合约；

6．经理人辞职；

7．业主法团解雇经理人；

8．经理人卸任后的责任。

(五) 对业主的限制

《建筑物管理条例》不仅规定了业主的权利和义务，还规定了业主在行使权力时应受到的限制：

1．不得更改楼宇结构，如更改承重墙、梁、柱或增建、扩建、拆除任何建筑物；

2. 不得干扰、损坏任何公共部分和公共设施；

3. 不得将物业作为非法或不道德用途，或在其中进行足以妨碍或侵扰其他业主或住户的活动；

4. 不得妨碍他人使用公共地方及公共设施；

5. 不得在楼内进行任何足以引致楼宇所投保险失效，或引致保险增加的活动；

6. 不得经营大厦公契所禁止的行为，如经营歌舞厅、殡仪馆等，业主只能按《大厦公契》所规定的各类用途加以使用。

(六) 违反《建筑物管理条例》的罚则

1. 对不符合业主立案法团注册要求的行为，可判处每日罚款50港元，按违法天数计算；

2. 对违反法团变更要求的行为，可判处每日罚款100港元，计算方法同前；

3. 如管理委员会成员违反财务报告制度的规定，各成员间承担连带责任，可处以每人罚款2000港元；

4. 对提供多层楼宇管理虚假材料或作虚假陈述的行为，可处以罚款5000港元且监禁半年。

第三节 国内物业管理法律制度的现状

一、物业管理专项法规

我国物业管理从20世纪80年代开始出现，到现在已经有二十多年的历史。1994年3月，建设部颁布了《城市新建住宅小区管理办法》，这是我国建国以来颁布的第一部关于物业管理方面的中央级专项法规。《城市新建住宅小区管理办法》主要规定了如下内容：

1. 确定物业管理活动中的基本法律关系，即物业管理企业与房地产开发企业的前期物业管理委托关系和与业主委员会之间的物业管理委托关系；

2. 确定了物业管理行业的行政主管部门；

3．确定了市政、绿化、卫生、交通、治安、供水、供气、供热等行政主管部门和住宅小区所在地人民政府按职责分工,负责小区管理中有关工作的监督与指导;

4．规定了住宅小区内应当成立业主委员会和业主委员会的主要权利与义务;

5．明确了物业管理企业的主要权利与义务;

6．规定了《物业管理委托合同》的基本内容;

7．规定了业主和物业使用人应当缴纳物业管理费的义务;

8．规定了物业管理活动的部分主体,违反《城市新建住宅小区管理办法》所规定的内容应承担的法律责任。

除此之外,建设部和地方各级人大、政府及物业管理主管部门还相继颁布了一些针对物业管理企业管理、物业管理服务标准等内容的规范性文件,如:

1．《物业管理企业资质管理试行办法》

《物业管理企业资质管理试行办法》是1999年11月建设部颁布的,具体规定了物业管理行政主管部门对物业管理企业的管理,其主要内容有:

(1) 规定了物业管理企业资质等级的划分;

(2) 规定了物业管理行政主管机关对物业管理企业资质等级的级别管辖;

(3) 规定了物业管理企业申报不同资质等级的主要条件与所需的文件;

(4) 规定了不同等级的物业管理企业所接管的物业范围。

2．《城市住宅小区物业管理服务收费暂行办法》

1996年国家计委和建设部联合颁布《城市住宅小区物业管理服务收费暂行办法》,主要规定了物业管理企业所收取的物业管理服务费的构成、物业管理服务费确定的办法及审批等内容。

3．《住宅共用部位共用设施维修基金管理办法》

1998年12月建设部与财政部共同颁布了《住宅共用部位共用设施维修基金管理办法》,该管理办法主要规定了以下几项内

容:
(1) 明确了住宅共用部位与共用设施的具体范围;
(2) 规定了住宅维修基金的建立范围;
(3) 规定了住宅维修基金的收取比例;
(4) 规定了住宅维修基金的管理、使用、续筹等事项。

4.《物业管理企业财务管理规定》

1998年财政部颁布了《物业管理企业财务管理规定》,该规定对物业管理企业的财务管理等方面作了较为明确的规定,其主要内容有:
(1) 规定了物业管理企业代管维修基金的具体办法;
(2) 规定了物业管理企业的成本和费用;
(3) 规定了物业管理企业的营业收入与利润;
(4) 规定了物业管理企业的纳税义务。

5.《全国优秀管理住宅小区标准》

《全国优秀管理住宅小区标准》是建设部1995年3月颁布的,具体规定了全国优秀管理住宅小区的评比标准与评分标准。

6.《全国物业管理示范住宅小区(大厦、工业区)标准》

2000年建设部颁布了《全国物业管理示范住宅小区(大厦、工业区)标准》,具体规定了物业管理示范小区的达标标准与评比标准等内容。

7.《全国住宅小区智能化技术示范工程建设工作大纲》

《全国住宅小区智能化技术示范工程建设工作大纲》是1999年建设部颁布的,具体规定了我国智能化小区建设的目标、意义和基本内容等。

二、与物业管理相关的法律、法规

我国物业管理法律制度中,对于物业管理活动的法律规定,并不仅仅体现在物业管理专项法规中,一些法律、法规和规章对物业管理活动所涉及的一些问题也有所规定,比如《中华人民共和国城市房地产管理法》、《商品房销售管理办法》、《房屋建筑工程质量保修办法》和《住宅室内装饰装修管理办法》等,其对与物业管理有关的行为均作了规定。

1. 《城市房地产管理法》

1994年全国人民代表大会常务委员会通过了《中华人民共和国城市房地产管理法》,对我国房地产开发用地、房地产开发、房地产交易和房地产权属登记等方面进行了规定。在物业管理实践中,取得房地产开发用地使用权的方式直接影响到业主对物业内公共地方的使用权的享有,另外对房地产开发和交易的规定也直接对业主产生影响,而且这种影响会作用于物业管理活动中。如果房地产开发企业未取得房地产规划许可证就进行房地产开发建设,业主在购置了此房地产后,会因无法办理房地产所有权证而与房地产开发企业发生纠纷,并因此影响物业管理活动。

2. 《商品房销售管理办法》

2001年建设部颁布《商品房销售管理办法》,明确规定了房地产开发企业在出售其开发的房地产之前,必须委托一家物业管理企业承担其所开发的房地产的物业管理服务,并将其作为房地产开发企业出售房地产的必备条件,即房地产开发企业没有委托物业管理企业进行物业管理的,不允许出售房地产。

3. 《房屋建筑工程质量保修办法》

2000年建设部颁布的《房屋建筑工程质量保修办法》是对房地产建筑工程质量问题的规定,在物业管理活动中,房地产建筑的质量对其影响非常大。房地产建筑质量存在问题,不但造成业主与房地产开发企业之间的纠纷,同时更容易造成业主与物业管理企业之间的纠纷。《房屋工程质量保修办法》中具体规定了房屋质量保修的范围、期限和办法等内容,这对于在房屋保修期内出现的房屋质量问题如何处理提供了依据。

4. 《住宅室内装饰装修管理办法》

2002年建设部颁布的《住宅室内装饰装修管理办法》对业主和物业使用人进行室内装饰装修活动作了明确规定,同时还规定了房地产主管部门对住宅室内装饰装修如何进行监管,以及物业管理企业在住宅室内装饰装修中的作用和如何签订《住宅装饰装修合同》等。《住宅室内装饰装修管理办法》的有关规定,对规范物业管理活动中的装饰装修行为有十分重要的作用,可以有效减少因业主和物业使用人进行装饰装修活动产生的纠纷,对规范物业管理活动起着积极的作用。

三、地方物业管理条例、办法

建设部颁布《城市新建住宅小区管理办法》之前,我国一些地方分别颁布了一批地方性的物业管理条例和规章,《城市新建住宅小区管理办法》颁布之后,各地物业管理法规的颁布速度有了极大的提高。到目前为止,我国绝大多数省会级城市均颁布了有关物业管理的条例或规章,部分大中城市也制订了一些物业管理的规定或管理办法。地方物业管理条例和办法,对调整和规范物业管理活动有着一定的推动作用,特别是在目前我国中央级物业管理专项法规还不健全的情况下,地方的物业管理条例、办法在一定程度上规范了我国各地方的物业管理市场和物业管理行为。比如《北京市居住小区物业管理办法》、《上海居住物业管理办法》、《深圳经济特区物业管理行业管理办法》、《天津市住宅小区物业管理暂行办法》、《重庆市物业管理办法》、《辽宁省城市住宅区物业管理条例》、《广东省物业管理条例》等等。

下面结合上海市和深圳市的物业管理规定,简要介绍一下我国地方物业管理条例和办法的主要内容。

1.《上海市居住物业管理条例》

《上海市居住物业管理条例》是1997年由上海市人大常委会制定的,其主要规定了:

(1) 条例的适用范围;

(2) 条例中所涉及的基本概念的解释;

(3) 物业管理的主管行政机关;

(4) 物业管理企业与房地产开发企业和物业管理企业之间的关系;

(5) 建设、规划、市政、公用、电力、邮电、环卫、园林、住宅、公安、物价、工商等有关行政管理部门及街道办事处、乡镇人民政府

在物业管理活动中的职责和作用;

(6) 业主大会的召开及业主大会的职权;

(7) 业主委员会的产生及业主委员会的职责;

(8) 物业管理企业的物业管理服务内容及物业管理费用的收取;

(9) 有关物业使用的规定;

(10) 有关物业维修的规定;

(11) 业主对物业管理有关主体的投诉;

(12) 违反条例的法律责任。

2.《深圳经济特区物业管理行业管理办法》

《深圳经济特区物业管理行业管理办法》是1998年深圳市人民政府制定的,其规定的主要内容有:

(1) 办法的适用范围;

(2) 物业管理活动的主管机关;

(3) 物业行业协会的性质;

(4) 物业管理企业的设立与管理的规定;

(5) 物业管理活动的招标与投标;

(6) 物业管理服务内容;

(7) 违反该办法的法律责任。

无论是国家颁布的与物业管理相关的各项法律、法规等,还是各地方颁布的物业管理条例和规章,都对我国物业管理法律制度的建立和发展起到有利的推动和促进作用,也初步组成了我国物业管理的法律体系,使物业管理企业、物业管理从业人员和业主(物业使用人)有法可依,在一定程度上确立了我国的物业管理法律制度的框架。

第四节 目前我国物业管理法律制度存在的主要问题

由于我国正处在政治、经济体制改革的阶段,物业管理活动起步晚，发展不平衡，物业管理法律制度也尚未完整、系统地建立起来，因此目前我国物业管理法律制度还存在着诸多问题。

1. 中央级物业管理法规还不完备

中央级物业管理法规，即建设部颁布的《城市新建住宅小区管理办法》，无论从形式还是从内容来看，规定都较为简单和原则，而且有些物业管理活动中所涉及的重要法律问题还没有涉及。如业主委员会的法律地位、物业管理企业的管理用房、物业管理的项目、物业管理发生纠纷时的解决方式等问题，涉及得很少，即使提到，规定得也很不明确，可操作性较差。

2. 地方物业管理条例、规章繁杂且各地差别较大

我国地域辽阔，政治、经济发展水平不平衡，各地方之间人民生活习惯与生活水平存在一些差异，这些原因造成了我国各地方人大或者政府制定的物业管理条例、规章和办法的差别。这些差别不仅体现在地方法规的形式上，更主要体现在对物业管理内容的规定不同。

3. 上级物业管理法规与下级物业管理法规存在差别

中央级的物业管理综合法规即《城市新建住宅小区管理办法》与一些省级地方所制定的物业管理法规的内容存在差别，地方的物业管理法规的内容比《城市新建住宅小区管理办法》涉及面广、规定明确，而且一些专用名词上也存在差别，如对业主和物业使用人的自治组织"业主管理委员会"的称呼上，《城市新建住宅小区管理办法》称之为"小区管理委员会"，而我国地方的物业管理法规中绝大多数均采用"业主管理委员会"的称呼。

地方的物业管理法规也存在两级规定的情况，即省级管理规定和市县一级的管理规定。同一地方的省市两级物业管理规定方面存在的差别也很多。一般来讲，造成这种情况的主要原因是：在同一省级单位内的各市级城市的居住水平与居住环境的差别。当然还有一些地方是由于立法规划不规范造成两级之间的立法的不统一，法规所规定的内容也有重复和冲突。在这种情况下，一般下级的法规必将因上级的法规的颁布而进行相应的修改和调整。

通常而言，下级的法规规定只能是上级法规规定的补充和在部分内容上的细化，其内容，不能有与上级法规太多的重复或冲突。而我国目前《城市新建住宅小区管理办法》与各地方的物业管理条例、规章，各地方之间的物业管理法规以及各地方上下两级之间的物业管理法规的规定在内容上有很多的重复、不一致，甚至是冲突，这些都是我国物业管理法律体系亟须规范、整治的地方。

4．物业管理规范性文件没有上升为国家法律

到目前为止，中央级的物业管理法规是建设部颁布的《城市新建住宅小区管理办法》，从性质上来讲属于国务院的部门规章，其法律效力不能与国务院颁布的法规相比，更不能同全国人民代表大会或全国人民代表大会常务委员会所制定和颁布的法律的效力相比。这一点也是造成中央级物业管理法规与地方级物业管理法规不能统一的一个重要原因。

从我国法律制度发展的总体情况、发展趋势和从物业管理具体情况、发展趋势来看，由全国人民代表大会或全国人民代表大会常务委员会制定一部统一的物业管理法律是十分重要和必要的，这也是我国物业管理制度发展的必然结果。它不仅能够改变我国物业管理法规繁杂、混乱的现状，同时也为物业管理制度的进一步发展提供前提和保障，通过物业管理法律的制定，将目前在物业管理中还不明确的一些问题加以明确，从而促进和保障物业管理活动的健康发展。

5．其他涉及物业管理的配套法律法规还不完善

物业管理制度是一项社会生活中的基本制度，涉及每个公民的切身利益。在物业管理活动中，涉及的法律问题有的会在不同的法律法规中有所规定或体现。物业管理专门法律法规与相关的法律法规中，涉及物业管理的规定共同形成了完整的物业管理法律体系和物业管理法律制度。这一完整的物业管理法律体系和法律制度，是运用法律解决物业管理活动中所遇到的问题的保障。因此，在建立健全物业管理法律体系和法律制度的同时，必须健全相关的与物业管理有着密切联系的法律法规。例如怎样克服开发

建设与物业管理相脱节这一问题,在将来制定的物权法中应对楼宇的"区分所有权"问题和物业项目中"非住宅公共地方所有权和使用权"的归属问题等进行明确的界定和规定,等等。

6. 物业管理法律主体缺乏合理的定位

由于我国正处在计划经济向市场经济转轨的过渡时期,一些政府部门和物业管理企业还不能够完全适应市场经济的条件和环境,对物业管理仍旧停留在治安维护、卫生清扫等最为简单的认识上;同时一些业主(物业使用人)也没有对物业管理给予必要的重视,甚至有些业主(物业使用人)认为物业管理没有必要存在,对物业管理有抵触心理。这些思想和观念都是物业管理法律主体缺乏对自身的合理定位造成的,严重影响了物业管理制度的发展,制约了物业管理事业的前进。

另外,由于物业管理法律、法规规定的不明确,造成物业管理企业同街道居委会、派出所以及环保、市政等部门的关系如何定位无法确定,职责无法划分,在具体问题上出现管理的交叉或管理的真空。

缺乏合理明确的定位还造成一些物业管理企业不重视物业管理,使业主(物业使用人)非常不满意,一些物业管理企业行使物业管理权不当,侵害了业主(物业使用人)的合法权益,如前一段比较多发的物业管理企业保安人员打伤业主的事件。

要真正解决物业管理法律关系中各主体的定位,只有通过完善的立法和法律法规的正确实施才能做到。

物业管理制度的进一步发展,必须有法律、法规的强力支持,法律、法规的制定和完善也必将以物业管理活动的发展为依据。

第三章 物业管理主体

物业管理作为一项重要的社会活动,其主体是多方面的。我们按照各方主体与物业管理关系的不同,将物业管理活动的主体划分为三类:直接主体、间接主体和行政主体。

第一节 直 接 主 体

物业管理活动的直接主体,是指与物业管理活动有着最为直接、最为密切联系的主体。这类主体是物业管理的直接参与者,是物业管理活动具体权利与义务的直接享受者与承担者。认清和研究这类主体对掌握物业管理活动中的法律关系,明确法律责任的划分有着十分重要的意义。

一、业主和物业使用人

(一)业主

1.业主的概念

业主是指物业的所有权人。按照不同的划分方法,业主可以划分为不同的种类,而划分方法的不同对物业管理实践又有着不同的重要作用。

(1)按照业主拥有物业产权的性质划分为:单独产权业主和共同产权业主。

单独产权业主是指对某一物业拥有单独产权的业主,这种业主通常在物业的所有权证明中只载有一个权利人。

共同产权业主是指两个或两个以上对某一物业同时拥有所有权的业主,这种业主通常在物业的所有权证明中,载有两个或两个以上的权利人。符合法律法规规定条件的夫妻所拥有的物业,虽然在物业所有权证明中只载有一个权利人,但夫妻均应属于共同产权业主。

(2) 按照业主自身的性质划分:自然人业主和非自然人业主。

自然人业主是指业主为自然人。

非自然人业主是指业主为企业法人或机关、事业单位和社会团体法人及法人分支机构等。

2. 业主的权利、义务

物业管理活动中的权利和义务是物业管理法规规范的重要内容,其中业主的权利与义务的规定,是对业主规定的核心内容。业主是整个物业的所有者,因此业主要承担物业管理活动的费用,即业主要缴纳物业管理费用。业主有哪些权利,承担什么样的义务,是物业管理法律研究的一项重要的任务。对业主权利义务的认识,可以确定业主的地位、保护业主的权益,同时也可以影响到对物业管理企业和房地产开发企业在物业管理活动中的定位。

(1) 业主在物业管理活动中的权利

① 业主对其所购得物业享有所有权,即业主对其所购买的房屋按照房屋、商业用房或者其他用房等产权证书所规定的面积享有所有权。所谓所有权是指业主对其所购物业的占有、使用、收益与处分的权利。

业主不但拥有其房屋产权证书中所载明的面积的所有权,同时还对建筑房屋的楼梯、共用平台和物业区域内的共用绿地、通道、广场设施等拥有所有权。

业主对其所购物业享有所有权中一项重要的内容就是对物业的处分权,即业主对其所购得的物业有权按照国家有关法律法规的规定进行转让、出租、出借、抵押等处分。业主对其房屋的处分在不影响其他业主、物业使用人和社会公共利益的情况下,不受物业管理企业、其他业主(物业使用人)、业主委员会和政府有关部门的非法干涉。

② 业主对整体物业的管理权。

业主参加业主大会和参与业主委员会委员的选举工作是业主

行使物业管理权的重要手段和表现。业主参加业主大会并在业主大会上进行发言,提出议案,要求物业管理企业依法公开财务账目,对物业管理企业提出质询,选举业主委员会委员,被选举成为业主委员会委员,要求罢免业主委员会委员,审议《公共管理契约》、《业主委员会章程》和业主委员会所制定的各项物业管理规章的权利,决议签订、解除同物业管理企业所签订的《物业管理委托合同》的权利等等,都是业主行使物业管理权的行为。

业主行使对物业管理权,还表现在对物业管理企业的管理服务的监督权。业主对物业管理企业的管理服务未能达到《物业管理委托合同》约定标准的,有权向物业管理企业进行投诉,要求物业管理企业限期整改等。业主的这一项权利体现了业主对物业管理企业的干预权,而这种干预权仅在物业管理企业未能完成物业管理服务的时候才能行使。这一权利的规定,也充分体现了业主对所拥有物业的管理权。

业主对业主委员会工作的监督权也是行使物业管理权的重要表现。业主委员会是业主的自治组织,代表业主享有多项权利,如同物业管理企业签订《物业管理委托合同》的权利,决定物业管理收费标准的权利等等多项重要的权力。如何保证业主委员会切实维护全体业主的合法权益,业主对业主委员会的监督是一重要的手段。

③ 法律法规规定的其他权利。

业主除了以上两项重要的权利之外,我国法律、法规中还规定了许多有关的其他权利,如业主、物业使用人应当享有的人身权,主要包括自然人业主和物业使用人的生命权、健康权、肖像权、姓名权或者非自然人业主的名称权、荣誉权等;业主、物业使用人应当享有的财产权,主要包括业主和物业使用人房屋不受非法侵入、自然人业主和物业使用人的财产继承权等财产权利。

(2) 业主在物业管理活动中的义务

① 遵守有关物业管理法律、法规。

物业管理法律、法规是整个物业管理活动中必须严格依照执行的重要内容,物业管理活动中各个环节必须在法律、法规所准许的范围内进行。业主在行使其权利的同时必须严格按照法律、法规的规定履行相应的义务。业主无权超越法律、法规的规定行使权力。业主不遵守法律、法规的规定行使权力必将受到法律的制裁、承担相应的法律责任。

② 遵守《物业管理公共契约》及其他物业管理文件和本物业区域的物业管理制度。

业主不但要严格遵守业主委员会制定的《物业管理公共契约》和其他涉及物业管理的规范性文件,同时也应当遵守物业管理企业依据《物业管理委托合同》的约定而制定的相关的物业管理文件。无论是业主委员会制定的《物业管理公共契约》,还是物业管理企业依据《物业管理委托合同》的约定而制定的物业管理文件,都十分鲜明地体现了本物业区域内的物业管理特性,更适合于该物业区域内的物业管理。这些物业管理文件是物业管理制度的具体体现,有利于物业管理企业开展物业管理活动,有利于业主和物业使用人更好地享受物业服务。业主和物业使用人要特别遵守物业区域内的一些禁止性规范,这些规范对维护物业的正常秩序有着十分重要的作用。

业主和物业使用人应当遵守的物业项目禁止性规范主要是:

a. 不得改变房屋外貌、用途和主体结构;

b. 不得在物业项目区域内堆放、排放易燃、易爆、剧毒、放射性物品;

c. 不得利用房屋从事危害公共利益或侵害他人正当权益的活动;

d. 不得践踏、损害和妨碍他人合法使用楼宇共用部位和共用设施设备;

e. 不得乱抛垃圾杂物,乱停车辆;

f. 不得搭建违章建筑物、改建物、构筑物、障碍物等;

g. 不得聚众喧闹及发出超过规定时间或超出规定标准的噪音;

h．不得饲养禽畜或未按地方有关规定豢养宠物；

　　i．不得在公共区域随意悬挂旗帜、名牌、广告、天线、宗教神像牌位等；

　　j．不得未按规定位置安装空调；

　　k．不得在未封闭阳台护栏顶部摆放花盆等危险易坠物；

　　l．不得阻挠物业管理企业实施各项物业管理服务；

　　m．不得违反法律、法规及地方政府规定的其他行为。

　　③ 执行业主大会和业主委员会通过的有关决议和决定。

　　业主大会和业主委员会在召开会议的时候，根据本物业区域的物业管理现状和发展程度制定或修改某些物业管理制度或文件，或通过业主大会或业主委员会的决议和决定的形式对物业管理的收费标准、服务标准等进行适当的调整，业主对业主委员会的这些决议和决定应当遵守和执行。

　　④ 业主应依约定交纳物业管理费用。

　　物业管理费用的收取情况在很大程度上决定了物业管理的服务情况，物业管理服务项目和标准的制定，都是在严格依照物业管理费用的收取情况的基础上制定的。业主拒绝交纳物业管理费用，必将造成物业管理服务与收费的不平衡，从而严重影响物业管理的质量和业主自身的利益。

　　⑤ 尊重其他业主的合法权益。

　　业主在依法行使自身的合法权益时，不得干扰其他业主(物业使用人)的合法权利。业主经常会与其他业主(物业使用人)之间发生诸如相邻关系在内的各种各样的关系，这些关系处理是否妥当，直接影响着物业区域内的安定和文化形象。

　　⑥ 法律法规规定的其他义务。

　　(二) 物业使用人

　　1．物业使用人的概念

　　物业使用人是指依法享有物业的占有、使用权，而不具有物业的所有权，即依法或依合同享有业主的部分权利和承担业主的部分义务的人。

物业使用人主要有两种情况:第一种情况是公有制房屋的承租使用人;第二种情况是私有物业业主将物业出租的承租使用人,也包括房地产开发企业将建设竣工的物业以出租方式出租给物业使用人使用的情况。虽然两种情况不同,但两种情况中物业使用人均为房屋的承租人。不论是公有房屋是还是私有房屋的承租使用人,其法律性质和法律地位基本相同,但他们在具体的权利义务上有一定的差别。

公有制房屋承租人的存在是在我国特定的历史条件下形成的。住房改革实施前,我国城镇房屋绝大多数是由国家统一安排建设,其所有权为国家所有,国家按一定的政策将建设的公有房屋,分配给国家机关、企事业单位或其工作人员。这种住房的分配制度是在福利的基础上进行的,国家对承租者只收取很少的一点租金,这些租金就连房屋基本的修缮都不能满足,国家每年还要拿出巨额资金对公有住房进行维修、改造。住房改革之后,国家逐步减少直至取消福利分房的政策,但目前承租使用公有住房的比例仍然很大,认识和研究这部分物业使用人的权利、义务对理解物业管理活动中的法律关系有着重要的作用。

2. 物业使用人在物业管理活动中的权利义务

物业使用人在物业管理活动中的权利义务,通常认为在不违背国家法律法规的情况下,依照其与业主的约定享有业主的部分权利并应承担业主的部分义务。

(1) 公有住房中物业使用人的权利义务

公有住房中物业使用人的权利义务基本与业主的权利义务相同。当然这种相同是有着一定的前提条件的,即是公有住房所在的物业项目已经实行了社会化的物业管理,并且公有住房物业使用人按规定缴纳物业管理服务费用。这种情况下物业使用人有着业主一样的广泛权利,也要承担业主一样众多的义务,同时物业使用人可以参加业主大会或业主代表大会。

(2) 私有房屋物业使用人的权利义务

私有房屋物业使用人享有权利与承担义务的多少,均取决于其同私有房屋业主之间的具体约定。如物业管理服务费用由谁支付,业主大会或业主代表大会由谁来参加等,这些都直接影响到物业使用人权利的享受与义务的承担。

二、业主委员会

在我国,物业管理制度虽然起源于20世纪80年代初期,但真正意义上的业主委员会的出现却是在20世纪90年代初。1991年末,深圳万科集团物业管理公司受其所属的天景花园物业管理处解决小区住户电费按商业用电计费纠纷的启发,提出了"业主委员会"的构想并得以实施。1994年建设部颁发的《城市新建住宅小区管理办法》第6条对业主委员会给予了确认,只不过当时规定业主委员会的名称为"住宅小区管理委员会",虽然名称不同,但性质与业主委员会是相同的。

(一) 业主委员会

1. 业主委员会的概念

业主委员会是指在物业项目内代表本区域的全体业主、物业使用人对物业项目实施自治性管理的组织,业主委员会是业主(物业使用人)大会的执行机构。

我国对业主委员会的叫法不同,一些地方法规中称其为"物业管理委员会",而在建设部发布的《城市新建住宅小区管理办法》中和一些地方法规中称为"管委会"。不管叫"业主委员会"还是"管委会"或是"物业管理委员会",其性质和实质都是一样的,本质上没有差别。

2. 业主委员会的性质

业主委员会是一群众自治的组织,代表着一个物业区域内的业主、物业使用人的权益,其应当而且也能够行使相应的民事权利和承担相应的民事义务,因此我们认为业主委员会应当是经依法登记或备案的具有法人资格的社团性组织。我国现行的物业管理法规规章虽然没有明确对业主委员会的性质进行规定,但很多地方物业管理条例规定了业主委员会成立后需要备案的制度。如《辽宁省城市住宅区物业管理条例》第十条规定:"物业管理委员会应当自选举产生之日起 30 日内,到所在地县以上物业行政主管部门备案。"虽然现行的一些地方物业管理条例和规章中规定了业主委员会成立的备案制度,但并不是说业主委员会在备案后即具备法人资格。业主委员会要成为法人就必须按照法律法规的规定,履行一定的法律手续和程序。我国目前法律法规所规定的法人可以分为两种,一种是企业法人,其是按照《中华人民共和国企业法人登记管理条例》的规定所设立的;另一种是社团法人,其是按照《中华人民共和国社会团体登记管理条例》的规定登记设立的。业主委员会显然不适用《企业法人登记管理条例》的规定,应为社团法人,但由于业主委员会组成及其组织机构等存在特殊性,决定了其不应按照《社会团体登记管理条例》来设立。赋予业主委员会法人资格应通过物业管理专项法律或者法规来进行规定,这样比较适合我国业主委员会的特殊情况和业主委员会的发展。

3. 业主委员会的组成

业主委员会应由业主(物业使用人)大会在业主(物业使用人)大会的组成人员中选举产生。其候选人可以由已成立的业主委员会的委员提名,也可以由物业管理行政主管部门推荐或由参加业主(物业使用人)大会的全体人员民主推荐产生。业主委员会委员候选人经出席业主(物业使用人)大会的全体组成人员过半数赞成通过当选。业主委员会的组成人员一般应在 7~19 人之间,每届任期由《业主委员会章程》规定,可为每届 2~3 年,连选可连任。业主委员会组成人员中应当有适当比例的物业使用人代表,但一般物业使用人代表不应超过业主委员会组成人员总数的五分之二。业主委员会在委员中选举一人为业主委员会主任,2~3 人为业主委员会副主任。业主委员会主任应由业主担任。业主委员会可聘任一名秘书,具体负责业主委员会的日常事务的处理和与物业管理企业的沟通,秘书可以是物业项目的业主、物业使用人,也可以不是。业主委员会委员应为兼职,可以取得适当的津贴。

4. 业主委员会的工作方式

业主委员会应采取召开会议的方式工作,会议可以是全体委员在一起召开,也可以书面形式召开,业主委员会会议应当有至少过半数的业主委员会委员参加。业主委员会通过决议或决定应采取少数服从多数的原则。每名业主委员会的委员拥有一个投票权,业主委员会通过决议或决定应按《业主委员会章程》的规定,采取过半数以上赞成通过或三分之二赞成通过。业主委员会委员因故不能参加会议的,应向业主委员会主任请假,并可以委托其他业主委员会委员对需要表决的问题进行投票,业主委员会委员无故连续多次不参加业主委员会会议的应终止其业主委员会委员的职务。

5. 业主委员会的职权

业主委员会是业主(物业使用人)大会的执行机构,其组成人员虽然均为兼职工作,但其人员构成较为精干,可以有很高的工作效率。

业主委员会的主要职权有:

(1) 维护业主、物业使用人的合法权益;

(2) 召集和主持业主(物业使用人)大会;

(3) 经业主(物业使用人)大会同意通过招标选聘、续聘符合条件的物业管理企业,并与物业管理企业订立、变更或解除《物业管理委托合同》;

(4) 经业主(物业使用人)大会批准审议物业管理企业提出的年度工作计划,物业服务费的预算、决算和管理服务的重大措施;

(5) 依照法律法规和规章的规定负责和监督有关公共部位维护基金的使用、续筹和管理;

(6) 听取业主、物业使用人的意见和建议,监督物业管理企业的管理服务活动;

(7) 确定或者调整物业管理服务内容,并协助物业管理企业收缴物业管理服务费用;

(8) 执行业主大会的各项决议和决定;

(9) 监督《物业管理服务公共契约》和各项物业管理制度的执行情况;

(10) 履行《物业管理委托合同》;

(11) 对物业管理企业的管理服务活动予以支持;

(12) 法律法规或者业主大会赋予的其他职权。

建设部《城市新建住宅小区管理办法》第七条规定:

管委会的权利:

(1) 制定管委会章程,代表物业项目内的产权人、使用人,维护房地产产权人和使用人的合法权利;

(2) 决定选聘或续聘物业管理公司;

(3) 审议物业管理公司制定的年度管理计划和小区管理服务的重大措施;

(4) 检查、监督各项管理工作的实施及规章制度的执行。

管委会的义务:

(1) 根据房地产产权人和使用人意见和要求,对物业管理公司的管理工作进行检查和监督;

(2) 协助物业管理公司落实各项管理工作;

(3) 接受物业项目内房地产产权人和使用人的监督;

(4) 接受房地产行政主管部门、各有关行政主管部门及物业项目所在地人民政府的监督指导。

在《城市新建住宅小区管理办法》中对管委会的权利和义务的规定存在一些问题,如管委会的权利中规定管委会有权"制定管委会章程",这与现在通行的做法和实践中的经验是不相符的。

6. 业主委员会与居民委员会的关系

(1) 成立的法律依据不同。

业主委员会成立依据的是中央及地方各级物业管理法规,中央级的法规如《城市新建住宅小区管理办法》第六条第一款规定:"物业项目应当成立物业项目管理委员会。"

地方级的物业管理法规,如《辽宁省城市住宅区物业管理条例》第六条规定:"房屋出售率或者入住率达到50%以上的新建住宅区和达到物业管理规定条件的原有住宅区,由市、县物业行政主管部门指导街道办事处组织召开业主、物业使用人大会,选举产生物业管理委员会。"《重庆市物业管理办法》第七条第一款规定:"实施物业管理的区域,应当成立业主委员会。"

居民委员会成立的法律依据是《中华人民共和国城市居民委员会组织法》。

(2) 组织性质不同。

《城市新建住宅小区管理办法》第六条第二款规定:"管委会是在房地产主管部门指导下,由物业项目内房地产产权人和使用人选举的代表组成,代表和维护物业项目内房地产产权人和使用人的合法权益。"

《中华人民共和国城市居民委员会组织法》第二条第一款规定:"居民委员会是居民自我管理、自我教育、自我服务的基层群众性自治组织。"

从《城市新建住宅小区管理办法》和《中华人民共和国城市居民委员会组织法》的规定中,可以看出业主委员会和居民委员会均是在一定条件下成立的群众自治性组织,但二者自治的范围不同。业主委员会自治的是物业项目内的物业管理活动,而居民委员会是居民自我管理、自我服务的基层群众性自治组织,其自治的范围较为广泛,比业主委员会的自治更具社会化。另外我们认为业主委员会为法人组织,而居民委员会则不具备法人资格。

(3) 职权不同。

业主委员会的职权主要是围绕着物业管理的各个事项和环节,其具体的职权如前所述。居民委员会的职权或者说是任务可见《中华人民共和国居民委员会组织法》第三条规定:"居民委员会的任务:

① 宣传宪法、法律、法规和国家的政策,维护居民的合法权益,教育居民履行依法应尽的义务,爱护公共财产,开展多种形式的社会主义精神文明建设活动;

② 办理本居住地区居民的公共事务的公益事业;

③ 调解民间纠纷;

④ 协助维护社会治安;

⑤ 协助人民政府或者它的派出机关做好与居民利益有关的公共卫生、计划生育、优抚救济、青少年教育等项工作。

居民委员会的这些职权有一些行政管理的色彩。

(4) 人员组成不同。

业主委员会的组成人员应当是在本物业项目内拥有房屋的所有权或使用权人。

居民委员会组成人员一般要求其户口在居民委员会所在地。

另外业主委员会的组成人员应为兼职,并不领取工资。而居民委员会的组成人员大多为专职,并领取工资。

(5) 办公场所和经费的来源不同。

业主委员会的办公场所由物业的房地产开发企业提供,其办公经费从物业管理经费中支出。居民委员会的办公场所和办公经费均由地方政府统筹解决。

业主委员会是在市场经济的条件下产生和发展起来的,而居民委员会是在长期计划经济体制的情况下形成的,其职权的侧重点不同,居民委员会侧重的是人员管理,业主委员会侧重的是资产管理。

业主委员会与居民委员会在职权上有某些重合(如对物业项目范围内的治安管理、卫生清洁管理等),这种重合必然造成不必要的浪费。两者是合二为一或者是其中一个被另一个所取代,还是各自继续发展,这有待于我国经济建设的进一步发展和我国政治体制改革的不断深入。

(二) 业主(物业使用人)大会

业主(物业使用人)大会虽然不是物业管理活动中的一个独立主体,但其对物业管理活动有着重要意义,特别是作为物业管理活动重要主体的业主委员会的产生,必须以召开业主(物业使用人)大会为前提。

1. 业主(物业使用人)大会的概念

业主(物业使用人)大会是由物业区域内全体业主、物业使用人组成,是物业区域内的最高权力机构。

随着现代居住水平和建筑规模的不断扩大,业主、物业使用人的数量也不断上升,全体业主在一起共同召开业主(物业使用人)大会,受到人数和会议场地等条件的限制,很难开成一个有效率的会议;同时,全体业主、物业使用人都参加会议也将造成会议组织经费的浪费。因此在业主、物业使用人人数较多的物业可以不召开业主(物业使用人)大会,而召开业主(物业使用人)代表大会。业主、物业使用人代表的选举可由业主委员会负责组织,未成立业主委员会的,可由当地物业管理行政主管部门会同物业管理企业和房地产开发企业共同组织。代表名额的比例可由业主委员会根据物业项目的实际情况,在法律法规和地方政府规章规定的范围内确定,未成立业主委员会的,可由当地物业管理行政主管部门会同房地产开发企业针对物业项目的实际情况进行确定。需要特别说明的是,召开业主(物业使用人)代表大会时,物业使用人的代表名额应当合理确定。物业使用人的代表名额过多,会造成业主代表名额的降低,影响业主参加代表大会的积极性。另外,物业使用人并非产权人,因此对参加业主(物业使用人)代表大会的积极性存在一定的影响。我们认为,物业使用人代表的比例不应超过业主(物业使用人)代表大会的全体组成人员的30%。

本书中除非明示,业主(物业使用人)大会和业主(物业使用人)代表大会统称为业主(物业使用人)大会。

2. 业主(物业使用人)大会的召开

(1) 首次业主(物业使用人)大会的召开

物业已经交付使用,并达到一定的条件时,即应召开首次业主(物业使用人)大会。

《辽宁省城市住宅区物业管理条例》第六条规定:"房屋出售率或者入住率达到50%以上的新建住宅区和达到物业管理规定条件的原有住宅区,由市、县物业行政主管部门指导街道办事处组织召开业主、物业使用人大会或者代表大会,选举产生物业管理委员会。"

《上海市居住物业管理条例》第七条规定:"一个物业管理区域

内,有下列情况之一的,所在地的区、县房地产管理部门应当会同住宅出售单位组织召开一次业主大会或者业主代表大会,选举产生业主委员会:

(一) 公有住宅出售建筑面积达到30%以上;
(二) 新建商品住宅出售建筑面积达到50%以上;
(三) 住宅出售已满两年。"

从前面两个地方性的条例来看,首次业主(物业使用人)大会召开的条件,虽然两个地方的规定有一定的差别,但是总体上是基本相同的。首次业主(物业使用人)大会都是由房地产管理部门会同相关部门来组织的。我们认为,首次业主(物业使用人)大会应由物业区域所在地的物业管理行政主管部门会同物业项目的建设开发企业来组织召开。同时在首次业主(物业使用人)大会组织的过程中,物业管理企业和物业所在地的居民委员会均应起到一定的组织和协调作用。

物业管理企业对物业已经实施了一段较长时间的物业管理,对物业区域内的业主、物业使用人的基本情况比较了解,物业管理企业参与到首次业主(物业使用人)大会的组织中去,有利于大会的顺利组织和召开。

居民委员会是在基层政府的组织下建立的基层居民自治性的组织,其组成人员对本区域内的业主、物业使用人均存在一定的行政管理职责,或者说是居民委员会要履行一定的行政管理职责。居民委员会通过其职能来组织首次业主(物业使用人)大会,能够保证大会的顺利召开。

首次业主(物业使用人)大会应当由大会的组织者进行召集和主持,并在其组织下完成大会的各项议程。

首次业主(物业使用人)大会会议的内容、议题应由大会的组织者事先根据本物业的实际情况,在广泛征求全体业主、物业使用人意见的基础上进行确定。第一次全体会议召开之前,会议组织者应以适当、合理的方式向全体业主、物业使用人通报会议的基本内容、议题以及召开会议的具体时间、地点等情况。

首次业主(物业使用人)大会应当有过半数的业主、物业使用人或者过半数的业主、物业使用人代表出席。首次业主(物业使用人)大会通过议案、做出决定应当经出席会议的业主、物业使用人过半数同意通过,其中一些重大事项应当经出席会议的业主、物业使用人三分之二以上同意通过。

首次业主(物业使用人)大会的主要议程是:

① 选举业主委员会委员;
② 通过《业主委员会章程》;
③ 通过《物业管理服务公共契约》;
④ 听取和审议物业管理企业的工作报告;
⑤ 其他。

其中①②③项内容,须经出席业主(物业使用人)大会的业主、物业使用人三分之二赞成通过。

在首次业主(物业使用人)大会召开之后,业主委员会已经选举产生,物业管理具体内容便可由业主委员会直接同物业管理企业进行对接,开展具体工作。首次业主(物业使用人)大会从组织到具体召开需要一定的活动经费,目前我国的一些地方性的物业管理条例、规章已经对这个问题进行了规定。一些地方法规规定首次业主(物业使用人)大会的经费应由物业的房地产开发建设单位提供,这一规定存在一定的问题。首次业主(物业使用人)大会的经费如果是物业建设开发单位提供,不仅增加了开发建设单位的负担,同时为建设开发单位干涉业主(物业使用人)大会的召开提供了条件。因此,可以考虑大会的召开经费从物业管理经费中列支,而且这种做法是可行的,因为物业已经入住两年或入住率已经达到50%,物业管理费用已经开始收取,完全可以从物业管理费用中列支,选择可以减少其他部门和单位对业主(物业使用人)大会的干涉。

在实践中并不是所有的物业项目首次业主(物业使用人)大会都能得到及时的组织,有些物业项目的房地产开发建设单位不愿意去组织召开业主(物业使用人)大会,而当地的物业管理行政主管部门也未能很好地监督和履行职责,使首次业主(物业使用人)大会没有人来组织和召集。如果物业项目所在地物业管理行政主管部门和房地产开发单位未能组织首次业主(物业使用人)大会,同时物业项目的物业管理企业和项目所在地居民委员会也没有组织的,该物业的全体业主、物业使用人可以自己组织召开首次业主(物业使用人)大会。业主、物业使用人自己组织召开业主(物业使用人)大会的,应当通知物业项目房地产开发建设单位和所在地物业管理行政主管部门,组织召开会议的经费也应当由房地产建设开发单位负责支出或由该项目的物业管理企业从物业管理经费中列支。

(2) 业主(物业使用人)大会的召开

本部分内容所述的业主(物业使用人)大会是已经召开过首次业主(物业使用人)大会之后所召开的业主(物业使用人)大会,也就是说本部分的内容是在业主委员会成立之后所召开的业主(物业使用人)大会。

① 业主(物业使用人)大会至少每年召开一次

由于物业管理的动态发展,物业项目的实际情况不断地发生变化,物业管理的服务内容和服务标准受其影响较多,出现一些情况需要改变原定的服务内容、服务标准,或改变物业管理费用的收费标准时,均需经物业项目全体业主、物业使用人的同意,因此业主(物业使用人)大会的召开次数和时间,应当满足物业项目物业管理情况的不断变化。业主(物业使用人)大会每年召开一次,可以基本上适应物业管理情况的变化。

有时受一些特殊、紧急情况的影响,业主(物业使用人)大会不可能等到规定的时间召开,在这种情况下经业主委员会提议或经拥有本物业项目区域内 30% 以上投票权的业主、物业使用人或业主、物业使用人代表提议,应当召开临时业主(物业使用人)大会。临时业主(物业使用人)大会的召开,不影响定期的业主(物业使用人)大会的召开。

无论是定期召开还是临时召开的业主(物业使用人)大会,必须有业主(物业使用人)大会的全体组成人员过半数出席方可召开。

② 业主(物业使用人)大会由业主委员会组织召开

除了首次业主(物业使用人)大会外,业主(物业使用人)大会均应由业主委员会组织。业主委员会应于会议召开前一定期限内,将会议召开的时间、地点和内容通知每位参加业主(物业使用人)大会的人员。

如《上海市浦东新区物业项目物业管理实施办法》第十条规定:"业主代表大会由管委会负责召集,每半年至少召开一次,会议召开日期和内容最迟应在七天前通知每位代表。"

③ 业主(物业使用人)大会的议题

业主(物业使用人)大会的议题应由业主委员会负责收集整理,进行确定。具体内容主要有:选举、罢免业主委员会委员;修改业主委员会章程;修改《物业管理服务公共契约》;听取和审议物业管理企业的工作报告;听取和审议业主委员会的工作情况报告;决定物业管理重大事项等。

④ 业主(物业使用人)大会的表决

业主(物业使用人)大会通过议案应由参加会议的全体人员过半数赞成通过,重大问题如修改业主委员会章程和修改《物业管理服务公共契约》等要由参加会议的全体人员三分之二以上多数通过。

在业主、物业使用人行使表决权时,以什么样的方式计算业主和物业使用人表决权,在我国各地方的物业管理条例和规章中有不同的规定,但具体可分为如下三种情况:

a. 对业主和物业使用人的性质和房屋使用用途不作区分,凡参加业主(物业使用人)大会的均平等地拥有一票投票权。

b. 按业主和物业使用人所拥有的房屋建筑面积每一平方米一票。

《广州市物业管理办法》第十二条规定:"业主的投票权按每户一票计算,物业建筑面积每一平方米为投票的计算份额,超出部分按四舍五入处理。"

c. 区分房屋住宅用途和非住宅用途,规定不同的表决权方式。

《云南省城市住宅小区物业管理办法》第十五条规定:"业主大会的决定须由出席会议的业主投票数过半通过。投计票的方法规定如下:

(一)私房住宅,以户为单位一户一票;

(二)单位房、直管公房住宅以及非住宅房屋,以 $100m^2$ 建筑面积为一票,不足 $100m^2$ 建筑面积的按 $100m^2$ 计算;超过 $100m^2$ 建筑面积不足 $200m^2$ 建筑面积的按 $200m^2$ 建筑面积计算;超过 $200m^2$ 建筑面积以上的照此类推。"

我们比较赞同第三种表决权方式,这种方式可以限制大业主不当行使物业管理权,损害物业内小业主和物业使用人的利益。但这种方式也存在一定的缺陷,比如召开业主(物业使用人)代表大会时,参加会议的业主和物业使用人的构成,决定了不可能区分房屋住宅和非住宅用途,只能按第一种方式规定的每人一票的表决方式。

3. 业主(物业使用人)大会的职权

业主(物业使用人)大会的召集、召开受参加人数众多等因素的影响,不可能去实施十分具体和复杂的工作,只能完成一些指导性的和制度上的工作。业主(物业使用人)大会的主要职权有:

(1)选举、罢免业主委员会委员;

(2)听取和审议业主委员会的工作报告;

(3)审议修改通过《业主委员会章程》和《物业管理服务公共契约》;

(4)监督业主委员会的工作;

(5)改变或撤销业主管理委员会做出的不当决定;

(6)听取和审议物业管理企业的物业管理工作报告;

(7)决定物业管理服务内容、项目、收费标准等重大事项。

我国一些地方性物业管理条例对业主(物业使用人)大会的职

权有明确的规定,如《辽宁省城市住宅区物业管理条例》第八条规定:"业主、物业使用人大会或者代表大会具有下列权利:

① 选举、撤换物业管理委员会的组成人员;

② 审议通过物业管理委员会章程和物业管理公约;

③ 改变或者撤销物业管理委员会做出的不适当决定;

④ 决定物业管理服务项目、收费标准等重大事项。"

又如《上海市居住物业管理条例》第九条规定:"业主大会或者业主代表大会行使下列职权:

① 选举、罢免业主委员会委员;

② 审议通过业主委员会章程和业主公约;

③ 听取和审议物业管理服务工作报告;

④ 决定物业管理的其他重大事项。"

业主(物业使用人)大会是群众自治性的组织,其在法律法规规定的范围内有着广泛的职权,当然业主(物业使用人)大会在行使各项职权时不得违反法律法规的规定,同时也不得影响其他个人或组织的合法权利。

三、物业管理企业

我国第一家物业管理企业出现于20世纪80年代初的深圳,经过二十多年的不断发展,我国物业管理企业的经营模式和组织架构有了长足的进步。建设部发布的《城市新建住宅小区管理办法》对物业管理企业的基本形式给予了明确。《城市新建住宅小区管理办法》第四条规定:"物业项目应当逐步推行社会化、专业化的管理模式。由物业管理公司统一实施专业化管理。"建设部作为物业管理活动的行政主管部门,通过这一条的规定将物业管理企业的经营形式规定为公司制,因此本书中所提到的物业管理企业除非特殊说明,均为公司制的物业管理企业。

(一)物业管理企业的概念和分类

1. 物业管理企业的概念

物业管理企业是指依法成立的,具有法人资格的,根据《物业管理委托合同》的约定对物业项目实行专业化的物业管理,并收取相应报酬的经济实体。

物业管理企业具有如下的特征：

(1) 物业管理企业必须依法成立。

物业管理企业应当是根据《中华人民共和国公司法》、《中华人民共和国中外合资企业法》、《中华人民共和国中外合作企业法》和《中华人民共和国外资企业法》等法律法规的规定成立的企业，同时必须符合各项法律所规定的企业成立的条件和建设部规定的物业管理企业的经营资质条件。

(2) 物业管理企业是法人企业。

物业管理企业必须是企业法人，能够独立享有民事权利和独立承担民事义务。目前我国有些物业管理企业不具备法人资格，这种物业管理企业是某些具有法人资格企业的分支机构，不能独立承担民事责任，其民事责任应当由设立它的法人企业承担。

(3) 物业管理企业依据《物业管理委托合同》的约定行使物业管理权。

物业管理企业必须与物业项目的全体业主、物业使用人或业主委员会签订《物业管理委托合同》，在业主委员会成立之前同物业项目房地产建设开发单位签订《前期物业管理委托合同》。《前期物业管理委托合同》、《物业管理委托合同》是物业管理企业依法行使物业管理权的依据，物业项目的全体业主、物业使用人和物业管理企业必须严格按照《前期物业管理委托合同》、《物业管理委托合同》的约定执行。

(4) 物业管理企业实施的是专业化的物业管理。

物业管理企业是为实施物业管理活动而设立的专门企业，其企业的经营范围就是物业管理，经营目的是为物业项目提供专业化的物业管理服务。

(5) 物业管理企业应当获得经济报酬。

物业管理企业是一个经济实体，其所提供服务的直接受益者为物业项目的全体业主、物业使用人。业主、物业使用人享受了一定的服务就应当支付一定的报酬。同时物业管理企业要生存要发展也必须有资金的支持。

2．物业管理企业的分类

物业管理企业大多均为公司制的企业,因此根据《中华人民共和国公司法》的规定,我国的物业管理企业可分为有限责任物业管理公司和股份制物业管理公司。

根据是否拥有法人资格,物业管理企业还可以分为拥有法人资格的物业管理企业和不具有法人资格的物业管理企业。不具有法人资格的物业管理企业是某一具有法人资格企业的分支机构,不能独立承担民事责任。如要接管物业管理活动,应当由其所属的企业法人来同物业项目的业主、物业使用人或业主委员会或房地产建设开发单位签订《前期物业管理委托合同》或者《物业管理委托合同》,也可在企业法人授权的情况下,由该分支机构签署。

根据投资来源的不同,物业管理企业可分为内资物业管理企业和外资物业管理企业。

(二) 物业管理企业的成立

1．有限责任物业管理公司制企业

《中华人民共和国公司法》第十九条规定:"设立有限责任公司,应当具备下列条件:

(1) 股东符合法定人数;

(2) 股东出资达到法定资本最低限额;

(3) 股东共同制定公司章程;

(4) 有公司名称,建立符合有限责任公司要求的组织机构;

(5) 有固定的生产经营场所和必要的生产经营条件。"

"股东符合法定人数",即是股东一般应在 2 人以上 50 人以下,同时根据《中华人民共和国公司法》第二十条二款规定:"国家授权投资的机构或者国家授权的部门可以单独投资设立国有独资的有限责任公司。"

"股东出资达到法定资本最低限额",即是根据《中华人民共和国公司法》第二十三条的规定,服务性的公司注册资本最低限额为人民币 10 万元。我国一些地方性物业管理法规规定有限责任制物业管理企业的最低注册资本为人民币20～30万元之间。

有限责任物业管理公司制企业应由全体股东制定公司的章程。章程应载明下列事项:

(1) 名称和住所;

(2) 经营范围;

(3) 注册资本;

(4) 股东的姓名或名称;

(5) 股东的权利、义务;

(6) 股东的出资方式和出资额;

(7) 股东转让出资的条件;

(8) 企业的组织机构及其产生办法、职权、议事规则;

(9) 法定代表人;

(10) 解散与清算;

(11) 其他事项。

同时物业管理企业还要配备专业的管理人员和管理机构,建立健全物业管理制度。

2. 股份制物业管理公司制企业

《中华人民共和国公司法》第七十三条规定:"设立股份有限公司,应当具备下列条件:

(1) 发起人符合法定人数;

(2) 发起人认缴和社会公开募集的股本达到法定资本最低限额;

(3) 股份发行、筹办事项符合法律规定;

(4) 发起人制定公司章程,并经创立大会通过;

(5) 有公司名称,建立符合股份有限公司要求的组织机构;

(6) 有固定的生产经营场所和必要的生产经营条件。"

《中华人民共和国公司法》第七十五条规定:"设立股份有限公司,应当有5人以上为发起人,其中须有过半数的发起人在中国境内有住所。

国有企业改建为股份有限公司的,发起人可以少于5人,但应当采取募集设立方式。"

股份制物业管理公司的最低注册资本额为人民币1000万元。

股份制物业管理公司应当制定章程,其章程应当载明如下内容:

(1) 名称和住所;
(2) 经营范围;
(3) 设立方式;
(4) 股份总数、每股金额和注册资本;
(5) 发起人的姓名或者名称、认购的股份数;
(6) 股东的权利和义务;
(7) 董事会的组成、职权、任期和议事规则;
(8) 法定代表人;
(9) 监事会的组成、职权、任期和议事规则;
(10) 利润分配办法;
(11) 解散与清算;
(12) 发布通知与公告的办法;
(13) 其他事项。

以上是物业管理企业按《公司法》的规定成立的条件,除以上的组织条件外,还必须符合如下的条件:

(1) 有一定数额以上的持有房地产类、建筑工程或经营管理类中级以上资格证书的专业技术人员;
(2) 企业负责人经专业培训并取得相应的岗位资格证书;
(3) 物业管理企业必须取得资质合格证书。

我国对物业管理企业实行资质等级管理,没有取得物业管理资质证书的企业不得从事物业管理服务活动。

物业管理企业应当自领取企业营业执照之日起30日内,持营业执照复印件、专业技术人员的资格证书和聘用合同、省市物业管理行政主管部门规定的其他材料到所在地政府物业行政主管部门备案。

以上是内资物业管理企业的成立,外商投资物业管理企业无论是有限责任制还是股份制还应当符合外资企业的特别规定。随着经济发展的国际化和中国加入WTO后的发展形势,内资与外资企业的成立条件与待遇将会逐渐统一。

就目前来讲,股份制物业管理企业在我国还不多见,但是随着物业管理制度的不断发展,股份制物业管理企业会逐步地壮大发展。物业管理企业不论采取的是有限责任公司制,还是股份公司制的形式,其根本目的就是为了适应不断发展的物业管理制度。随着物业管理的不断进步与发展和对专业化物业管理需求的不断增加,物业管理集团制企业也开始在我国出现。集团制物业管理企业通过对其专业化物业管理资源的优化、组合、配置,更加具有市场竞争优势和为业主、物业使用人提供物业管理服务的专业性。

(三) 物业管理企业的组织架构

物业管理的组织架构即机构设置是与物业管理企业的组织性质相统一的,但为了完成好物业管理服务,不同性质的物业管理企业的组织架构即机构的设置,特别是物业管理职能部门的设置是一致的。在这里重点介绍物业管理职能机构的设置。

1. 管理决策层

物业管理企业的管理决策层一般是指物业管理企业的股东会、董事会、经理层。公司制的物业管理企业应当设立股东会、董事会。股东会负责企业经营方针和投资计划等重大事项,股东会是企业的权力机构。董事会负责执行企业股东大会的决议,对股东会负责。经理层负责执行企业的具体工作方针、决策。

2. 部门设置

物业管理企业除管理决策层外一般应设置如下执行职能部门:

(1) 企业办公室。企业办公室是在管理决策层领导下的企业行政管理部门,负责企业的人事管理,文件的制定、收发、保管,图纸的保管,档案管理,信息收集,监督检查各部门执行公司决议文件的情况等。

(2) 拓展部或叫物业管理开发部。拓展部是在管理决策层直接领导下开展物业管理项目的拓展业务的,拓展部主要负责业务的开拓和物业管理的前期准备。拓展部不但能够在竞争激烈的市场中让更多的业主、物业使用人或业主委员会、物业项目建设开发单位来委托管理物业,同时还要对物业环境进行选择,从而决定是否接管物业。

(3) 物业管理部。在拓展部签订《物业管理委托合同》后,物业管理部正式进驻物业管理项目进行物业管理。同时物业管理部可下设如下部门:

① 保安部,负责物业的安全防范工作、消防秩序维护和车辆秩序、道路交通秩序的管理服务;

② 保洁部,负责物业项目的清洁卫生、垃圾清运等管理服务;

③ 绿化部,负责物业项目的绿化工作;

④ 维修部,负责物业项目共用设施设备的管理维修养护工作;

⑤ 智能工程部,负责物业项目的智能设施设备的安装、管理、维修、养护工作;

⑥ 管理中心,负责接受业主、使用人的投诉和对物业的咨询、物业管理费用的收取等工作;

⑦ 按物业项目的不同设置的其他部门。

(4) 便民服务部。便民服务部主要负责为物业项目内业主、物业使用人提供有偿的便民服务,包括商务等服务。

(5) 财务部。财务部负责物业管理企业的财务管理工作。

(6) 网站管理部。网站管理部负责物业项目内局域网和物业管理企业网站的管理等工作。

(7) 其他部门。

物业管理企业根据物业项目的不同可以设置一些专业职能部门。

以上所述的物业管理企业的各个部门的划分可以根据物业管理项目的不同和物业管理企业的不同而有所调整或增减。

(四) 物业管理企业的权利、义务

1. 物业管理企业的权利

(1) 依照有关法律法规和合同的约定,制定实施健全物业管理制度;

(2) 对接受委托的物业实施管理;

(3) 依照法规、规章和委托合同收取管理服务费用;

(4) 维护物业公共安全和秩序,制止违反物业制度的行为;

(5) 协助有关部门对物业管理区域的治安、交通、消防等事项进行管理;

(6) 要求委托人协助管理;

(7) 实行多种经营;

(8) 选聘专营公司承担专项管理业务;

(9) 法律法规规定的或者《物业管理委托合同》约定的其他权利。

建设部《城市新建住宅小区管理办法》第八条第一款规定:"物业管理公司的权利:

(1) 物业管理公司应当根据有关法规,结合实际情况,制定小区管理办法;

(2) 依照物业管理合同和管理办法对住宅小区实施管理;

(3) 依照物业管理合同和有关规定收取管理费用;

(4) 有权制止违反规章制度的行为;

(5) 有权要求管委会协助管理;

(6) 有权选聘专营公司(如清洁公司、保安公司等)承担专项管理业务;

(7) 可以实行多种经营,以其收益补充小区管理经费。"

在这里我们必须说明两点就是:一是,物业管理企业的权利应来源于《物业管理委托合同》,权利的行使必须以《物业管理委托合同》和业主委员会的授权为依据。二是,物业管理企业"可以实行多种经营,以其收益补充小区管理经费"中的"实行多种经营"是指与物业管理活动有关的经营活动,如为业主、物业使用人的私有自用设施设备提供的同物业管理项目相同的服务,这种服务物业管理企业应当另行收取费用,此费用是用来补充物业管理经费的。如果物业管理企业在其注册经营范围内,所开展的其他的有偿经营服务活动不在《城市新建住宅小区管理办法》第八条规定的"多种经营"之内,其经营所得收益不能作为补充小区管理的经费。

2．物业管理企业的主要义务

(1) 履行《物业管理委托合同》,提供物业管理服务;

(2) 听取业主、物业使用人的意见和建议,接受业主及业主委员会的监督;

(3) 接受政府有关主管部门的监督指导;

(4) 重大管理事项和年度工作计划应与委托人协商;

(5) 依法定期公布代管基金收支账目,接受质询和审计;

(6) 法律法规规定的和《物业管理委托合同》约定的其他义务。

建设部《城市新建住宅小区管理办法》第八条第二款规定:"物业管理公司的义务:

(1) 履行物业管理合同,依法经营;

(2) 接受管委会和住宅小区内居民的监督;

(3) 重大的管理措施应当提交管委会审议,并经管委会认可;

(4) 接受房地产行政主管部门、有关行政主管部门及住宅小区所在地人民政府的监督指导。"

四、物业房地产开发企业

这里提到的物业项目房地产开发企业,是指物业项目的建设开发商。

2001年6月1日施行的《商品房销售管理办法》第七条规定:"商品房现售,应当符合以下条件:……(七)物业管理方案已经落实。"从政府管理部门的管理来看,商品房现售的房地产开发企业必须已经选聘好一个物业管理企业承担物业管理,并且物业管理方案已经落实。在《商品房销售管理办法》中,对商品房的预售没有要求必须选聘物业管理企业。但为了物业项目竣工之后的物业管理活动能够正常地开展,现在很多房地产开发企业都在物业项目开发建设期间或在设计期间就与物业管理企业接触,听取物业管理企业的意见和建议,为将来竣工后的物业管理工作打下一个良好的基础。

房地产开发企业在物业管理活动中须行使如下职责。

1. 房地产开发企业在物业项目开发设计建设施工阶段的职责。

房地产开发企业在对物业项目进行设计建设施工阶段时,应充分考虑物业项目的长远和总体规划,为建设竣工后的物业管理活动做好必要的准备。房地产开发企业应考虑物业项目的用途、销售价格、交通是否便利、对购房者的承诺以及政府主管部门的规划要求等因素,合理确定物业管理活动所必须的条件。物业管理活动所需的物业办公用房、业主委员会的办公用房、为业主和物业使用人提供服务的生活配套项目的用房及涉及物业管理质量的保安设施设备、智能设施设备、保洁设施设备、绿化设施设备和物业项目其他服务项目的配置等等,都需要房地产开发企业在物业项目开发设计建设阶段给予充分、全面的考虑。

从实践中来看,房地产开发企业对物业管理活动的内容和所需要的条件等不十分了解,在设计开发建设时往往没有充分考虑物业管理活动的条件,即使考虑了为将来的物业管理活动提供一定的保障条件,也没有经验去为物业管理做专门的设计。如果房地产开发企业在物业管理活动中没有丰富的经验,应当聘请物业管理企业在物业项目开发建设施工阶段参与到其中,由物业管理企业为房地产开发企业提出具体的意见和建议。

2. 在业主委员会成立之前选聘物业管理企业。

《城市新建住宅小区管理办法》第五条规定:"房地产开发企业在出售住宅小区房屋前,应当选聘物业管理公司承担住宅小区的管理,并与其签订物业管理合同。"物业项目出售之前,房地产开发企业实际上是物业项目的业主,有权决定物业项目的管理方式和物业管理内容、标准等事项。房地产开发企业将物业项目委托专业的物业管理企业,并同物业管理企业签订《物业管理委托合同》。

当物业项目售出并且业主委员会成立后,这项目职责就会转移至业主委员会来行使。

房地产开发企业在选聘物业管理企业并与物业管理企业签订《物业管理委托合同》之后,应按有关法律、法规、规章的规定和《物业管理委托合同》的约定向物业管理企业移交物业项目。在移交物业项目时物业管理企业要对物业项目进行验收。物业管理企业对物业项目的验收不同于物业项目竣工时的验收,其只针对物业管理方面的事项进行验收,专业上讲这种验收叫作"物业接管验收"。

3. 达到法定条件时筹备业主(物业使用人)大会。

在召开首次业主(物业使用人)大会时,房地产开发企业应向在首次业主(物业使用人)大会上选举产生的业主委员会,移交物业项目的档案资料,包括:

(1) 物业项目建设的各项批准文件;
(2) 物业项目的规划设计图纸;
(3) 物业项目的竣工总平面图;
(4) 每一单体建筑的结构、设备竣工图纸;
(5) 建筑施工图;
(6) 产权明细表;
(7) 地下管网竣工图;
(8) 工程质量检查合格证书;
(9) 其他所需的资料。

4. 房地产开发企业还应当根据物业管理法律法规的规定,向业主委员会和物业管理企业提供办公用房。

《重庆市物业管理办法》第二十条规定:"移交物业时,房屋出售单位按房屋总建筑面积5‰比例向该物业管理区域提供物业管理用房(最低不少于 $30m^2$)。物业管理用房按建筑安装工程造价折算,以购房者应缴纳的住宅共用部位、共用设施设备维修基金充抵。该管理用房属业主共有。"

《海南经济特区城镇住宅区物业管理规定》第三十四条规定:

"开发建设单位应当在移交住宅区时向管委会无偿提供住宅区物业管理用房,其产权属业主共有,由管委会管理。住宅区物业管理用房的面积按照总建筑面积的5‰计算,最高不超过500m²,最低不得少于30m²。"

《河北省城市住宅区物业管理暂行规定》第二十七条规定:"开发建设单位在移交住宅区时,应当按照一定比例无偿向管委会提供住宅区物业管理用房,其产权归国家所有。"

从各地方的规定来看,大多数物业管理用房的产权应归属于物业项目的全体业主共同所有,只有极少数地方的规定不同。关于业主的共同所有权的行使方式等问题,将在以后的内容中进行全面的阐述。

第二节 相关主体

上一节主要讲述了物业管理活动中的直接主体或者叫作基本主体,只要有这些主体的存在,物业管理活动就会发生。当然在整个物业管理活动中并不是只依靠这几方面的主体,有大量的其他主体在物业管理活动中存在,共同构成了物业管理的主体结构。本节中将重点讲述物业管理活动中的相关主体。所谓物业管理活动相关主体,是指在物业管理活动中与物业管理直接主体因物业管理活动而产生某种法律关系的主体。物业管理活动的相关主体主要有:物业管理活动中的各专业化专营公司和社会专业化部门。

一、专业化专营公司

专业化专营公司是指在物业管理活动中为物业项目和业主、物业使用人提供某项专业化专营服务的公司。专业化专营公司提供的服务主要有:保安服务、保洁服务、绿化服务、维修服务等。建设部《城市新建住宅小区管理办法》第八条第(六)项规定:物业管理公司"有权选聘专营公司(如清洁公司、保安公司等)承担专项管理业务"。建设部的这一规定是物业管理活动中存在专营公司的法律依据。

(一) 保安服务公司

目前我国如北京等一些地方性的物业管理法规中,明确规定了物业管理企业必须选聘专营的保安服务公司承担所管理物业项目的保安业务。保安服务公司接受物业管理企业的委托,承担物业项目的保安业务,其主要任务是保障物业项目内业主、物业使用人的人身及财产安全。具体来讲,保安服务公司重点负责物业管理活动中的安全防范、治安秩序的维护、交通秩序的管理和消防秩序管理等。

保安服务公司是指依法设立的、具有法人资格并具备保安资质的,以民事主体之间约定按市场经济的规律运作,实行有偿为业主和物业使用人提供保安服务为工作内容的专业公司。保安公司可为业主和物业使用人提供如下服务:

1. 门岗的守卫

保安服务公司应设立专门的队伍负责物业项目的出入口的守卫。虽然现在随着高科技的不断发展,物业项目的出入口可以配置上现代化的安防设施,但这些安防设施的设立不能代替人的工作。业主、物业使用人或是来访者身份不可能依靠安防设施来进行识别和辨认,而且安防设施也无法处理即时发生的情况。从大量的案例中可以看出,物业项目内出现的刑事案件,大多是由于保安没有完全履行好门岗的守卫工作,让不法分子混入物业内,给物业造成不安全因素。

保安工作人员要依靠其工作经验来识别和辨认进出物业的人员。保安工作人员可以采取询问、要求其出示有效身份证件等方式。同时保安人员应当对进出物业项目的大宗物品进行检查和登记。保安工作人员通过多种方式防止犯罪分子侵入物业内,发现可疑人员应当及时向当地公安机关报案。

2. 治安秩序的维护

治安秩序的维护是保安工作人员的一项重要工作内容。物业内业主、物业使用人众多,再加上外来人员和物业工作人员使物业内的人员构成较为复杂,各种治安纠纷的发生几率相对较高。另外,邻里之间因相邻关系的问题解决不当也会发生一些治安纠纷。如果这些治安纠纷得不到及时有效的解决,矛盾激化就会发生很多不必要的事件,甚至会转化为刑事案件。保安工作人员要减少和及时发现这些治安纠纷,尽量防止矛盾和纠纷的激化,维护物业内的治安秩序,保障物业的良好氛围。

3. 紧急治安突发事件的处理

物业区域内经常会发生一些紧急突发的治安事件,这些事件发生之后,保安服务人员应当尽快到达现场,保安服务公司能够处理的一定要处理好,自己处理不了或无权处理的,应立即向所在地公安机关报告,由公安机关来进行处理,保安服务公司应做好配合。为了能减少紧急治安突发事件的发生,必须要求保安服务公司严格工作作风,做好治安秩序的维护工作。

4. 交通及车辆的管理

交通和车辆的管理是物业管理项目中的一个难点,保安服务公司必须教育保安工作人员认真负责,切实做好物业内道路交通秩序的维护,使物业内实现交通有序化。为了能够做好物业内的道路交通秩序的维护和管理,保安服务公司必须建立健全一整套适合本物业项目特点的交通管理制度和方法,在不增加业主、物业使用人的义务的情况下,完成好交通管理服务。

物业内车辆的停放、停车场的管理,也都是保安服务公司应当承担的服务管理项目。从目前我国的物业管理实际情况来看,保安人员对停车场的管理所引发的纠纷较多也较为复杂。保安人员对车辆的损坏、丢失是否承担责任和承担什么样的责任,一直是物业管理活动中的一个难点。保安服务公司为了避免这些纠纷的发生,一定要完善对车辆管理和停车场管理的制度,大力教育保安工作人员遵守规章制度,严格依照规章制度办事,正确履行职责,避免产生纠纷。

5. 消防秩序的管理

保安服务公司除了负责物业内的治安保卫工作外,还应当承担起物业区域内共用设施设备和共用部位消防秩序的管理工作。

这里所指消防秩序的管理并不是物业内发生火灾后保安人员有法定的灭火义务,也不是保安人员对物业内消防设施设备负有保养的义务,而是保安工作人员负有对物业内消防秩序的管理,即保安人员应对物业内消防设施设备是否丢失、损坏或因长期不使用导致功能丧失需要更新进行管理,并检查是否有业主、物业使用人占用消防通道,故意破坏消防设施设备等行为。当然在火灾发生时,保安工作人员应当负有救助的义务,但这种义务不是基于其保安工作人员的身份,而是作为一名普通公民应尽的责任。

(二) 保洁服务公司

保洁服务公司是指依法成立的,具有法人资格的,能为业主、物业使用人提供专业的保洁服务的专业化公司。

保洁服务公司主要负责物业项目内共用设施设备及共用部位的卫生清洁、环境保持、害虫消杀和垃圾清运等工作。每天按规定的时间和次数对物业内共用部位共用设施设备进行清洁,同时设置流动清洁岗位进行环境卫生的保持工作,按照规定并结合物业项目的自身特点进行害虫的消杀工作,每天按规定时间对物业所产生的垃圾进行清运。

保洁服务公司的主要职责是保持物业项目内的清洁卫生、环境整洁,提高物业的整体形象,给业主、物业使用人创造一个优美舒适的工作和生活环境。

(三) 绿化服务公司

绿化服务公司是指依法成立并具有法人资格的,专门为业主和物业使用人提供专业的绿化服务的专业化公司。

在物业管理活动中,绿化服务公司主要负责物业共用部位、共用设施设备的绿化工作。绿化服务公司应当结合物业的性质和功能的区别,针对不同物业的实际情况来制定物业区域的绿化规划和绿化方案。

(四) 维修服务公司

维修服务公司是指依法成立并具有法人资格的,以为业主和物业使用人提供专业的维修服务为工作职责的专业化公司。维修服务公司的工作人员应当具备相关专业的资格和技能,也就是说维修服务涉及的专业知识较为复杂,国家对某些维修项目的工作人员有一定的资格要求,承担这些项目维修工作的维修工作人员要具备相应的专业等级资格。

维修服务公司主要负责物业区域内共用设施设备的维修与养护工作。维修服务公司应当根据共用设施设备的使用情况制定维修养护规划,定期对共用设施设备进行维修养护,使物业区域内共用设施设备的使用率和完好率达到100%。

以上讲述的是四个比较常见的专营公司,专营公司的存在对物业的发展有一定的帮助作用,但也存在一定的问题尚待理顺,如专营公司与物业管理企业究竟是什么关系,物业管理企业如何对专营公司进行监督管理,专营公司与业主委员会是什么关系,专营公司侵害了业主和物业使用人的利益时如何处理,如何认定物业管理企业在专营公司侵害业主和物业使用人利益时是否存在责任等。

二、社会化专业部门

(一) 社会化专业部门的概念

社会化专业部门是指为整个社会提供服务,具体承担社会生活中某一重要的供给或服务的专业部门。社会化专业部门通常为整个社会提供的是人们在社会生活中必需的、必不可少的供给或服务,这种供给或服务在计划经济时期由国家全面掌握和控制,国家按计划配置供给或进行服务。在市场经济条件下,国家逐步放开了对这些供给和服务的控制,但是由于这些服务与供给的特殊性,在一定程度上影响着整个社会的稳定,因此国家虽然逐步让其走向市场化,但还是在某些方面或者说在很大程度上控制着这些重要的社会化专业部门。只不过国家控制的方式不再是计划经济时期的行政手段,市场经济条件下,这些专业部门大都是国家控股,国家主要通过资产控制达到保障社会供给和为社会提供服务的目的。

(二) 专业化部门的分类

专业部门可以分为两大类：一类是为社会提供某项供给的专业部门，另一类是为社会提供某项服务的专业部门。

1. 提供某项供给的专业部门。为社会提供某项供给的专业部门主要有供电部门、供水部门、煤气部门、供暖部门等。这些部门所提供供给的标的都是特殊的商品。

2. 提供某项服务的专业部门。为社会提供某项服务的专业部门主要有市政环卫清洁部门、环境绿化部门、邮政部门等。

（三）专业部门的职责

这里所提的专业化部门的职责，主要是指专业部门在物业管理活动中的职责。

这些专业部门主要承担的是与物业管理企业进行对接，保障物业管理企业更好地提供物业管理服务工作，同时物业管理企业也为专业部门的供给与服务提供一定的服务。

1. 按规定向物业区域内的业主、物业使用人提供供给或者服务。专业部门按照国家的规定或者有关约定向业主、物业使用人提供专项供给或者履行服务义务。

2. 收取供给或者服务的价款。这些专业部门提供的供给和服务是特殊性的供给和服务，在市场经济条件下，虽然这些供给和服务带有一定的社会福利性，但接受这些特殊供给或服务的业主、物业使用人应当支付相应的价款。

第三节 行政主体

所谓物业管理活动中的行政主体，是指依法定职权对物业管理活动和物业管理活动的各个主体进行认可、规范、管理、监督、制裁的政府职能部门。

政府作为社会管理的职能部门，同样在物业管理活动中有着非常重要的作用和意义。政府的各个部门要分工负责对物业管理活动进行严格的规范和管理。在物业管理活动的每一个环节中，都离不开政府部门的监管，也离不开政府部门的大力支持。

一、物业管理行政管理部门

建设部《城市新建住宅小区管理办法》第三条规定:"房地产行政主管部门负责小区管理的归口管理工作;市政、绿化、卫生、交通、治安、供水、供气、供热等行政主管部门和住宅小区所在地人民政府按职责分工,负责小区管理中有关工作的监督与指导。"建设部的这一规定适用于全国范围内的城市住宅小区的管理工作,我国的地方性物业管理法规对物业区域的行政管理部门的管理工作也分别作出了一些具体的规定。如《辽宁省城市住宅区物业管理条例》第五条规定:"省建设行政主管部门和市、县(含县级市、区)人民政府主管房产行政管理的部门是本行政区域内的物业行政主管部门。街道办事处和其他有关部门在各自的职权范围内,对物业管理工作进行指导、协调和监督。"

《上海市居住物业管理条例》第五条规定:"上海市房屋土地管理局是本市物业管理的行政主管部门,负责组织实施本条例。区、县房地产管理部门是本辖区物业管理的行政管理部门,依照本条例对辖区内的物业管理进行管理监督。建设、规划、市政、公用、电力、邮电、环卫、园林、住宅、公安、物价、工商等有关行政管理部门按照各自职责,协同实施本条例。街道办事处、乡镇人民政府协助有关行政管理部门对物业管理进行监督,对物业管理与社区管理、社区服务的相互关系进行协调。"

从建设部的规定和地方的物业管理规定来看,对物业管理活动进行行政管理的部门主要有三个类别:

1. 物业活动行政主管部门,主要是指中央及地方各级房地产行政管理部门。在中央和地方各级房地产行政管理部门中均设有专门的物业管理职能部门,如中央级的是建设部房地产司主管全国的物业管理活动,地方的根据地方行政部门的设置不同有所不同。

2. 行政专项管理部门,主要是指中央及地方各级的工商行政管理部门、公安部门、交通管理部门、物价部门、税务部门等。这些部门根据职权不同来分别管理物业管理活动中的不同环节,为物业管理活动提供指导意见。

3. 街道办事处,主要是指区或者是不设区的市人民政府的派出机构。街道办事处作为我国基层政权组织的派出机构,不仅指导和管理居民委员会的工作,同时也履行一些基层政府的职能,特别是某些具体的管理职能。街道办事处内部机构的设置与基层政府的内部机构设置相对接,在基层管理中,街道办事处对物业管理活动有着十分重要的监督管理作用。

二、物业管理行政主管部门的职责

物业管理行政主管部门主要是指中央及地方各级房地产行政主管部门,其在物业管理活动中主要履行以下职权:

(一)全面负责组织实施全国或本地方的物业管理法规

建设部房地产司作为中央级物业管理主管机构,负责管理全国的物业管理活动,对全国各地方执行物业管理法律法规的情况进行组织、监督、管理,同时对地方各级物业管理行政主管部门违反法律法规的行为进行处理和处罚。

地方各级物业主管部门负责本行政区域内的物业管理情况的组织实施、监督、管理工作,同时上级物业管理行政主管部门对下级行政主管部门的工作进行领导。地方各级物业主管部门对下级物业管理行政主管部门的违反法律法规行为进行处理或处罚。

(二)对物业管理企业、房地产开发建设企业、业主(物业使用人)或相关部门及人员违反物业管理法规的行为进行处罚

物业行政主管部门的一项重要职责就是对所管理的行政区域内的物业管理企业、房地产开发建设企业、业主(物业使用人)业主委员会或相关部门和人员违反物业管理法律法规的行为进行处罚。建设部房地产司可以对全国范围内的物业违法行为进行处理和处罚,地方各级物业管理行政主管部门有权对本行政区域内的物业管理违法行为进行处理和处罚。

(三)在业主委员会成立之前负责共用部位、共用设施设备维修基金的使用和续筹的审核批准

《住宅共用部位共用设施设备维修基金管理办法》第十一条规

定:"业主委员会成立前,维修基金的使用由售房单位或售房单位委托的管理单位提出使用计划,经当地房地产行政主管部门审核后划拨。业主委员会成立后,维修基金的使用由物业管理提出年度使用计划,经业主委员会审定后实施。维修基金不敷使用时,经当地房地产行政主管部门或业主委员会研究决定,按业主占有的住宅建筑面积比例向业主续筹。具体办法由市、县人民政府制定。"办法中所提到的房地产行政主管部门在实践中就是物业管理行政主管部门。

(四) 在达到法定条件时,负责协调相关部门组织召开首次业主(物业使用人)大会

基层(通常是市、县)物业管理行政主管部门,在物业达到法定情形时,应当会同房地产开发企业一起组织业主、物业使用人召开首次业主(物业使用人)大会。

(五) 接受业主、物业使用人对物业管理部门的投诉并协调相关部门做出处理

物业管理企业在进行物业管理活动时,由于管理不当或者其他因素会造成业主、物业使用人对物业管理企业的管理活动不满,直接向物业管理行政主管部门投诉或者业主、物业使用人先向物业管理企业进行投诉,但对处理结果不满意继而向物业管理行政主管部门投诉。物业管理行政主管部门在接到业主、物业使用人的投诉后,应充分研究,及时解决,防止纠纷进一步激化。

(六) 开展住宅小区物业管理活动的评比

建设部根据《全国城市住宅小区达标考评办法》、《全国优秀管理住宅小区标准》等规定,定期在全国范围内开展优秀住宅小区的评比工作。地方各级物业管理行政主管部门也会在本行政区域内定期组织开展优秀住宅小区的达标、评比工作。这些达标和评比工作有效促进了各地物业管理服务质量的提高,保障了业主、物业使用人的权益,加速了我国物业管理市场的发展。

1. 全国物业管理示范住宅小区(大厦、工业区)的申报条件

(1) 项目符合城市规划建设要求,配套设施齐全。住宅小区、

工业区建筑面积8万平方米以上,别墅2万平方米以上,大厦3万平方米以上且非住宅建筑面积占60%以上,入住率或使用率达85%以上。

(2) 取得省、自治区、直辖市级物业管理示范项目称号一年以上。

(3) 物业管理企业已建立各项管理规章制度。

(4) 物业管理企业无重大责任事故。

(5) 未发生经主管部门确认属实的有关收费、服务质量等方面的重大投诉。

2. 全国文明住宅小区综合检查项目

(1) 管理运作

① 有健全管理机构,并设有固定的办公场所。

② 物业管理机构能发挥作用。

③ 物业各项管理制度完善,制定了业主公约及各项专业管理的管理规章、办法、工作考核标准,并建立业主、物业使用人回访制度。

(2) 精神文明建设

① 注重精神文明建设,订有业主精神文明建设公约。

② 业主、物业使用人能够自觉遵守业主、物业使用人公约及各项管理规定。

③ 文明居住,邻里团结,弘扬社会主义精神文明和道德风尚,共同创建文明物业。

④ 社会化服务质量好,开展优质服务竞赛。

(3) 房屋管理

① 住宅小区房屋内无乱搭乱建。

② 住宅楼阳台(包括平台和外廊)的使用不碍观瞻,不危及房屋结构与他人安全。

③ 房屋的共用楼梯、走道等部位保持清洁,不随意堆放杂物和任意占用。

④ 订有便民收费办法,各种费用及时收缴。推行统收,减少

手续,方便住户,费用收缴率应达到98%以上。

⑤ 房屋档案资料齐全,管理完善。

(4) 房屋修缮

① 坚持房屋修缮制度,制定有便民报修措施,主动及时养护维修。

② 保持房屋完好,房屋完好率需达到98%。

③ 房屋零修及时率要达到99%以上。

④ 维修质量合格率要达到100%。

(5) 环境卫生

① 物业内环境卫生设专业队伍管理,队伍固定,管理制度落实。

② 经常清扫保洁,垃圾日产日清,清扫、保洁率达99%。

③ 环卫设施完备,设有果皮箱、垃圾箱、工具房、保洁设备、休息室等。

(6) 园林绿化

① 物业内的公用绿地,庭院绿地和街道绿化合理分布。

② 物业内人均公用绿地达到 $1.5m^2$ 以上,绿地率达到30%,绿化覆盖率达到25%以上。

③ 有绿化专业队伍实施管理。

(7) 市政设施及道路维护

① 公共配套设施达到国家规定的规划指标,运营正常,方便业主和物业使用人。

② 物业区域内所有公共配套服务设施不得随意改变用途。

③ 物业区域的公用设施完好率要达到95%以上。

④ 物业区域内道路通畅,路面平坦清洁,排水通畅。

⑤ 物业区域内集中供暖的房屋,冬季居室内温度不得低于16℃,全物业室温合格率要达到97%以上。

⑥ 有专业化队伍实施管理工作。

(8) 社会治安

① 配备保安人员,负责治安保卫。

② 火灾、刑事和交通事故年发生率不得超过1‰。
③ 车辆交通管理有序，无乱停放的自行车、机动车辆等。
(9) 业主、物业使用人评议
业主、物业使用人对物业的管理服务工作的评议满意率达到95%以上。

（七）对物业管理企业的资质进行审核批准

2000年1月1日起试行的《物业管理企业资质管理试行办法》将物业管理企业的资质划分为三个等级，要求不同的物业管理企业要达到相应的等级资质。物业管理行政主管部门通过对物业管理企业资质等级的评定，促进了物业管理企业自身发展的建设和要求。为了达到高等级资质物业管理企业的目标，物业管理企业必须努力提高服务质量，扩大企业规模，完善管理服务手段。国家通过对物业管理企业资质管理工作促进了物业管理的发展。

（八）法律法规规定的其他职权

物业管理行政主管部门作为一个行政职能部门，其职权是由法律法规规定的，必须在法律法规规定的范围内依法行使职权。

三、其他专项管理部门的管理职责

物业管理活动中涉及的法律问题和法律关系很多，对这些法律关系进行调整的部门，特别是相关行政管理部门对物业管理活动的管理是规范物业管理活动的重要手段。

（一）工商行政管理部门

工商行政管理部门主要负责审核、管理物业管理企业的工商注册登记、企业经营范围的确定、企业广告宣传是否符合法律规定等项内容。

物业管理企业的成立应当依法进行企业成立的登记注册，登记注册的主要内容是：企业的注册资本是否符合法律法规的最低限额；企业的经营范围；企业的名称；企业的住所；企业的法定代表人等事项。当物业管理企业在经营过程中发生重大事项变更，还应当到工商行政管理机关进行变更登记。按照法律法规的规定，企业需要进行变更登记的重大事项主要是指：企业注册资本的变更;企业经营范围的变更;企业名称和住所的变更;企业法定代表人的变更等事项。物业管理企业除了成立登记和变更登记之外,每年还要进行工商营业执照的年度审核。

工商行政管理部门通过对企业的工商注册登记方面的管理活动,约束、规范、管理物业管理企业的经营活动,保障物业管理企业依法经营。

(二)物价行政管理部门

《城市住宅小区物业管理服务收费暂行办法》第三条规定:"各级政府的物价部门是物业管理服务收费的主管机关。物价部门应当会同物业管理行政主管部门加强对物业管理服务收费的监督和指导。"物业管理活动是一种服务性的活动,其服务是有偿的,物业管理服务费的具体制定标准则要由物价部门来进行规范。

目前我国物业管理服务收费实行三种价格方式:政府定价、政府指导价和经营者定价。为业主、物业使用人提供的公共卫生清洁、公用设施的维修保养和保安、绿化等具有公共性的服务,以及代收代缴水电费、煤气费、有线电视费、电话费等公众代办性质的服务收费,实行政府定价或政府指导价。实行政府定价或政府指导价的物业管理服务收费的具体价格管理形式,由省、自治区、直辖市物价部门根据当地经济发展水平和物业管理市场发育程度确定。为业主、物业使用人个别需求提供的特约服务,除政府物价部门规定有统一收费标准的外,服务收费实行经营者定价。

实行政府定价和政府指导价的物业管理服务收费标准,由物业管理单位根据实际提供的服务项目和各项费用开支情况,向物价部门申报,由物价部门征求物业管理行政主管部门意见后,以独立物业区域为单位核定。实行政府指导价的物业管理服务收费,物业管理单位可在政府指导价格规定幅度内确定具体收费标准,并向物价部门备案。实行经营者定价的物业服务收费标准由物业管理单位与业主委员会或业主、物业使用人协商议定,并应将收费项目和收费标准向当地物价部门备案。

物业管理服务费用构成包括以下几个部分:

1．服务人员的工资和按规定提取的福利费；
2．公共设施、设备日常运行、维修及保养费；
3．绿化管理费；
4．清洁卫生费；
5．保安费；
6．办公费；
7．物业管理单位固定资产折旧费；
8．法定税费。

物价行政管理部门通过三种方式对物业管理活动中的费用进行规定，规范了市场秩序，保护了业主、物业使用人和物业管理企业的合法权益。

(三) 税务行政管理部门

物业管理服务是服务业，按照现行的税收征管制度的规定，在整个物业管理活动中主要涉及物业管理企业的纳税活动。

1．企业所得税

企业所得税的征收对象是企业的生产经营所得和其他所得。物业管理企业因对其财产经营、转让、租赁，购买企业债券、股票等产生的经营性利润应缴纳企业所得税。

企业所得税的税率为33%，对年应纳税额在10万元至3万元的企业税率为24%，3万元以下的企业所得税税率为15%。

2．营业税

营业税是提供劳务、转让无形资产或销售不动产等经营行为所得的收益应缴纳的税金。物业管理企业所提供的物业管理服务，作为一种服务性的经营活动，其收益应当缴纳营业税。

营业税的税率分为三个层次：(1)交通运输业、建筑业、邮电通信业和文化体育业为3%的税率；(2)金融保险业、服务业、转让无形资产和销售不动产为5%的税率；(3)娱乐业为5%至20%的税率。

3．城市维护建设税

4．教育附加费

除了工商行政管理部门、物价行政管理部门和税收征管部门外,还有如公安、交通等行政管理部门对物业管理活动进行监管。不论是哪一行政管理部门对物业管理活动的管理,都会从某一方面进一步规范物业管理活动的运作,促进物业管理活动的健康发展。

四、街道办事处的管理职责

街道办事处是地方基层政府的派出机构,其内部机构的设置与基层政府的机构设置相对接,街道办事处可以根据基层人民政府的授权行使对物业项目的基层政府的管理职能。另外从我国的实际情况来看,目前有很多下岗人员的组织关系在街道办事处,其人事管理等事项均由街道办事处进行管理,街道办事处对这些人员的影响很大,这也侧面影响物业管理活动。

街道办事处有权参与到首次业主(物业使用人)大会的召开活动的组织工作中,《辽宁省城市住宅区物业管理条例》第六条规定:"房屋出售率或者入住率达到50%以上的新建住宅或达到物业管理规定条件的原有住宅区,由市、县物业行政主管部门指导街道办事处组织召开业主、物业使用人大会或者代表大会,选举产生物业管理委员会。"这一规定直接规定了街道办事处要来组织召开业主(物业使用人)大会,选举产生业主管理委员会。

街道办事处作为基层政府的派出办事机构,有着广泛的工作能力,通过其对业主(物业使用人)的人事管理、物业项目治安工作的指导、保洁卫生工作的具体指导、物业项目所在地区域的规划等工作,对规范物业管理活动有着重要的作用。

第四章 物业管理法律关系

第一节 基本法律关系

本节主要阐述的是物业管理活动中直接主体之间的法律关系。他们分别包括业主委员会、业主(物业使用人)与物业管理企业之间的委托法律关系,房地产开发企业与物业管理企业之间的委托法律关系,业主委员会与房地产开发企业之间的法律关系,业主和物业使用人与业主委员会之间的法律关系以及业主与业主、业主与物业使用人之间的法律关系等等。

一、物业管理委托法律关系

物业管理委托法律关系重点体现在物业管理企业与房地产开发企业之间和物业管理企业与业主委员会(业主、物业使用人)之间的法律关系中。

房地产开发企业与物业管理企业之间存在着一种委托合同法律关系,即房地产开发企业与物业管理企业签订《前期物业管理委托合同》所形成的前期物业管理委托法律关系。业主委员会作为业主、物业使用人的代表与物业管理企业之间同样存在一种委托合同法律关系,即物业管理企业与业主委员会之间签订《物业管理委托合同》所形成的常规物业管理委托法律关系。前期物业管理委托法律关系和常规物业管理委托法律关系统称为物业管理委托法律关系。这两种物业管理委托法律关系在特征和内容等方面有着一致的地方,在法律依据和主体等方面又不相同。

(一)物业管理委托法律关系的特征

1. 物业管理委托法律关系是以"劳务"为体现的法律关系。

物业管理委托法律关系的受托者即物业管理企业所完成的委托服务是物业管理服务，而物业管理服务是一种劳务服务，因此物业管理委托法律关系体现着劳务的特性。

2. 物业管理委托法律关系具有一定的身份性。

物业管理活动中，无论是业主委员会还是房地产开发企业，在选聘物业管理企业时都针对一定的物业管理企业的身份，同样的物业管理服务只选择某一物业管理企业而不选择另一物业管理企业，在这一问题上业主委员会或者房地产开发企业看中的是特定物业管理企业的身份。

3. 物业管理委托法律关系是诺成法律关系。

物业管理委托法律关系的建立是以物业管理法律关系主体之间达成一致为基础的，并不要求以实际履行为前提条件。

4. 物业管理委托法律关系是双务法律关系。

在物业管理活动中，物业管理委托法律关系主体对履行《物业管理委托合同》均负有一定的义务，如物业管理企业提供物业管理的义务，业主委员会或者房地产开发企业配合物业管理企业完成物业管理的活动等。

5. 物业管理委托法律关系是有偿法律关系。

物业管理委托法律关系是有偿法律关系，即物业管理企业完成物业管理活动，物业管理活动的受益者即应支付一定的报酬。

（二）物业管理委托法律关系确立的方式

在我国部分地方的物业管理法规中，明确要求房地产开发企业或者业主委员会在对外委托物业管理企业时应采取招投标的方式，因此招投标是建立物业管理委托法律关系的法定方式。所谓物业管理招标与投标是指房地产开发企业或者业主委员会，为即将竣工投入使用或者已经竣工投入使用的物业项目向社会公开选聘物业管理企业，同时为了所选聘的物业管理企业能够达到其要求，从而制定能够满足其要求的招标文件，向社会公开招聘；物业管理企业在得到招标文件后，制作投标文件进行投标，最终由房地产开发企业或者业主委员会通过对物业管理企业所制作的投标文件进行科学的分析和判断,确定选聘物业管理企业。

1. 物业管理的招标

(1)物业管理招标方式。

《中华人民共和国招标投标法》规定我国招标主要有三种方式,即公开招标、邀请招标和议标。

① 公开招标。公开招标是指招标人即房地产开发企业或业主委员会通过某种公开方式向社会发布招标通知,邀请愿意投标的物业管理企业参加投标的方式。

② 邀请招标。邀请招标是指招标人即房地产开发企业或者业主委员会不通过公开的方式向社会发布招标通知,而直接邀请特定的法人或者其他组织对该物业项目进行投标的方式。

③ 议标。议标是指招标人即房地产开发企业或者业主委员会直接邀请具有一定能力的物业管理企业,对某一物业项目的物业管理事宜在平等自愿的基础上进行商议或谈判,最终达成由该物业管理企业接管物业的方式,议标通常又可称为谈判招标。

我国目前物业管理招标方式中,采取议标方式和邀请招标的方式较多,公开招标的方式采用较少。但通过公开招标选聘物业管理企业的方式是发展趋势,其应用程度必将逐步提高。

(2)物业管理招标程序。

物业管理活动中的招标主要包括三个步骤:准备、组织实施、招标结束。

① 准备。招标的准备是从房地产开发企业或者业主委员会组织成立招标机构、编制招标文件、确定招标的标底开始,到发布招标公告时结束。

② 组织实施。组织实施是指从房地产开发企业或者业主委员会发布招标公告到确定投标人时结束。

招标人通过充分的准备已经将招标文件制作完成,并根据其选择的招标方式,通过向社会公开发布公告或者向特定的物业管理企业发布邀请来发布招标文件。投标人接到招标文件后在规定期限内向招标人投标,招标人对投标人的经营资质、投标文件进行审核,选择最能满足招标文件要求的物业管理企业。

③ 招标结束。招标人通过评标、定标,最后选定符合条件的物业管理企业,并与其签订《前期物业管理委托合同》或者《物业管理委托合同》,宣告招标活动结束。

2. 物业管理企业投标

物业管理企业投标是指物业管理企业根据房地产开发企业或者业主委员会的招标公告或者邀请,为实现达到管理该物业项目的目的,而进行的参与竞争物业管理权的活动。

进行投标的物业管理企业,要具备一定的物业管理企业资质,同时对招标项目有足够的认识;为了进行投标要做好资金的准备工作,并对招标项目的风险进行合理预测和竞争对手评价,最后编制确定投标书。

(三) 建立物业管理委托关系的前提条件

物业管理企业与房地产开发企业或者业主委员会签订《前期物业管理委托合同》或者《物业管理委托合同》后,取得对物业项目行使物业管理的权利。《前期物业管理委托合同》或者《物业管理委托合同》的签订,是建立物业管理委托关系的基础。物业管理企业要真正完成物业管理活动,必须进驻物业项目内对其实施管理,这是建立物业管理委托关系的重要环节。进驻物业项目是确定物业管理委托关系的体现,而在进驻物业项目前,物业管理企业对物业项目的接管验收成为建立物业管理委托关系的前提条件。物业管理中将这种验收工作称为物业接管验收。接管验收一般分为对新竣工投入使用的物业进行的验收和对原有物业进行的验收,即对实施前期物业管理的物业项目验收和对实施常规物业管理的物业项目的验收。

1. 物业接管验收的条件

(1) 新建物业接管验收的条件:

① 建设工程全部施工完毕,并经竣工验收合格;

② 供电、采暖、给水排水、卫生、道路等设备和设施能正常使用;

③ 房屋幢、户编号经有关部门确认。
(2) 原有物业接管验收条件：
① 房屋所有权、使用权清楚；
② 土地使用范围明确。
2．接管验收所须提交的资料
(1) 新建物业接管验收所须资料：
① 产权资料，包括：
a．项目批准文件；
b．用地批准文件；
c．建筑规划许可证、开工许可证等；
d．拆迁安置资料；
e．消防设施、市政配套设施验收文件。
② 技术资料，包括：
a．竣工图，包括总平面图和建筑、结构、设备、附属工程及隐蔽管线的全套图纸；
b．地质勘察报告；
c．工程合同及开竣工报告；
d．工程预决算书；
e．图纸会审记录；
f．工程设计变更通知及技术核定单（包括质量事故处理记录）；
g．隐蔽、消防工程验收证明书；
h．钢材、水泥等主要材料的质量保证书；
i．新材料、构配件的鉴定合格证书；
j．水、电、采暖、卫生器具、电梯等设备的检验合格证书；
k．砂浆、混凝土试块试压报告；
l．供水、供暖的试压报告；
m．煤气设施及开栓报告。
(2) 原有物业接管验收所须提交的资料：
① 产权资料，包括：

a．房屋所有权证；
b．土地使用权证；
c．有关司法、公证文书和协议；
d．房屋设备及附着物清册。
② 技术资料，包括：
a．房地产平面图；
b．房屋分间平面图；
c．房屋及设备技术资料。
3．验收接管的内容
(1) 主体结构；
(2) 外墙、屋面、地面；
(3) 装饰装修；
(4) 电气、用水、卫生、消防、供暖、制冷设施；
(5) 附属设施及其他。

(四) 前期物业管理委托关系建立涉及的主要问题

房地产开发企业在物业项目建设施工阶段，就应当选聘专业的物业管理企业参与到物业项目的建设和规划中去，这样可以对物业项目的规划和为将来物业管理企业接管物业后实施有效的管理活动打下一个良好的基础。根据目前我国关于商品房销售的法规规定和有关政策的执行情况，绝大多数房地产开发企业在其房地产项目竣工之前，均会选聘专业的物业管理企业来对竣工后的物业项目进行物业管理。房地产开发企业与物业管理企业之间存在着一种物业管理委托的法律关系，这种委托关系通常被称为前期物业管理委托法律关系。

1．前期物业管理委托关系产生的依据

房地产开发企业在物业项目出售之前为物业项目惟一所有者，拥有物业项目的全部所有权，房地产开发企业是物业项目的惟一业主，因此房地产开发企业有权将其所有的物业委托给其选聘的物业管理企业进行专业物业管理活动。

在实践中，房地产开发企业很少有自己管理物业的，一般都是将物业委托给专业的物业管理企业或者由该房地产开发企业设立的物业管理企业来管理。

《城市新建住宅小区管理办法》第五条规定:"房地产开发企业在出售住宅小区房屋前,应当选聘物业管理公司承担住宅小区的管理,并与其签订物业管理合同。"同时我国地方的物业管理法规对前期物业管理活动也有很明确的规定,如《辽宁省城市住宅区物业管理条例》第十八条第一款规定:"物业的前期管理工作由房屋开发单位或者其委托的物业管理企业承担。"

2. 前期物业管理委托关系的期限

前期物业管理委托关系的期限即物业管理企业实施前期物业管理的期限,应从物业项目建设竣工之后,至业主委员会成立并同业主委员会所选聘的物业管理企业签订《物业管理委托合同》时止。这一期限与《前期物业管理委托合同》所规定的期限不同,《前期物业管理委托合同》所规定的合同履行期限一般是在物业项目竣工之前,合同的终止期限通常会跨越业主委员会成立之后的期间。对于《前期物业管理委托合同》中规定的业主委员会成立之后的期间,是否有效的问题应当视情况而定,但一般应为有效。为了确认其有效,应当要求物业管理企业与业主委员会重新签署《物业管理委托合同》。有观点认为这样会剥夺业主委员会选聘物业管理企业的权利,而在事实上并未被剥夺,原因在于业主委员会与物业管理企业之间要重新签署《物业管理委托合同》。如果房地产开发企业选聘的物业管理企业所提供的物业管理服务不能使业主、物业使用人满意,业主委员会有权拒绝与该物业管理企业签订《物业管理委托合同》,转而选聘其他物业管理企业委托其行使物业管理权,与其签订《物业管理委托合同》。在实践中,由于业主委员会刚刚成立,运作未规范,而房地产开发企业选聘的物业管理企业对该物业项目已经进行了一段较长时间的管理活动,对物业的基本情况和使用功能均很了解,且在前期物业管理过程中,房地产开发企业会给物业管理企业一定的财政补贴,因此物业管理企业会有积极性去管理好物业,在这种情况下确认《前期物业管理委托合同》的效力,有利于物业管理和物业的长期稳定和发展。当然,《前期物业管理委托合同》的效力并非一定要跨越业主委员会的成立期间,在通常情况下如果房地产开发企业所选聘的物业管理企业为物业所提供的管理服务能够满足物业的基本需求,业主委员会就应当与其签署《物业管理委托合同》以确认物业管理企业的物业管理权。

3. 前期物业管理委托关系的内容

前期物业管理服务的内容与常规物业管理服务内容基本上是相同。只是前期物业管理服务的内容往往侧重于为房地产开发企业本身服务的一些工作。

4. 前期物业管理服务费用的承担

前期物业管理是由房地产开发企业委托物业管理企业进行的,原则上费用应当由房地产开发企业承担,但由于房地产开发企业完成向物业管理企业的委托后,即开始出售或者出租物业,购买或者承租物业的业主、物业使用人就应当缴纳物业管理费用。因此实际上购买或承租物业的业主、物业使用人也承担了相应的前期物业管理服务费。有些地方物业管理法规中有着明确的规定,如《辽宁省城市住宅区物业管理条例》第十八条第二款规定:"物业前期管理费用分别由房屋开发单位、业主、物业使用人承担;房屋未售出和出租的,由房屋开发单位承担;房屋已售出或出租的,由业主或物业使用人承担。"

5. 前期物业管理委托关系的解除

一般情况下,前期物业管理委托法律关系因业主委员会重新选聘物业管理企业而终止,但以下情况也有可能造成前期物业管理委托法律关系的解除:由于前期物业管理企业所提供的服务不能达到对其进行委托的房地产开发企业或者业主和物业使用人的要求,房地产开发企业解除与其签订的《前期物业管理委托合同》;前期物业管理企业自身经营不当无力继续管理物业,前期物业管理企业未能通过有关部门的审核,被撤销物业管理企业资质等。

前期物业管理委托法律关系是物业管理企业与房地产开发企

业在法律法规规定的范围内,依双方的意思自治原则,在平等协商、达成一致的基础上通过合同的方式确定的,依靠签订合同的双方当事人严格遵守合同内容为基础来顺利履行。在实际履行过程中不仅仅涉及签订合同的双方当事者,还涉及物业的业主、使用人等多方主体,这些主体对物业管理企业和房地产开发企业所签订的《前期物业管理委托合同》,都享有或承担相应的权利和义务。

(五)常规物业管理委托关系的建立涉及的主要问题

常规物业管理委托法律关系是指业主委员会成立之后根据法律法规的规定,通过法定程序将物业项目的物业管理权委托给其选聘的物业管理企业而产生的法律关系。常规物业管理委托法律关系的产生的基础是业主委员会与物业管理企业所签订的《物业管理委托合同》。

1. 常规物业管理委托关系产生的法律依据

《城市新建住宅小区管理办法》第七条第(二)项规定:管委会有权"决定选聘或续聘物业管理公司。"这是中央级规范对物业管理委托法律关系产生的规定,同时在地方的物业管理法规中,对业主委员会委托物业管理企业行使物业管理权也有明确的规定。如《重庆市物业管理办法》第八条第(二)项规定:业主委员会有权"与物业管理企业订立、变更或者解除物业管理服务合同。"《辽宁省城市住宅区物业管理条例》第十二条第(二)项规定:物业管理委员会"通过招标选聘、续聘符合条件的物业管理企业,并与物业管理企业订立、变更或者解除物业管理合同。"这些地方性的物业管理法规所规定的业主委员会有权同物业管理企业签订物业管理合同,实际上就是确认了业主委员会与物业管理企业之间的物业管理委托法律关系。

2. 常规物业管理委托关系的存续期限

常规物业管理委托法律关系存在的期限或者叫作期间是长期的。一般始于该物业业主委员会成立,并同其选聘的物业管理企业签订第一份《物业管理委托合同》,到业主委员会决定不再聘用物业管理企业进行物业管理或该物业项目达到使用期限停止使用时止。常规物业管理委托法律关系存在的期限并不是指业主委员会与其选聘的某一家物业管理企业所签订的《物业管理委托合同》的期限,在常规物业管理委托法律关系的存续期间先后会有多份《物业管理委托合同》的存在。

物业项目达到使用期限后,该物业停止使用,也就丧失了进行物业管理的物质基础,物业管理委托法律关系也就失去了其存在的依据和基础。业主委员会通常是将物业的管理权委托给专业的物业管理企业来行使,但也有例外,在特定的情况下业主委员会可以不选聘专业的物业管理企业履行物业管理职责,转而由业主委员会组织该物业的全体业主、物业使用人自行对物业进行管理活动,也就不存在物业管理委托法律关系。因此,物业管理委托法律关系始于业主委员会将物业管理权委托物业管理企业行使,止于业主委员会决定物业由全体业主自己管理或物业使用期限届满时。

3. 常规物业管理委托关系的内容

常规物业管理委托法律关系的内容,实际上就是物业管理服务的内容。除了物业共用部位和共用设施设备的保洁管理、保安管理、维修管理、绿化管理、交通车辆管理外,还有专门为不同的业主和物业使用人提供的物业管理有偿特约服务,同时还包括物业管理企业代表业主、物业使用人就有关事宜与专业部门和政府相关部门就物业的管理等进行对接和交涉。

《重庆市物业管理办法》第十三条规定:"物业管理服务合同当事人应当约定下列物业管理服务事项:

(一)房屋共用部位、共用设备的使用、维修和更新;

(二)物业管理区域内公共设备的使用管理、维修和更新;

(三)电梯、供水、排水、通信等设备的运行服务;

(四)保洁服务;

(五)绿化服务;

(六)保安服务;

（七）物业维修、更新费用的财务管理；

（八）物业档案资料的保管。

物业管理服务合同当事人可以就房屋的自用部位和自用设备的维修、更新等约定物业管理服务事项。"重庆市关于物业管理服务项目的规定在我国地方物业管理法规中具有一定的代表性。

从物业管理专业上论述，可将物业管理服务的内容划分为两大类：一类是业主、物业使用人所缴纳的物业管理服务费用或共用部位、共用设施设备维修基金所支持的常规物业管理服务项目；另一类是业主、物业使用人所享受的服务不被物业管理服务费用支持的有偿特约管理服务。

(1) 常规物业管理服务项目的内容：

① 房屋建筑共用部位的养护、维修与改造；

② 物业附属共用设施、设备的维修、养护与更新；

③ 物业内相关场地的维修、养护与改造；

④ 物业内智能系统的维修、养护与更新、改造；

⑤ 物业内消防设施设备的维修、养护与更新；

⑥ 物业内的公共秩序的维护与出入的管理；

⑦ 物业辖区内清洁卫生的保持与垃圾的清运；

⑧ 物业辖区内的绿化管理与服务；

⑨ 物业内的交通与车辆的管理服务；

⑩ 其他由物业管理服务费用和共用部位、共用设施设备维修基金列支的管理服务。

(2) 有偿特约管理服务项目的内容：

① 代收代缴各种公用事业性收费，如水、电、煤气费等；

② 代购车、船、飞机票等；

③ 代为出租房屋；

④ 代为转让房屋；

⑤ 提供室内装饰装修服务；

⑥ 提供家政服务，如代聘保姆、代为清洁家庭卫生等；

⑦ 代为订送报刊杂志；

⑧ 家用电器的维修；
⑨ 业主、物业使用人自用设施设备的维修、养护；
⑩ 商务服务，如商品的购买等；
⑪ 业主、物业使用人所需的其他有偿便民服务。

按照严格的物业管理法律理论，有偿特约管理服务的内容并不是物业管理服务的内容，但在我国现实的物业管理运作中，有偿特约管理服务是物业管理企业为业主、物业使用人提供的一种必不可少的服务，甚至在一定程度上是评价物业管理企业提供物业管理服务质量的一个重要标准，在很大程度上也满足了业主、物业使用人的生活需求。

4．物业管理费用承担

物业管理费用的承担方式可以分为两类，一类是由物业管理服务费用或共用部位、共用设施设备维修基金所承担的，另一类是由业主、物业使用人另行承担的。

一般的物业管理服务，费用从物业管理服务费用中列支，如：房屋建筑共用部位的养护、小修；物业附属共用设施、设备的小修、养护；物业内相关场地的小修、养护；物业内智能系统的小修、养护；物业内消防设施设备的维修、养护与更新；物业内的公共秩序的维护与出入的管理；物业辖区内清洁卫生的保持与垃圾的清运；物业辖区内的绿化管理与服务；物业内的交通与车辆的管理服务等。而房屋建筑共用部位的大中修及改造、物业附属共用设施设备的大中修及更新、物业内相关场地的大中修及改造、物业内智能系统的大中修及更新等费用从共用部位、共用设施设备维修基金中支出。

有偿特约服务的费用由接受有偿特约服务的业主、物业使用人单独分别支付，不在物业管理费用中支出。

不论是从物业管理费用和共用部位共用设施设备维修基金中列支，还是由业主(物业使用人)单独另行支付，其最终的承担者都是业主、物业使用人。因为物业管理费是由业主、物业使用人按照其所有或使用的房屋的建筑面积分担的，而共用部位、共用设施设备维修基金则是由业主在购买物业时,按照其购买物业的价款的一定比例缴纳的。因此支持物业管理服务各项内容的费用,其最终承担者都是业主和物业使用人。

5. 业主委员会对物业管理企业的监督

在业主委员会与物业管理企业所签订的《物业管理委托合同》有效期限内,业主委员会的一项重要职责就是对物业管理企业履行《物业管理委托合同》情况的监督工作。

《城市新建住宅小区管理办法》第七条第(三)(四)项规定:管委会有权"审议物业管理公司制定的年度管理计划和小区管理服务的重大措施;检查、监督各项管理工作的实施及规章制度的执行"。

业主委员会通过审议物业管理企业制定的年度管理计划和物业管理服务的重大措施,检查、监督各项管理工作的实施及规章制度的执行情况,维护业主、物业使用人的利益,促进物业功能的合理利用、开发和使用。物业管理活动中业主委员会对物业管理企业的监督是非常重要和十分必要的,是业主、物业使用人作为物业的所有权者或使用权者利益的根本体现,也是业主、物业使用人自治的一项重要体现。业主委员会通过自身的监督行为或者是业主、物业使用人的投诉行为,发现物业管理企业进行危害物业或可能危害物业的行为时,可以要求物业管理企业改正错误行为,并要求其对因错误行为给物业造成的损失进行赔偿,改变物业现状的要恢复原状。如果物业管理企业拒绝业主委员会的监督,业主委员会可以代表全体业主、物业使用人向物业管理行政主管部门,针对物业管理企业危害物业的行为进行投诉,要求物业管理行政主管部门处理和处罚违规的物业管理企业。同时业主委员会还可以根据《物业管理委托合同》的约定,向人民法院起诉,要求物业管理企业承担对物业造成损害的法律后果,并有权依法解除《物业管理委托合同》。可见业主委员会对物业管理企业所进行的物业管理行为的监督是一项非常重要的权利,也是物业管理委托法律关系中一项重要内容。

6. 常规物业管理委托关系的解除

常规物业管理委托法律关系的解除即是《物业管理委托合同》的解除条件。物业管理委托法律关系的解除与物业管理委托法律关系的终止不同,物业管理委托法律关系的终止,是物业管理法律关系存续期限届满而产生的法律后果。而物业管理法律关系的解除,是指按照法律规定或者双方当事人的约定,物业管理委托法律关系存续期限并未届满,而是由于某些特殊的原因造成物业管理委托法律关系提前结束的情况。

物业管理委托法律关系解除的原因主要有:

(1) 确定物业管理委托法律关系的双方当事人即业主委员会与物业管理企业之间协商一致,解除物业管理委托法律关系的。

(2) 业主委员会与物业管理企业之间约定的某种解除物业管理委托法律关系的情形或条件出现,而解除物业管理委托法律关系。

(3) 物业管理企业没有达到与业主委员会约定的物业管理目标或要求,业主委员会有权解除与物业管理企业之间的物业管理委托法律关系。

(4) 业主委员会严重违约,造成物业管理企业无力或无法继续履行管理物业的职责,物业管理企业有权解除与业主委员会的物业管理委托法律关系。

(5) 因不可抗力造成不能继续履行或实现物业管理目的的,业主委员会或物业管理企业均可解除物业管理委托法律关系。

(6) 物业管理企业破产、营业执照被吊销或物业管理资质被撤销的,业主委员会有权解除物业管理委托法律关系。

(7) 法律、法规或业主委员会与物业管理企业约定的其他解除物业管理法律关系的情形。

物业管理委托法律关系解除的,视解除的原因双方当事人承担法律责任,如双方当事人均无过错的,双方当事人可以免责。

除此之外,业主转移物业所有权、业主委员会的改选都不影响物业管理委托法律关系的存在和效力。

物业管理企业与房地产开发企业和业主委员会之间,除了委托合同法律关系之外,还存在诸如因物业维修、业主和物业使用人投诉、物业管理行政主管部门的监管等产生的多种法律关系,但这些法律关系不是物业管理活动中的主要法律关系,在这里不进行一一的阐述。

二、业主、物业使用人与其他业主、物业使用人之间的法律关系

业主、物业使用人与其他业主、物业使用人之间在拥有和使用物业时会发生多种的法律关系。在这些法律关系中业主与业主之间对建筑物的区分所有权、业主与业主之间对物业共用设施设备的共有和业主与物业使用人之间的关系,是业主、物业使用人与其他业主和物业使用人之间的法律关系中较为重要的法律关系。

(一) 业主与业主之间的法律关系

业主与业主之间的法律关系,主要是因物业的所有权问题而产生的法律关系。包括业主与业主之间关于物业建筑物的区分所有权和业主之间对物业内共用设施设备的共有法律关系。

1. 建筑物区分所有权

建筑物区分所有权是指多名业主区分一建筑物时,所享有的该建筑物的专有部分的所有权、共有部分的共用权和因区分所有权人之间的共同关系而衍生出的成员权(对共有部分的管理权)的总称。

建筑物区分所有权的特征是:

① 复合性。从建筑物区分所有权的概念中可以看出,建筑物区分所有权由三个要素构成,即建筑物专有部分的专有权、共有部分的共有权和区分所有权人之间关系而产生的成员权。

② 一体性。建筑物区分所有权的三个要素是紧密联系在一起的,具有不可分割性。在区分建筑物转让、抵押、继承时,专有权、共有权和成员权三者共同转移。

③ 专有权的主导性。在建筑物区分所有权的三个构成要素中,区分所有权人的专有权起着主导作用,区分所有权人只要取得

了专有权也就同时取得了共有权和成员权;如果丧失了专有权同时也就丧失了共有权和成员权。在实践中专有权的大小对共有部分的共有权和成员权有一定的影响,一般情况下,区分所有权人所拥有的专有权大,其所享有的共有权和成员权就大,而区分所有权人所拥有的专有权小,其所享有的共有权和成员权就小。专有权主导性的另一个重要体现是在区分所有权人的产权登记上只有专有权的登记而无共有权和成员权的登记,这就是说当专有权发生转移时,共有权和成员权必须随之转移,共有权和成员权不能在专有权之外独立存在。

④ 区分所有权主体身份的多重性。区分所有权人主体资格的多重性主要表现在其相对于专有权而言是专有部分的所有权人,相对于共有部分的共有权而言是共有权人,相对于区分建筑物的共同关系而形成的成员权而言是成员权人。

从以上几个特征可以看出,建筑物区分所有权是一种新型的民事权利,其与不动产专有所有权和共有所有权有一定的差别。它们之间的主要差别是:①建筑物区分所有权具有复合性,而不动产专有所有权和共有所有权的构成是单一的。②建筑物区分所有权人的主体资格是多重性的,而不动产专有所有权人和共有权人的主体资格是单一性的。

(1) 专有部分的所有权

所谓建筑物专有部分所有权是指建筑物区分所有权人,即业主对其所取得的建筑物专有部分享有的占有、使用、收益和处分的权利。关于专有部分所有权的范围在理论界有不同的划分方法,主要有空间说、壁心说、粉刷表层说、壁心说与粉刷表层综合说等几种理论。壁心说与粉刷表层综合说在实践中较为实用。所有权人在使用专有所有权时应以粉刷表层说为基础,对其所有墙壁可自由进行粉刷及表面装饰。所有权人在转让专有所有权时应以壁心说为主导,因为所有权人在出售其建筑时不必将墙壁作为共有而征得其他权利人的同意。

专有权人在行使其专有权时,不应侵害全体区分所有权人的共同利益,其在装饰装修、改建中不得侵害相邻区分所有权人的利益。

(2) 共有部分的共有权

所谓共有部分的共有权,是指建筑物区分所有权人即业主对建筑物除专有部分之外的共有部分,依法或者依有关约定而享有的占有、使用、收益和处分的权利。建筑物共有部分是指建筑物的本体,如主体承重结构部位(包括基础、内外承重墙体、柱、梁、楼板、屋顶等)、外墙面、门厅、楼梯间、电梯间、电梯机房、走廊通道等,不包括建筑物内的附属设施设备。理论界的一些学者认为,建筑物内的共用设施设备如上下水管、电线、水泵等也是建筑物区分所有权中的共有部分,但我们认为建筑物的区分所有权仅指的是建筑物,并不包括附属设施设备在内,至于建筑物附属设施设备的共有问题虽然在法律处理的结果上与建筑物区分所有权中的共有部分有一定的相同点,但却是两种法律关系。

建筑物区分所有权中共有权的体现和行使包括以下几方面:

① 占有权,即共有权人对共有部分享有占有权,这种占有权并不是独自占有而是一种共同占有。共有权人在享有共有部分的占有权时不得妨碍其他共有权人或使用人的正常使用。

② 使用权,即共有权人对共有部分的使用权。共有权人应合理使用共有部分,不得损害共有部分的完好及完整性。

③ 收益权,共有人可以按照各自对共有部分的所有比例获得共有部分的收益,如共有部分出租或利用共有部分开展其他经营活动获得收益。

④ 处分权,共有权人行使处分权是在其拥有所有权的份额内行使,如全体共有人可以共同决定对共有部分进行经营。单一共有权人行使处分权主要依赖于其专有部分的所有权的行使,如转让专有部分所有权必将造成共有部分所有权的处分。

共有权人应当合理使用和保存好共有部分,对毁损共有部分的行为有权进行制止和追究毁损人的法律责任。同时共有人要维护共有部分的使用功能,分担共有部分的物业管理费用和维修费用。

关于共有权人对共有部分的共有是按份共有还是共同共有或者是总有,在理论界有不同的观点。我们认为建筑物区分所有权中的共有,就像建筑物区分所有权一样是一种新型的法律关系,因此建筑物区分所有权中的共有也就不能按传统的共有划分方法进行划分,它是一种以按份共有为主导,共同共有为辅助的混合型共有关系。所谓混合型共有关系是指各所有权人对共有部分的权利和法律责任体现为按份额的共有,其中包括对共有部分的管理和收益也是按份额享有的;而对共有部分的处分权则是共同共有的体现,共有权人虽然可以用出售专有部分所有权的方式来处分其所拥有的共有部分,但这种处分不是将其共有部分划分出来单独行使的,共有权人所共有的部分是不可分割的,对共有部分只能作出整体的全部的处分,而不能单独划出一独立部分进行处理或处分。区分共同共有还是按份共有的标准是共有物能否进行分割,建筑物区分所有权中的共有部分就像前面所提到的,某些权利可以分割享有,而某些权利则是不可分割,必须统一行使的。

(3) 成员权

所谓成员权是指建筑物区分所有权人,即业主因其拥有建筑物中的专有部分的所有权而形成的与其他建筑物区分所有权人,在使用、管理共有部分时形成的作为建筑物物业自治管理组织成员的权利。简单而言,成员权就是对区分建筑物共有部分共同管理权。成员权的基础是专有权,区分所有权人只有拥有了专有权才可能拥有共有部分的共有权,而且只有有了共有部分的共有权,成员权才成为必要,成员权与专有权和共有权密不可分。专有权的消失会直接导致成员权的消失,因为成员权是一种区分所有权人在建筑物的物业管理活动中自治管理组织的参与权,也就是业主(物业使用人)大会的参与权。成员权不仅只有权利的规范,同时成员权中也包含有义务的内容,实践中成员权是权利和义务的统一。

(4) 区分建筑物所用土地的使用权

凡是建筑都要以一定的土地为基础。我国实行土地所有权国有制度,《中华人民共和国土地管理法》第二条第一款规定:"中华人民共和国实行土地的社会主义公有制,即全民所有制和劳动群众集体所有制。"根据《中华人民共和国土地管理法》第二条第五款的规定"国家依法实行国有土地有偿使用制度。但是,国家在法律规定的范围内划拨国有土地使用权的除外"。由此可见,我国土地使用实行的是所有权与使用权相分离的制度。房地产开发企业通过法定手段取得建筑物所需土地的使用权,并将建成的建筑物分别出售,一般情况下开发企业在出售建筑物时,已经将其取得的土地使用权所支付的费用计算在出售的建筑物的价款中,且《中华人民共和国房地产管理法》第三十一条规定:"房地产转让、抵押时,房屋的所有权和该房屋占用范围内的土地使用权同时转让、抵押。"因此,区分所有权人在取得专有权时就已经取得建筑物基地使用权。当区分所有权人在出售其专有部分时,其所拥有的基地使用权也将转移。

2. 业主对物业共用设施设备的共有

共用设施设备是指物业区域内或单体建筑内,建设费用已分摊进入房屋销售价格的共用上下水管道、落水管、水箱、加压水泵、电梯、天线、供电线路、照明、锅炉、暖气线路、煤气线路、消防设施、绿地、道路、路灯、沟渠、池、井、非经营性车场车库、公益性文体设施等。

一般认为,在建筑物规划区域内建设的上述共用设施设备的所有权归物业全体业主共同共有,业主对共用设施设备的共有是一种混合型的共有关系,这种共有关系既有按份共有的存在,又有共同共有的体现。如业主之间在共用设施设备权利的行使和法律责任的承担上,可按按份共有关系处理;而业主转让共用设施设备的所有权时又体现为共同共有,也就是说,业主不能够像按份共用那样将共用设施设备分割出一部分来进行单一转让。业主对共用设施设备的所有权的转让要依附于对其拥有的房屋所有权的转让。

通常情况下,物业区域内的共用设施设备的所有权为全体业主共有,但物业内也有一部分共用设施设备主要是市政设施设备的所有权为国家所有。这部分市政设施设备由国家进行管理。区分共用设施设备的所有权对物业管理活动有着十分重要的意义和作用,不仅可以划分国有资产的界限,同时也能划清对共用设施设备进行管理的职责范围,即共用设施设备是属于物业管理企业管理还是由市政部门或企业管理的,这些问题的明确有利于物业管理活动的进行。

(1) 供电设施:进户线以内由业主所有,以外的按房地产开发企业与供电部门约定;

(2) 燃气管道:由房地产开发企业与供气部门约定;

(3) 自来水管道:进户水表以内的由业主所有,以外的按房地产开发企业与供水部门的约定;

(4) 电信管线:进户线以内的由业主所有,楼内电话预埋管线由房地产开发企业所有或者业主共有,其他管线由电信部门所有;

(5) 供暖管线:由供暖部门所有;

(二)业主与物业使用人之间的法律关系

业主是物业的所有权人。物业使用人是指不拥有物业的所有权,但拥有物业的实际使用权的人。我国一些地方的物业管理法规比较常用的物业使用人的概念为:所谓物业使用人是指物业的承租人和实际使用物业的其他人。从物业使用人的概念可看出业使用人一般是因对物业的承租使用而形成的。承租物业的主体即物业使用人。出租物业的主体一般可分为三类:一类是房地产开发企业,其所建设的房屋专门用于出租或所建设房屋未能全部售出从而用出租的方式对房屋进行利用的;二类是业主,业主在取得房屋的所有权后可以将房屋出租;三类是国家,在我国公有制住房制度改革过程中形成的公有住房出租使用制度。

物业使用人在物业管理活动中的法律地位基本上同业主的法律地位相同,但必须明确的是业主拥有物业的所有权,而物业使用人只拥有物业的使用权。物业使用人可以参与物业管理活动,参加业主(物业使用人)大会、参加业主委员会等,但业主与物业使用人之间还是有一定的区别,最大区别就是业主是物业的所有权人而物业使用人不是,因此物业使用人应当尊重业主对物业的所有权,业主也应当尊重、维护物业使用人对物业的使用权。

(三)业主、物业使用人与其他业主、物业使用人之间的相邻关系

业主、物业使用人与其他业主、物业使用人之间除了存在物业区分所有权关系、共用设施设备的共有关系等法律关系外,还有一项重要的关系就是相邻关系。所谓相邻关系是指房屋所有权人(业主)、使用人(物业使用人)因所有和使用其房屋而与其他房屋所有权人(业主)、使用人(物业使用人)之间而产生的法律关系。相邻关系的主要内容是相邻房屋的所有权人和使用人在使用其房屋时不得干扰、侵害、妨碍其相邻房屋的所有权人和使用人的利益。《城市异产毗连房屋管理规定》第五条规定:"所有人和使用人对房屋的使用和修缮,必须符合城市规划、房地产管理、消防和环境保护等部门的要求,并应按照有利使用、共同协商、公平合理的原则,正确处理毗连关系。"第六条规定:"所有人和使用人对共有、共用的门厅、阳台、屋面、楼道、厨房、厕所以及院路、上下水设施等,应共同合理使用并承担相应的义务;除另有约定外,任何一方不得多占、独占。所有人和使用人在房屋共有、共用部位,不得有损害他方利益的行为。"

总之,业主、物业使用人在使用物业时,应充分考虑房屋的使用功能和相邻各方的利益,不得做出侵害相邻他方利益的行为,合理地保障物业的正常使用,减少纠纷的发生。

三、不同物业管理企业之间的法律关系

由于不同的物业管理企业之间在业务上发展程度和水平不同,发展水平和程度较高的物业管理企业,会应其他物业管理企业的邀请为其提供业务上的指导和帮助,因此在不同的物业管理企业之间,会产生物业管理顾问法律关系。

(一)物业管理顾问法律关系的概念

所谓物业管理顾问法律关系是指某一物业管理企业为完成物业管理服务项目所确定的物业管理内容和目标,而聘请另一物业管理企业就其如何实现物业管理内容和目标、提升物业品牌形象等提出具体的意见和建议,并由接受顾问方向顾问方支付相应报酬的活动而在双方之间产生的法律关系。

物业管理顾问法律关系是在物业管理顾问活动中产生的法律关系。物业管理顾问就是物业管理企业向另一物业管理企业提供有关物业管理专业的顾问服务。虽然现行的物业管理法规并未规定物业管理企业的业务有物业管理顾问服务这一项,但也没有禁止性的规定,因此,物业管理企业有权开展为其他物业管理企业提供物业管理顾问服务。履行物业管理顾问服务的依据是物业管理企业之间所签订的《物业管理顾问服务合同》,其所规定的各项内容双方之间应当严格的遵守,以完成和实现物业管理顾问活动的目的。

(二)物业管理顾问法律关系的内容

物业管理顾问法律关系的内容实质上就是物业管理顾问活动的工作内容,应在《物业管理顾问服务合同》中进行规定。物业管理活动的各个环节都可以是物业管理顾问活动的内容,还可以包括物业管理企业的内部管理活动。

1. 有关物业管理活动的顾问服务内容

(1)物业管理服务综合指导,包括编制《物业管理内容标准建议书》和《物业管理实施方案》等文件;

(2)提供物业管理服务设施、设备、工具、用具、用品配置顾问;

(3)提供物业管理服务用房配置顾问;

(4)提供物业管理局域网络环境建设顾问;

(5)提供物业管理智能系统集成建设顾问;

(6)提供物业管理财务收支预算顾问;

(7)提供物业管理服务问题处理指导;

(8)协助物业管理服务水平、品质综合提升;

(9) 双方约定的其他物业管理活动的顾问。

2. 有关物业管理企业内部管理活动的顾问服务内容

(1) 提供组建物业管理企业、健全物业管理企业内部机构顾问；

(2) 物业管理服务机构经营运作顾问；

(3) 提供物业管理服务人员服装配置顾问；

(4) 提供物业管理服务机构组织架构设计和人力资源配置顾问；

(5) 提供物业管理服务机构组建及从业人员招聘、培训顾问；

(6) 双方约定的其他有关物业管理企业内部管理行动的顾问。

(三) 物业管理顾问法律关系的实现方式

根据物业管理顾问服务内容不同，物业管理顾问法律关系的实现方式也多种多样。较为常见的有提供书面顾问方案、长期派驻顾问人员提供顾问、派出临时顾问工作组提供顾问。

1. 提供书面顾问方案

提供书面顾问方案就是顾问方应委托方的请求，并根据委托方所提供的相关资料和具体要求，为委托方提供书面顾问服务方案。

书面顾问方案能够较为全面地体现顾问的内容，为委托方按照顾问方案的内容完成具体工作提供概括性的认识。但书面顾问方案存在着一定的缺点，(1) 灵活性较差，物业管理顾问活动中会出现很多临时性的问题，可能会造成书面顾问内容对物业管理顾问活动的不适用；(2) 书面顾问方案的实施，受委托方员工工作能力的影响较大，如果委托方员工工作能力和理解能力较强，其对书面顾问方案内容的理解也会较全面和深刻，具体实施起来会产生较好的效果；如果委托方员工工作能力和理解能力存在一定的问题，具体实施效果就可能不会令人满意。

2. 长期派驻顾问人员提供顾问

长期派驻顾问人员提供顾问即是顾问方应委托方的请求，按照委托方要求顾问工作的内容向委托方派驻长期提供顾问服务的工作人员,为委托方提供专业的顾问服务。长期派驻顾问人员提供顾问服务的工作方式,其在灵活性、专业性等方面较好,能够根据委托方的经营管理方针的不断变化和发展提出新的顾问意见和建议,具有实时性。因此长期派驻顾问人员是一种较好的工作方式,但在具体工作中也存在一定的问题,如怎样建立完善的工作沟通机制、顾问提供的意见能否代替经营上的决策、顾问人员在非专业领域如何提出顾问意见等。

3. 派出临时顾问工作组提供顾问

派出临时顾问工作组提供顾问是指按照委托方与顾问方的约定或者就委托方的要求,顾问方为了解决委托方在经营管理上的某一问题或某些问题而向委托方派出临时工作组解决专项问题的顾问形式。临时顾问工作组主要是针对临时出现的某些问题提供解决意见,缺乏长期性和统筹安排顾问工作的具体内容。

从我国目前物业管理企业顾问工作方式来看,单一的工作方式已经很少使用,大多采用多种工作方式的结合,即以提供书面顾问方案和长期派驻顾问工作人员为主,以临时顾问工作组为辅的方式。

(四)物业管理顾问法律关系的责任承担

物业管理顾问法律关系的责任,应当由双方在顾问合同中明确约定,如果没有约定,应按法律规定处理。物业管理顾问法律关系是顾问法律关系的一种,委托方按照顾问方的顾问意见和方案完成相关工作而产生的法律后果由委托方自行承担。但这并不排除委托方就这些后果造成的损失向顾问方提出索赔的权利,如果有确凿的证据能够证明顾问方在提供顾问时有严重的失误,而这种失误又是造成委托方的工作产生不良后果的直接原因,顾问方应当向委托方承担因顾问失误而产生的法律责任。

(五)物业管理顾问法律关系的期间和终止、解除

物业管理顾问法律关系存续的期间即是《物业管理顾问服务合同》中约定的期间,这种约定可以按照完成一定的顾问项目和内

容为期限,也可以按照一定的具体期间为期限。期间的约定完全依靠当事人的约定。

当物业管理顾问法律关系存续期间届满时,物业管理顾问法律关系自然终止。但在物业管理顾问法律关系自然终止之前由于一定事实的出现,也可能造成物业管理顾问法律关系提前终止,即物业管理顾问法律关系的解除。

物业管理企业聘请物业管理顾问所产生的费用,应从物业管理企业合理利润中支出,不能转嫁到业主、物业使用人身上。

第二节 相关法律关系

所谓相关法律关系是指,物业管理活动的直接主体与相关主体之间的法律关系及相关主体之间的法律关系。在物业管理活动中,相关法律关系十分复杂,包括业主、物业使用人与专营公司和专业部门的法律关系,物业管理企业与专营公司和专业部门之间的法律关系,专营公司和专业部门与其他专营公司与专业部门之间的法律关系等,其在物业管理活动中的体现是多层次的。要全面了解和掌握相关法律关系,不仅要熟悉物业管理方面的法律法规,还要对有关专营公司与专业部门的法律法规有全面的了解。由于物业管理相关法律关系的复杂性,本节只对相关法律关系的部分内容做出阐述,主要讲述物业管理企业与专营公司之间的法律关系、物业管理企业与专业部门之间的法律关系以及业主、物业使用人与专营公司和专业部门之间的法律关系等内容。

一、物业管理企业与专营公司之间的法律关系

专营公司主要包括保安、保洁、绿化、维修等为物业管理活动提供单项专业服务的公司。根据物业的性质不同,物业内还可能存在其他的专营公司。

物业管理企业接受房地产开发企业或者业主委员会的委托,履行物业管理职责,物业管理企业可以自己组织保安、保洁、绿化和维修等专业管理服务队伍履行专业管理职责,在这种情况下就

不存在物业管理企业与各专营公司之间的法律关系了。如果物业管理企业在接受了房地产开发企业或业主委员会的委托后,将保安、保洁、绿化、维修等专业管理服务项目转委托给专业的保安、保洁、绿化和维修等专营公司负责,物业管理企业与各专营公司之间就会存在一种法律关系,通常这种法律关系是一种委托的法律关系。

(一)物业管理企业与专营公司之间法律关系的特征

1. 物业管理企业与专营公司之间法律关系以一定授权为前提。

物业管理企业与专营公司之间法律关系的产生必须以业主委员会或者房地产开发企业的授权为依据,如果没有业主委员会或者房地产开发企业的明确授权,物业管理企业与专营公司之间就不会产生法律关系。

2. 物业管理企业与专营公司之间的法律关系是一种再委托法律关系。

3. 物业管理企业与专营公司之间法律关系受物业管理委托法律关系的影响。

物业管理企业与专营公司之间法律关系的很多要素,都依赖于物业管理委托法律关系的约定或者发展状况,如果物业管理委托法律关系消失,则物业管理企业与专营公司之间的法律关系必然消失。

4. 物业管理企业与专营公司之间法律关系是一种双务、有偿、诺成的法律关系。

物业管理企业与专营公司之间法律关系的存在和履行,双方均要承担一定的义务,并且专营公司完成一定的工作内容就应当获得相应的报酬,同时这种法律关系在双方通过意思表示一致的方式进行确认后即成立。

5. 物业管理企业与专营公司之间法律关系以劳务为载体。

物业管理企业与专营公司之间法律关系的内容是专营公司所提供的某些专业服务,这种服务的体现为劳务。

(二) 委托法律关系的建立依据和原则

《城市新建住宅小区管理办法》第八条关于物业管理企业的权利的规定第(六)项规定：物业管理企业"有权选聘专营公司(如清洁公司、保安公司等)承担专项管理业务"。《辽宁省城市住宅区物业管理条例》第十四条物业管理企业的权利、义务第(四)项规定：物业管理企业有权"选聘专业公司和人员承担专项服务业务。"建设部和辽宁省的规定基本代表了我国物业管理行业对委托专营公司的基本做法。物业管理企业在接管物业后，可以将物业管理活动中的专营项目委托给专营的公司进行管理。

物业管理企业虽然可以将专营项目委托给专营的公司进行专项管理服务，但权利并不是在任何条件下都可以享有，物业管理企业应当在业主委员会或者房地产开发企业的授权下才能行使。如果业主委员会或房地产开发企业在与物业管理企业签订的《物业管理委托合同》中对此没有规定或没有涉及，物业管理企业在接管物业后无权将专营项目委托给专营公司。从法学理论上讲，权利是权利主体可以享受也可以不享受的，并不是法律法规赋予的权利权利主体都必须实际享有。权利与义务不同，义务是法律法规规定后义务主体必须遵守履行的。业主委员会或房地产开发企业可以许可物业管理企业就物业管理活动中的专项服务委托专营公司承担，也可以不许可这一行为。因此物业管理企业虽然有权选聘专营公司承担专项管理服务，但这种权利应当事先得到业主委员会或房地产开发企业的许可，否则，应由物业管理企业自行承担法律责任。

目前，北京、沈阳等地区通过行政命令的方式，要求物业管理企业必须将保安等专项管理服务工作，委托具有保安公司资质的社会专业保安公司。我们认为这些地方的规定应为义务性的规定，其既是物业管理企业的一项必须遵守的义务，同时也是业主委员会或房地产开发企业的一项必须履行的义务。

关于专营公司的资质和选聘等问题，还有待于国家物业管理法律、法规的进一步作出规范。

（三）专营委托法律关系的终止和解除

专营委托法律关系的期间,起始于物业管理企业与专营公司就某一专项物业管理服务签订《专营委托合同》确定委托关系时,终止于《专营委托合同》期满后。《专营委托合同》的期限届满而终止合同,是在正常情况下发生的合同终止原因。除此以外在《专营委托合同》的实际履行过程中,还会产生一些其他的原因造成专营委托法律关系的解除。主要有以下几种原因:

1．合同双方当事人协商一致解除《专营委托合同》从而解除专营委托法律关系;

2．专营公司破产或丧失专营公司所必须的资质,而造成专营委托法律关系的解除;

3．物业管理企业破产、丧失物业管理企业资质或丧失该物业项目的物业管理权,从而造成专营委托法律关系的解除;

4．一方严重违约造成《专营委托合同》无法继续履行从而解除专营委托法律关系;

5．由于不可抗力造成继续履行《专营委托合同》成为不必要,从而解除专营委托法律关系;

6．法律法规规定的其他原因。

（四）专营委托法律关系的内容

专营委托法律关系的内容,因专营公司性质的不同而有所不同。

1．保安工作

物业管理企业与专业的具有一定资质条件的保安专营公司签订关于物业保安工作的《专营委托合同》,约定物业管理企业所应承担的对物业内的保安工作由保安专营公司负责,即保安专营公司根据《专营委托合同》的约定取得物业内保安管理服务的资格,为物业、业主和物业使用人提供专业的保安服务。

保安专营公司提供的管理服务内容主要有:

（1）协助物业所在地公安机关做好物业内犯罪的预防活动。

做好物业的犯罪预防工作是保安工作的重点内容。公安机关是政府预防犯罪的行政主管机关,保安工作应在公安机关的监督和支持下,预防物业区域内的犯罪活动。物业区域内一旦发生犯罪行为,保安工作人员应当立即向物业所在地公安机关报告,并负责保护好案发现场,保安工作人员在公安机关侦破案件的过程中应当积极配合,为公安机关破案提供必要的协助。

(2)物业进出门岗的值班守护工作。

保安工作的重点是预防物业区域内的犯罪活动,而保安工作人员对进出物业的门岗进行守卫,核查进出物业的人员的身份,检查进出物业的物品,是防止物业区域内发生犯罪活动的重要手段。

(3)物业内重点区域的加强防卫。

任何一个物业区域内都会有一定的保安工作重点区域,如物业内的树林、僻静的小路、业主会所等,这些区域是物业内犯罪活动发生较多的地方,因此保安工作人员应对这些重点区域加强防卫工作。

(4)利用物业内所拥有的智能防卫设施加强物业的治安保卫工作。

随着科学技术的不断发展,各种通讯报警系统和业主、物业使用人身份核实系统,目前已经在物业内普遍被使用。这些智能防卫设施的使用在很大程度上降低了物业内犯罪案件的发生,但同时也给保安工作人员提出了更高的要求,保安人员要熟知各种系统和设施的使用情况和工作动态,根据系统和设施所反映出来的情况,判断物业的安全是否受到威胁或侵害。

(5)加强对保安人员的职业道德与执业纪律的教育与培训,防止发生保安人员犯罪或进行危害物业的行为。

此规定是对保安工作人员自身的要求,保安工作人员的职业道德水平与执业纪律的好坏,直接影响物业内保安工作质量和业主、物业使用人及物业管理企业对保安工作满意程度。如果保安工作人员在物业区域内发生犯罪行为,将造成业主、物业使用人对保安公司的不信任,严重影响保安工作的开展,影响物业的整体形象。

(6) 物业内交通秩序的管理与维护。

保安公司负责物业区域内交通秩序和车辆的有序停放工作,防止物业内发生交通事故。

(7) 停车场的管理。

停车场通常是由房地产开发企业建设转而委托物业管理企业经营管理的,保安公司应当负责停车场区域内停放的车辆的安全,防止车辆丢失、损坏等事件的发生。

(8) 负责物业内消防预防工作。

保安公司除了负责保安工作外通常还要负责物业区域内的消防预防工作,做好安全防火工作的宣传教育工作,维护消防设施的正常使用,当物业内发生火灾时,应及时报警并协助消防部门灭火。

(9) 法律法规规定或约定的其他工作内容。

2. 保洁工作

保洁公司接受物业管理企业的委托负责管理物业区域内的清洁及垃圾清运工作。

(1) 负责物业区域内日常卫生清扫工作。

负责物业公共区域内的日常卫生清扫工作,保持物业公共区域的环境卫生。保洁公司应当制定每日每区域的清扫次数、清扫时间等日常清扫制度,同时还要安排人员负责物业公共区域内的临时性的清扫保洁工作。

(2) 负责物业区域内日常垃圾清运工作。

日常垃圾主要包括清扫物业公共区域所产生的垃圾和业主、物业使用人正常工作和生活所产生的垃圾。业主、物业使用人应将所产生的垃圾,按规定的时间放置在规定的地点,由保洁公司负责将垃圾清运出物业区域。

(3) 负责物业区域内害虫的消杀工作。

根据季节的不同变化,会发生不同的害虫多发期,针对不同的害虫的多发期,保洁公司应当在物业公共范围内开展害虫的消杀工作。

(4) 法律法规规定的或约定其他工作内容。

3. 绿化工作

绿化工作是物业管理企业与专业的绿化公司签订《专营委托合同》，具体约定由绿化公司为物业提供专业的绿化服务。绿化工作的具体内容为：

(1) 负责物业区域内绿色植被的种植、养护和管理。

物业区域内能够并适合种植绿色植物的公共区域，绿化公司均应负责将其种植上绿色植被，做好营造绿地工作，并负责这些绿化植被的日常管理和维护工作。

(2) 负责物业区域内园林小品的管理。

房地产开发企业在规划建设物业时，会建设一定数量和规模的园林小品，绿化公司应当负责这些园林小品的绿化和管理工作。

(3) 负责物业区域内绿色植被病虫害的防治。

绿色植物经常会发生一些病虫害，绿化公司应根据不同种类的植物所发生的不同的病虫害进行防治工作，即当病虫害没有出现时要防，病虫害出现时要治。

(4) 法律法规规定或约定的其他工作内容。

4. 维修工作

维修工作是物业管理企业将物业共用部位和共用设施设备的维修工作，委托给维修专营公司进行维修养护的活动。维修工作的具体内容为：

(1) 共用部位和共用设施设备的日常养护工作。

维修公司要对物业共用部位和共用设施设备进行日常的养护工作，以保证其能正常使用，实现使用功能。

(2) 共用部位和共用设施设备的维修工作。

维修公司除了对共用部位和共用设施设备进行日常的养护工作外，还应当根据共用部位与共用设施设备的使用情况进行定期的维修。当共用部位或共用设施设备出现紧急故障时，维修公司应及时进行紧急抢修工作，以保证共用部位和共用设施设备的正常使用。

(3) 法律法规规定或约定的其他工作内容。

(五) 支持专营委托法律关系的费用承担

实现专营委托法律关系的内容所需费用,应当在物业管理费用中支出并由物业管理企业向各专营公司支付。但费用的最终承担者应为业主和物业使用人,因为业主、物业使用人是各专营公司提供的专项服务的直接受益人。因此维持各专营公司的费用不是物业管理企业支出的,而是物业的业主和物业使用人承担的。

物业管理实践活动中,很少出现物业管理企业将保安、保洁、绿化、维修等多项专营项目一并委托给专营公司的情况。如果物业管理企业将所有的专营项目均委托给专营公司,那么物业公司也没有存在的必要了,同时业主委员会也会对此持否定的态度。在实际物业管理活动中,物业管理企业将某一专营项目委托给专营公司的情况较为普遍,而将全部专营项目委托给专营公司的情况很少发生。

二、物业管理企业与专业部门的法律关系

物业管理企业在接管物业对物业实施管理后,与社会化各专业部门之间一定会产生多种法律关系,包括物业管理企业的职能部门与社会化专业部门之间的业务往来关系,社会化专业部门对物业管理企业的相关工作的规范、指导关系,社会化专业部门与物业管理企业的委托代理关系等。

物业管理企业与专业部门之间法律关系的建立遵循以下的原则。

1. 在法律法规规定的范围内,最大限度地保护业主和物业使用人利益的原则。

物业管理企业与专业部门之间的法律关系,应当建立在保护业主和物业使用人利益的基础上,物业管理企业的目的是为物业和物业内的业主、物业使用人服务,专业部门的目的是向社会广大用户包括业主和物业使用人提供服务,二者的根本目的是相同的,因此他们之间的法律关系的建立,必须以保护业主和物业使用人的利益为原则。

2．物业管理企业与某些专业部门之间的法律关系,以业主委员会或者房地产开发企业的授权为前提。

在物业管理企业与某些专业部门之间产生法律关系的过程中,物业管理企业要得到业主委员会或者房地产开发企业的许可,并在业主委员会或者房地产开发企业许可的范围内建立与专业部门之间的法律关系。

3．提高效率和节约资源的原则。

物业管理企业与专业部门之间建立良好有序的关系和工作方式,有利于提高物业管理企业与专业部门之间的工作效率,节约包括人力资源在内的各项资源。

4．明析责任减少纠纷的原则。

在物业管理活动中,由于共用设施设备的产权问题及其维修养护等会发生纠纷,合理建立物业管理企业与专业部门之间的法律关系,对于划分物业内共用设施设备的所有权和明确维修养护责任有重要的意义。

物业管理企业与社会化专业部门之间的各种关系的产生,是物业管理企业接受委托管理物业而形成的法律上的后果。通常情况下,物业管理企业接受委托管理物业,就包含有一些与专业部门之间关系的内容,如物业管理企业管理物业的变电设施所形成的与供电部门的关系,对物业内供水的二次加压所形成的与供水部门的关系,垃圾的清理和清运所形成的与环卫部门的关系等。

物业管理企业与各专业部门之间的法律关系的一个重要的体现,是物业管理企业与各专业部门之间对物业区域内某一管理项目的管理服务职责的划分。《沈阳市住宅小区管理办法》第十六条规定:"住宅小区内房屋及配套设施的维修养护,物业管理企业与各专业管理部门按下列分工划分职责:

① 供电设施:进户线以内的,由物业管理企业或房屋产权单位负责;以外的,由电业部门负责。

② 煤气管道:煤气部门负责供气安全工作。煤气管网干线引向庭院的支线、室内管线及附属设施(煤气表除外)由煤气部门负

责,产权单位承担费用。

③ 自来水管线:用户进户管道总水门以内用水设施(不含水表)由产权单位负责;以外的,由自来水公司负责。

④ 下水管道:小区红线内化粪池及管线(不含市政管线),由物业管理企业负责;以外的,由市政部门负责。

⑤ 电信管线:楼内电话预埋管线由产权单位负责,其他管线由电信部门负责。

⑥ 供暖管线:由供暖部门负责。

⑦ 环卫设施及垃圾清运:由环卫部门负责。

小区管委会可直接或委托物业管理企业组织协调专业单位及时进行维修养护。专业单位也可委托物业管理企业有偿代行维修养护(煤气设施除外)。"

《北京市居住小区物业管理企业与各专业管理部门职责分工的规定》对物业内共用设施设备的维修养护职责进行了较为具体的规定,规定的第五至第十三条共九条的内容,对共用设施设备具体由物业管理企业负责还是由市政部门负责进行了明确的规定:

"第五条 居住小区内住宅楼低压供电设施管理职责:

① 使用架空线路供电的,高层楼以楼内配电箱为界,多层楼以楼外墙为界。界限以内(不包括配电箱和计费电度表)至用户的供电线路及设备,由物业管理企业负责维护、管理。

② 使用地下埋设线路供电的,以电缆进线兀接箱为界。界限以内(不包括兀接箱和计费电度表)至用户的供电线路及设备,由物业管理企业负责维护、管理。

③ 上述界线以外供电线路及设备由供电部门与建设单位协商落实维护管理职责。

第六条 居住小区内供水设施管理职责:

高层楼以楼内供水泵房总计费水表为界,多层楼以楼外自来水表井为界。界限以外(含计费水表)的供水管线及设备,由供水部门负责维护、管理;界限以内(含水表井)至用户的供水管线及设备由物业管理企业负责维护、管理。

第七条 居住小区内道路和市政排水设施的管理职责,以3.5m路宽为界。凡道路宽度在3.5m(含3.5m)以上的,其道路和埋设在道路下的市政排水设施,由市政工程管理部门负责维护、管理;道路宽度在3.5m以下的,由物业管理企业负责维护、管理。

居住小区内各种地下设施检查井盖的维护、管理,由地下设施检查井的产权单位负责。有关产权单位也可委托物业管理企业维护、管理。

第八条 居住小区内供热设施管理职责:

① 采用锅炉供热的,其供热设备、设施及供热管线,均由物业管理企业负责维护、管理或由其委托专业供暖公司维护、管理;

② 采用集中供热的,其供热管线及供热设备、设施,均由集中供热部门负责维护、管理或由其委托专业供暖公司维护、管理。集中供热部门可将居住区内供热交换站及二次供热管线、用户室内散热设备等,委托物业管理企业维护、管理。

第九条 居住小区内供气(包括煤气、天然气)、电话、路灯及相关设备、设施、管线等,均分别由供气企业、电信和路灯管理部门各自负责维护、管理。

第十条 居住小区内环境卫生管理职责:

① 清扫保洁。通行公共汽车的道路,由所在地环卫部门负责;其他道路、住宅楼房周围及绿地内、楼内公共部位等,由物业管理企业负责;

② 垃圾清运。将垃圾由垃圾楼(站)运至垃圾转运站或垃圾消纳场,由所在地环卫部门负责;将垃圾由住宅楼运至垃圾楼(站),由物业管理企业负责;

③ 公共厕所的清掏和维护。公共厕所的产权属于环卫部门的,由环卫部门负责;未办理产权移交的,由物业管理企业负责或由其委托环卫部门负责。

第十一条 居住小区内绿化管理职责:

居住小区内绿化的规划设计、建设施工、施工质量监督和竣工验收,由园林绿化部门负责;树木、花草、绿地等的日常养护和管理,可由园林绿化部门委托物业管理企业负责,物业管理企业接受委托的,应当接受园林绿化部门的业务指导。

第十二条 居住小区内交通安全管理职责:

居住小区规划红线内的机动车停车场(库)、非机动车存车处等交通设施,均由物业管理企业负责维护、管理;发生交通事故或发现交通违章,报请公安交通管理部门处理;设立收费停车场,由公安交通管理部门审核批准。

第十三条 居住小区内消防安全管理职责:

① 供水管网及管网上设置的地下式消防井、消火栓等消防设施,由供水部门负责维护、管理,公安消防部门负责监督检查;

② 高、低压消防供水系统,包括泵房、管道、室内消防栓以及防火门、消防电梯、轻便灭火器材、消防通道等,由物业管理企业负责维修、管理,并接受公安消防部门的监督检查。"

这些地方规定具有一定的地方特色和针对性,对解决实际问题有重要的意义。

物业管理企业与各专业部门之间主要是供电、供水、供暖部门之间的委托法律关系。供电、供水、供暖等专业部门向业主、物业使用人提供某一专项特殊商品或服务的供给,同时向业主、物业使用人收取费用。在实践中很多专业部门将费用的收取工作委托给物业管理企业,于是在物业管理企业与各专业部门之间就形成了一种委托代收代缴费用的法律关系。物业管理企业定期代专业部门向业主、物业使用人收取相关费用,物业管理企业收取费用后将全部费用代替业主、物业使用人交付给专业公司。费用代收代缴的优点主要有:(1)减少物业区域内外来人员的流动量,有利于物业内的治安;(2)物业管理企业的工作特点使其便于同业主、物业使用人沟通,有利于费用的及时收取;(3)物业管理企业就业主、物业使用人对专业部门服务的意见进行归纳和整理,及时向专业部门反馈,帮助专业部门改进工作;(4)节省了专业部门的人力、物力,减少了开支,提高了效率。

三、业主、物业使用人与专营公司和专业部门的法律关系

（一）业主、物业使用人与专营公司的法律关系

业主、物业使用人与专营公司的关系主要体现在业主、物业使用人接受专营公司提供的专项服务，并负担费用的关系。选聘专营公司是物业管理企业的权利且专营公司与物业管理企业之间存在委托关系，从形式上看，这种关系中并无业主、物业使用人的权利和义务的体现，但物业管理企业选聘专营公司完成专项服务是在业主委员会的授权下进行的，业主委员会的组成则是业主、物业使用人。另外，业主、物业使用人接受专项服务是要支付一定费用的，虽然这种费用没有直接向专营公司交纳而是向物业管理企业支付的，但这些费用最终还会交到专营公司，维持专营公司工作的资金不是来源于物业管理企业，而是来源于业主、物业使用人。因此，虽然业主、物业使用人与专营公司之间看似没有什么关系，但实际上却通过物业管理企业这个纽带发生着一定的法律关系，如业主、物业使用人有权要求专营公司改善服务、提高服务质量，对专营公司的服务不满意进行投诉，当然，业主、物业使用人对专营公司的要求，可以不直接向专营公司提出，而是由物业管理企业来协调处理。

（二）业主、物业使用人与专业部门的法律关系

业主、物业使用人与专业部门之间的法律关系，是一种较为直接的提供某种服务或商品和接受某种服务或商品的法律关系，具备一定的社会福利性、垄断性和市场化的特性。业主、物业使用人为了正常的工作、生活必须接受或购买专业部门提供的某种服务或商品，业主、物业使用人不接受这些服务，基本的工作、生活都不可能维持。

业主、物业使用人接受服务或购买商品后应当支付相应的费用，这是业主、物业使用人的一项重要义务。业主、物业使用人在接受服务和使用商品的过程中，还要受到这些专业部门的监督和管理，也就是说业主、物业使用人应当合理、正确地接受服务和使用商品，不得违反国家法律法规和专业部门的相关规定或者约定。

综上所述,业主、物业使用人与各专业部门之间的关系就是一种服务或商品的提供与接受的关系。业主和物业使用人作为商品的消费者和服务的接受者,同时受到我国《消费者权益保护法》的保护,业主和物业使用人享有《中华人民共和国消费者权益保护法》所规定的消费者的各项权利,各专业部门应当履行《中华人民共和国消费者权益保护法》所规定的商品供应商或者服务提供商的各项义务。

第三节 行政法律关系

物业管理行政法律关系主要体现在国家各行政管理部门对物业管理活动中的各个主体的监督管理,行政法律关系也可以说是一种行政管理法律关系。行政法律关系中包含很多的法律关系,如相关行政机关对业主和物业的行政管理;物业行政主管机关对物业管理企业行政管理;工商、物价、税务、公安、交通等行政管理部门对物业活动和物业管理企业的管理等。

物业管理活动中的行政法律关系,是对物业管理活动的管理工作和监督工作。物业管理活动中的行政法律关系与社会生活中的其他法律关系的区别不大,都同为行政管理活动中的组成部分,但物业管理行政法律关系有其特殊性,主要体现在行政职能机关与物业管理企业之间的职能分工和物业管理行政主管机关对物业管理企业经营资质的认定上。

一、行政法律关系的特征

1. 主体的特殊性。行政法律关系主体具有特殊性,其主体一方必须是国家行政机关或者法律法规授权的具有行政执法权的机构。国家行政机关在法律法规的规定范围内,依法行使对物业管理活动中各主体的监督和管理职能。

2. 行政法律关系的不平等性。行政法律关系又称为纵向的法律关系,由于其主体的特殊性决定了行政法律关系的不平等性。在行政法律关系中作为主体之一的行政机关永远处在管理者的地位,而行政法律关系的其他主体则处在被管理和约束者的地位。

3. 内容的多样性。行政法律关系的内容是多样的,只要法律法规规定的内容就会相应确定一定的行政机关来完成其管理职责,因此行政法律关系可以涉及社会生活的各个方面。在物业管理活动中行政法律关系可以涉及物业管理活动的每一个环节。

4. 普遍的约束性。行政法律关系的主体行政机关作为国有的执法机关,其所做出的决定或者命令有着普遍的约束力,其针对某一事实或者问题做出认定和结论,不但物业管理活动中的主体,就是其他社会关系中的主体也要遵守,也就是行政机关所做出的决定对整个社会均有约束性。

5. 国家强制性。行政法律关系主体之一的国家行政机关所做出的决定或者命令不但具有约束力,同时还具有国家强制性,即物业管理活动中的基本主体和相关主体违反了行政法律关系主体的决定或者命令,或者没有按照国家行政机关的决定或者命令履行某一行为的,做出决定或者命令的国家行政机关,有权采取强制措施或者申请人民法院依法强制执行。

二、行政法律关系的主要内容

(一) 物业管理行政主管部门对物业管理企业进行行政管理的法律关系

物业管理行政主管部门作为物业管理企业的行政主管部门,依法对物业管理企业进行行政管理,其中,对物业管理企业资质的认证是最为重要的行政管理手段。

1. 物业管理企业从事物业管理经营活动应当具备一定的企业经营资质,物业管理行政主管部门通过对物业管理企业资质的审批,实现对物业管理企业的管理。

《重庆市物业管理办法》第九条第二款规定:"物业管理企业应当按照规定向市或者注册地的区县(自治县、市)房地产行政主管部门申领物业管理资质证书。"《辽宁省城市住宅区物业管理条例》第十三条规定:"物业管理企业必须经物业行政主管部门资质审查,并经工商行政管理机关登记注册,领取营业执照。"《深圳经济特区物业管理行业管理办法》第八条规定:"物业管理企业应当在取得营业执照之日起三十日内到所在地的区主管部门备案,并申请领取《物业管理资质证书》;区主管部门应自受理申请之日起十五个工作日内完成初审,并报市主管部门核准,市主管部门应在收到申请后三十个工作日内核准颁发《物业管理资质证书》,不予核准的,应给予书面答复。未取得《物业管理资质证书》的,不得从事物业管理业务。"《上海市居住物业管理条例》第十七条规定:"物业管理企业应当按照规定向市房地局或者注册地的区、县房地产管理部门申领物业管理资质证书。市房地局和区、县房地产管理部门应当自受理物业管理企业申请之日起二十日内,核发物业管理资质证书。物业管理企业应当按照资质管理的规定从事物业管理服务。"以上重庆、辽宁、深圳、上海等地方的物业管理条例或者办法中,对物业管理企业经营资质问题均给予了明确的规定。2000年1月1日起开始试行的,由建设部发布的《物业管理企业资质管理试行办法》,则对物业管理企业资质的划分方法、审批等内容作了具体的规定。

物业管理企业资质评定的主管机关是各级的建设行政主管机关,《物业管理企业资质管理试行办法》第一条规定:"建设部负责全国物业管理企业的资质管理工作;省、自治区建委(建设厅)、直辖市房地局负责本行政区域内物业管理企业的资质管理工作。"

2. 物业管理企业资质的等级划分。目前我国物业管理企业资质主要划分为四个级别:临时物业管理企业资质、三级物业管理企业资质、二级物业管理企业资质、一级物业管理企业资质。

(1) 临时物业管理企业资质

临时物业管理企业资质实际上是一种过渡性的企业资质,只在新成立的物业管理企业中存在,存在的期限为一年。新设立的物业管理企业成立后,应当按照有关规定到所在地县级以上人民政府物业管理行政主管部门申请领取《临时资质证书》。物业管理企业在领取《临时资质证书》后,才有资格从事物业管理业务,才能对外接受委托管理物业。《临时资质证书》有效期满后,物业管企业应当向物业管理行政主管部门申请三级资质的评定。如三级资质评定通过,物业管理企业可继续开展物业管理服务业务;如未获通过,物业管理行政主管部门应当吊销物业管理企业的《临时资质证书》,取消物业管理企业从事物业管理服务的资格。

(2) 三级物业管理企业资质

三级物业管理企业资质的审定工作由省、自治区建委(建设厅)、直辖市房地局审批或经省、自治区建委(建设厅)同意,可由地级以上城市的物业管理主管部门审批,并报省、自治区建委(建设厅)备案。根据《物业管理企业资质管理试行办法》的有关规定,物业管理企业申报三级资质企业应当达到如下条件:

① 物业管理企业的注册资本总额达到 50 万元以上;

② 在物业管理企业工作人员当中,具有中级以上职称的管理人员、工程技术人员不得少于 8 人,经理已经取得建设部颁发的物业管理企业经理岗位证书,50% 以上的部门经理人员、管理人员取得物业管理从业人员岗位证书;

③ 申报三级资质的物业管理企业必须已经接受委托,有具体的物业管理项目;

④ 具有比较健全的企业管理制度和符合国家规定的财务管理制度;

⑤ 已经建立了维修基金管理与使用制度。

经申报取得三级物业管理企业资质的物业管理企业,只能参加本省、自治区、直辖市区域内 15 万平方米以下物业管理项目的投标、议标活动,中标后实施物业管理。

(3) 二级物业管理企业资质

物业管理企业的二级资质的审批工作由省、自治区建委(建设厅)、直辖市房地局具体负责。申报物业管理企业二级资质应达到如下的条件:

① 物业管理企业注册资本总额达到 300 万元以上;

② 物业管理企业中具有中级以上职称的管理人员、工程技术人员不少于 20 人,物业管理企业经理已经取得建设部颁发的物业

管理企业经理人员岗位证书,60%以上的部门经理人员、管理人员取得物业管理从业人员岗位证书;

③ 物业管理企业所接管的物业类型应在两种以上;

④ 物业管理企业所管理各类物业的建筑面积分别占计算基数的百分比之和不低于100%,计算基数标准为:

  a. 多层住宅面积80万平方米;

  b. 高层住宅面积40万平方米;

  c. 独立式住宅(别墅)6万平方米;

  d. 办公楼宇、工业区及其他物业20万平方米。

⑤ 物业管理企业所管理的项目中,10%以上的管理项目获得建设部授予的"全国城市物业管理优秀住宅小区(大厦、工业区)"称号,10%以上的管理项目获得省级城市物业管理优秀住宅小区(大厦、工业区)称号;

⑥ 物业管理企业具有健全的企业管理制度和符合国家规定的财务管理制度;

⑦ 建立了维修基金管理与使用制度。

被评定为二级企业资质的物业管理企业,可以参加全国范围内30万平方米以下物业管理项目的投标、议标,中标后实施物业管理。

(4) 一级物业管理企业资质

一级物业管理企业资质的评定工作由省、自治区建委(建设厅)、房地局初审,初审合格后报建设部审批。物业管理企业申报一级企业资质应具备如下条件:

① 物业管理企业注册资本总额达到500万元以上;

② 物业管理企业中具有中级以上职称的管理人员、工程技术人员不少于30人,企业经理已经取得建设部颁发的物业管理企业经理岗位证书,80%以上的部门经理、管理员取得从业人员岗位证书;

③ 物业管理企业已经管理两种类型以上的物业;

④ 物业管理企业所管理的各类物业的建筑面积分别占下列

相应计算基数的百分比之和不低于100%。计算基数是：

a. 多层住宅200万平方米；

b. 高层住宅100万平方米；

c. 独立式住宅（别墅）15万平方米；

d. 办公楼宇、工业区及其他物业50万平方米。

⑤ 物业管理企业所管理的物业项目中，有20%以上的管理项目获得建设部授予的"全国城市物业管理优秀住宅小区（大厦、工业区）"称号，20%以上的管理项目获得省级城市物业管理优秀住宅小区（大厦、工业区）称号；

⑥ 具有健全的企业管理制度和符合国家规定的财务管理制度；

⑦ 建立了维修基金管理与使用制度。

一级物业管理企业可以参加全国范围内物业管理项目的投标、议标，中标后实施物业管理。

3. 物业管理企业申报企业资质应提交的材料。物业管理企业申报企业资质除了要符合上述条件外，还应当向评定机关提交下列书面材料：

① 物业管理企业资质等级申报表；

② 物业管理企业营业执照复印件；

③ 建设部颁发的物业管理企业经理岗位证书、从业人员岗位证书复印件和管理人员、工程技术人员专业技术职务资格证书复印件；

④《物业管理委托合同》复印件；

⑤ 物业管理业绩材料；

⑥ 物业管理企业上一年度财务审批表。

物业管理企业除了提供上述材料外，还应当向企业资质审批机关提供其所要求提供的材料。

4. 物业管理企业资质审核期限。物业管理企业资质实行动态的管理方式，物业管理企业资质评定机关每两年对物业管理企业资质审核一次。经审核符合原资质条件的，发给原资质级别的

《资质证书》。对于不符合原定资质标准条件的物业管理企业,由资质等级评定初审部门提出降级或吊销《资质证书》的意见,报审批部门批准后执行。申请升级的物业管理企业将所需的材料报初审部门,初审部门将审核意见报审批部门。

物业管理行政主管部门对物业管理企业实行资质等级制度,有利于物业管理企业经营作风的改进,促进物业管理企业制度的发展与进步,提高物业管理企业的市场竞争能力,保证物业管理企业为业主、物业使用人提供优质的物业管理服务。

(二)房地产行政主管部门与物业管理的法律关系

房地产行政主管部门是指各级房地产建设主管机关,这里所提到的房地产行政主管部门不包括隶属于房地产行政主管部门的物业行政主管部门。在物业管理活动中,房地产行政主管部门主要负责对房地产开发企业所建设的房地产的建筑质量、业主和物业使用人的装饰装修等的监管,同时房地产行政主管部门对物业管理企业所进行的对物业的维修、修缮等活动进行监管。

房地产行政主管部门作为物业管理活动的行政主体之一,其与物业管理活动中的直接主体和相对主体之间的关系就是监管与被监管的法律关系。

1. 房地产行政主管部门对房地产开发企业的监管法律关系

(1)房地产行政主管部门对房地产开发企业的设立的管理。《中华人民共和国城市房地产开发经营管理条例》对我国房地产开发企业的设立和经营进行了明确的规定。

第五条规定:"设立房地产开发企业,除应当符合有关法律、行政法规规定的企业设立条件外,还应当具备下列条件:

(一)有100万元以上的注册资本;

(二)有4名以上持有资格证书的房地产专业、建筑工程专业的专职技术人员,2名以上持有资格证书的专职会计人员。

省、自治区、直辖市人民政府可以根据本地方的实际情况,对设立房地产开发企业的注册资本和专业技术人员的条件作出高于前款的规定。"

第六条规定:"外商投资设立房地产开发企业的,除应当符合本条例第五条的规定外,还应当依照外商投资企业法律、行政法规的规定,办理有关审批手续。"

第七条规定:"设立房地产开发企业,应当向县级以上人民政府工商行政管理部门申请登记。工商行政管理部门对符合本条例第五条规定条件的,应当自收到申请之日起30日内予以登记;对不符合条件不予登记的,应当说明理由。工商行政管理部门在对设立房地产开发企业申请登记进行审查时,应当听取同级房地产开发主管部门的意见。"

第八条规定:"房地产开发企业应当自领取营业执照之日起30日内,持下列文件到登记机关所在地的房地产开发主管部门备案:

(一)营业执照复印件;

(二)企业章程;

(三)验资证明;

(四)企业法定代表人的身份证明;

(五)专业技术人员的资格证书和聘用合同。"

第九条规定:"房地产开发主管部门应当根据房地产开发企业的资产、专业技术人员和开发经营业绩等,对备案的房地产开发企业核定资质等级。房地产开发企业应当按照核定的资质等级,承担相应的房地产开发项目。具体办法由国务院建设行政主管部门制定。"

(2)房地产行政主管部门对房地产开发企业所开发建设的房地产竣工验收的监管。《房屋建筑工程和市政基础设施工程竣工验收暂行规定》中对房地产开发企业建设竣工的工程验收的内容和程序进行了规定。

第五条规定:"工程符合下列要求方可进行竣工验收:

(一)完成工程设计和合同约定的各项内容。

(二)施工单位在工程完工后对工程质量进行了检查,确认工程质量符合有关法律、法规和工程建设强制性标准,符合设计文件及合同要求,并提出工程竣工报告。工程竣工报告应经项目经理和施工单位有关负责人审核签字。

(三)对于委托监理的工程项目,监理单位对工程进行了质量评估,具有完整的监理资料,并提出工程质量评估报告。工程质量评估报告应经总监理工程师和监理单位有关负责人审核签字。

(四)勘察、设计单位对勘察、设计文件及施工过程中由设计单位签署的设计变更通知书进行了检查,并提出质量检查报告。质量检查报告应经该项目勘察、设计负责人和勘察、设计单位有关负责人审核签字。

(五)有完整的技术档案和施工管理资料。

(六)有工程使用的主要建筑材料、建筑构配件和设备的进场试验报告。

(七)建设单位已按合同约定支付工程款。

(八)有施工单位签署的工程质量保修书。

(九)城乡规划行政主管部门对工程是否符合规划设计要求进行检查,并出具认可文件。

(十)有公安消防、环保等部门出具的认可文件或者准许使用文件。

(十一)建设行政主管部门及其委托的工程质量监督机构等有关部门责令整改的问题全部整改完毕。"

第六条规定:"工程竣工验收应当按以下程序进行:

(一)工程完工后,施工单位向建设单位提交工程竣工报告,申请工程竣工验收。实行监理的工程,工程竣工报告须经总监理工程师签署意见。

(二)建设单位收到工程竣工报告后,对符合竣工验收要求的工程,组织勘察、设计、施工、监理等单位和其他有关方面的专家组成验收组,制定验收方案。

(三)建设单位应当在工程竣工验收7个工作日前将验收的时间、地点及验收组名单书面通知负责监督该工程的工程质量监督机构。

(四) 建设单位组织工程竣工验收。

(1) 建设、勘察、设计、施工、监理单位分别汇报工程合同履约情况和在工程建设各个环节执行法律、法规和工程建设强制性标准的情况；

(2) 审阅建设、勘察、设计、施工、监理单位的工程档案资料；

(3) 实地查验工程质量；

(4) 对工程勘察、设计、施工、设备安装质量和各管理环节等方面作出全面评价，形成经验收组人员签署的工程竣工验收意见。

参与工程竣工验收的建设、勘察、设计、施工、监理等各方不能形成一致意见时，应当协商提出解决的方法，待意见一致后，重新组织工程竣工验收。"

2. 房地产行政主管部门对业主和物业使用人的监管法律关系

房地产行政主管部门对业主和物业使用人的监管法律关系，主要体现在房地产行政主管部门对业主和物业使用人在作用房屋时进行的监管。其中最普遍、最为体现管理权的是，房地产行政主管部门对业主和物业使用人对其房屋进行的装饰装修活动所进行的监督与管理，业主和物业使用人如果违反有关法律法规的规定进行装饰装修，房地产行政主管部门将给予制裁。

3. 房地产行政主管部门对物业管理企业的监管法律关系

物业管理企业承担物业管理职责，其中，对物业区域内的房屋等建筑设施进行维修与养护是物业管理企业的重要任务。为了防止物业管理企业对房屋的修缮与养护不当，房地产开发行政主管部门承担对物业管理企业对物业区域内房屋进行修缮的监管职责。房地产开发行政主管部门发现物业管理企业对房屋的维修与养护违反法律法规的规定时，应当依法对物业管理企业进行行政制裁。

(三) 公安机关与物业管理的法律关系

公安机关作为维护社会治安的行政主管机关，承担着维护社会治安的主要任务，在物业管理活动中公安行政管理机关同样承担着对物业内的安全进行管理的重要职责,并且负责对物业内保安工作的指导。公安行政管理机关与物业管理活动的直接主体与相关主体及物业区域的关系是一种管理与被管理的法律关系,公安行政主管机关具体负责对物业内有关安全防范工作,对物业区域内发生的各类治安案件与刑事案件拥有管辖权。

(四) 消防机关与物业管理的法律关系

消防机关负责对物业区域内的业主和物业使用人进行消防工作的指导,以及对物业区域内消防设施设备的配置及消防通道是否畅通等有关消防的工作进行管理。具体来讲,消防机关与物业管理的关系也是一种管理与被管理,指导与被指导的法律关系。消防机关具体对物业区域内的房屋、共用设施设备、共用部位等进行防火的管理,同时对业主、物业使用人及物业管理企业进行预防火灾的安全教育工作。对物业区域内违反消防管理规定的行为进行处罚。《中华人民共和国消防法》第四十三条对未履行消防职责,造成火灾或者火灾隐患的行为规定了具体的处罚方式,规定:"机关、团体、企业、事业单位违反本法的规定,未履行消防安全职责的,责令限期改正;逾期不改正的,对其直接负责的主管人员和其他直接责任人员依法给予行政处分或者处警告。

营业性场所有下列行为之一的,责令限期改正;逾期不改正的,责令停产停业,可以并处罚款,并对其直接负责的主管人员和其他直接责任人员处罚款:

(一) 对火灾隐患不及时消除的;

(二) 不按照国家有关规定,配置消防设施和器材的;

(三) 不能保障疏散通道、安全出口畅通的。

在设有车间或者仓库的建筑物内设置员工集体宿舍的,依照第二款的规定处罚。"

物业管理活动中的行政法律关系包含的方面较广泛,同时也具备一定的社会普遍性,即这些行政法律关系不仅在物业管理活动中存在,也在社会生活中普遍的存在,如消防机关的消防管理、公安机关对社会治安的管理等。当然物业管理行政法律关系也存在其特有的法律关系,如物业管理行政主管部门对物业管理企业经营资质的管理等。

第五章　物业管理法律责任

第一节　房地产开发企业在物业管理中的法律责任

前面在讲到房地产开发企业作为物业管理活动的一个重要主体时,已经谈到了关于房地产开发企业在物业管理活动中的责任,如房地产开发企业要协调组织首次业主(物业使用人)大会的召开、要向业主委员会提供办公用房等,这些规定都是房地产开发企业的法律责任的体现。本节重点讲述房地产开发企业在物业管理活动中法律责任的种类、法律规定和如何处理等问题。

一、房地产开发企业在物业管理活动中法律责任的种类和法律依据

在整个物业管理活动中,房地产开发企业的身份是多重的,其主体地位也是较为复杂的。房地产开发企业既是房地产的开发者,应当对交付使用的房地产的建筑质量承担责任;又是前期物业管理的委托者,在物业出售之前,房地产开发企业是物业的业主,有权选聘专业的物业管理企业承担物业管理工作。因此,房地产开发企业在物业管理活动中的法律责任种类较多。以下重点讲述房地产开发企业对房地产质量的法律责任和在房地产出售使用后的物业管理活动中所产生的法律责任。

(一)房地产开发企业对房地产建筑质量的法律责任

我国法律对房地产开发企业在房地产建筑质量方面的法律责任问题有明文规定,《中华人民共和国建筑法》第六十条规定:"建筑物在合理使用寿命内,必须确保地基基础工程和主体结构的质量。建筑工程竣工时,屋顶、墙面不得留有渗漏、开裂等质量缺陷;对已发现的质量缺陷,建筑施工企业应当修复。"

《中华人民共和国建筑法》第六十一条规定:"交付竣工验收的建筑工程,必须符合规定的建筑工程质量标准,有完整的工程技术经济资料和经签署的工程保修书,并具备国家规定的其他竣工条件。建筑工程竣工经验收合格后,方可交付使用;未经验收或者验收不合格的,不得交付使用。"

《中华人民共和国建筑法》第六十二条规定:"建筑工程实行质量保修制度。建筑工程的保修范围应当包括地基基础工程、主体结构工程、屋面防水工程和其他土建工程以及电气管线、上下水管线的安装工程,供热、供冷系统工程等项目;保修的期限应当按照保证建筑物合理寿命年限内正常使用、维护使用者合法权益的原则确定。具体的保修范围和最低保修期限由国务院规定。"

《城市住宅小区竣工综合验收管理办法》第四条规定:"住宅小区开发单位对所开发的住宅小区质量负最终责任,不得将工程质量不合格或配套不完善的房屋交付使用。"

上面所摘录的条文都是房地产开发企业对房地产的建筑质量应承担责任的法律规定,上述条文中同时也对房地产开发企业对房地产建筑承担责任的具体范围进行了明确的规定和界定。房地产开发企业对房地产质量承担的责任延续到物业管理活动中,业主在取得物业所有权时,也就同时取得了其按照房地产开发企业对房地产保修承诺的规定所享有的要求房地产开发企业在房地产出现质量问题时进行修缮的权利。业主权利的体现方式,就是业主在购买房地产时与房地产开发企业所签订的《购房合同》,《购房合同》的有关规定要充分体现国家有关法律法规的规定。业主在购买物业时要认真查阅房地产开发企业有关建设、规划和出售房地产的证明文件,如建设规划许可证、建设开工许可证、商品房出售许可证或商品房预售许可证等,同时在《购房合同》中,房地产开发企业与业主还会对房地产的状况进行明确的约定,为业主在取得房屋的所有权并使用后产生的与房地产开发企业之间纠纷的解决打下基础。

房地产开发企业在对房地产建筑质量方面具体负如下法律责任：

1. 房地产开发企业负责在房地产销售时对业主所做的有关房地产规划的全部承诺；

2. 负责将经竣工验收合格的房地产交付购房者；

3. 负责房地产的基础工程、主体结构的工程质量；

4. 负责房地产附属配套设施设备如电气管线、上下水管线、供热、供冷系统等的工程质量；

5. 按照国家有关规定负责房地产基础工程、主体结构和附属配套设施设备的保修；

6. 按照国家有关规定在房地产保修项目出现保修范围内的维修时，及时合理地进行维修和修缮；

7. 法律法规规定的房地产开发企业对房地产质量应承担的其他法律责任。

（二）房地产开发企业在物业管理活动中的法律责任

实践中，房地产建筑质量问题出现较多的时期，是在物业开始出售使用后，业主在使用时房地产的质量问题就会暴露出来。房地产开发企业对出现质量问题时是否进行修缮和修缮的及时与否，对物业管理活动的影响很大。在实际工作中，因为房地产建筑质量问题没有得到合理解决而产生的业主与物业管理企业之间的纠纷时有发生。房地产开发企业不但在房地产建筑质量问题上承担着重要的法律责任，而且在物业管理活动的众多方面都对物业管理产生一定的法律责任。无论是房地产开发企业对建筑质量承担的法律责任，还是房地产开发企业在物业管理活动中承担的法律责任，除了法律的明文规定外，都存在着双方当事人之间的约定事由。这种约定事由体现在房地产开发企业对物业管理活动中的法律责任，就是房地产开发企业与物业管理企业之间所签订的《前期物业管理委托合同》。《前期物业管理委托合同》虽然是由房地产开发企业与物业管理企业签订的，但其所规定的内容会对业主和物业使用人产生直接的法律效力,如物业管理费用的收取、物业管理服务项目及标准等内容都与业主和物业使用人的实际生活有着密切的关系。

房地产开发企业对物业管理活动中具体的法律责任有:

1. 房地产开发企业要按照国家有关规定向业主委员会提供办公用房;

2. 协助组织首次业主(物业使用人)大会的召开;

3. 向业主委员会移交有关的物业档案资料;

4. 负责选聘有合格物业管理资质的物业管理企业承担前期物业管理服务;

5. 按照《前期物业管理委托合同》的约定协助物业管理企业进行管理物业;

6. 履行在其出售房地产时对业主的有关物业管理方面的承诺;

7. 在出售房地产时负责按照国家有关规定代收维修基金,并合理保存;

8. 解决因物业管理活动产生的遗留问题;

9. 其他与物业管理活动有关的法律责任。

按照通常对法律责任的分类方式对房地产企业的法律责任进行分类,可分为房地产企业的民事法律责任、行政法律责任、刑事法律责任。如房地产开发企业违反《购房合同》或《前期物业管理委托合同》中的有关规定就会产生民事法律责任;房地产开发企业未能选聘有合格资质的物业管理企业承担物业管理服务或未按照国家和地方的有关规定在出售房地产时代收有关维修基金等情况,房地产开发企业就会承担行政法律责任;房地产工程质量存在问题或房地产开发企业将代收的维修基金未按规定保存等情况,房地产开发企业就会承担行政法律责任或是在情节严重的情况下承担刑事法律责任。

二、房地产开发企业承担法律责任的方式

(一)房地产开发企业对房地产建筑质量承担法律责任的方

房地产开发企业对房地产建筑质量承担责任的方式可以分为承担民事法律责任的方式、承担行政法律责任的方式和承担刑事法律责任的方式。

1. 民事法律责任

（1）房地产开发企业未能实现其在房地产销售时对业主有关房地产规划的全部承诺时,业主有权要求房地产开发企业继续履行其承诺,并可要求房地产开发企业承担违约责任,向业主支付违约金。

（2）房地产开发企业如果将未竣工验收合格的房地产交付购房者的,购房业主有权要求房地产开发企业承担违约责任、赔偿损失、进行修缮。

（3）如果房地产的基础工程、主体结构存在工程质量问题,购房业主有权要求房地产开发企业承担违约责任、支付违约金、赔偿损失、对存在质量问题的房地产基础工程和主体结构继续进行修缮。

（4）房地产附属配套设施设备如电气管线、上下水管线、供热、供冷系统等存在工程质量问题,房地产开发企业应当向业主承担违约责任,支付违约金,进行维修、更换、重做。

（5）拒不按照国家有关规定承担房地产基础工程、主体结构和附属配套设施设备保修责任的,房地产开发企业应当承担违约责任,支付违约金,赔偿因此而造成的损失和进行维修、更换、重做。《中华人民共和国建筑法》第七十五条规定:"建筑施工企业违反本法规定,不履行保修义务或者拖延履行保修义务的,责令改正,可以处以罚款,并对在保修期内因屋顶、墙面渗漏、开裂等质量缺陷造成的损失,承担赔偿责任。"

2. 行政法律责任

（1）房地产开发企业如果将未竣工验收合格的房地产交付购房者的,房地产行政主管部门应当依法对房地产开发企业进行行政处罚。

(2) 房地产的基础工程、主体结构存在工程质量问题的,房地产行政主管部门应当对房地产开发企业进行行政处罚。

(3) 房地产附属配套设施设备如电气管线、上下水管线、供热、供冷系统等存在工程质量问题,由房地产主管行政部门给予处罚。

(4) 拒不按照国家有关规定承担房地产基础工程、主体结构和附属配套设施设备保修责任的,由房地产行政主管部门对房地产开发企业给予行政处罚。

3. 刑事法律责任

(1) 如果房地产的基础工程、主体结构存在严重的工程质量问题并因此给业主和物业使用人或者其他相关人员造成严重后果的,房地产开发企业应当承担刑事责任。

(2) 房地产开发企业拒不按照国家有关规定承担房地产基础工程、主体结构和附属配套设施设备保修责任的,造成严重后果的,房地产开发企业应当承担刑事责任。

房地产开发企业承担法律责任无论是民事责任方式、行政责任方式还是刑事责任方式,除少数特殊情况外,都是在主观上存在着过错责任或过失责任。如果是因为不可抗力等非房地产开发企业的过错或过失责任造成的房地产工程质量的问题,房地产开发企业可以在法律法规所规定的范围内免除承担相应的法律责任。

(二) 房地产开发企业在物业管理活动中承担法律责任的方式

房地产开发企业在物业管理法律中承担法律责任的方式为承担民事法律责任、行政法律责任和刑事法律责任。

1. 民事法律责任

(1) 房地产开发企业未按《前期物业管理委托合同》的约定协助物业管理企业管理物业的,物业管理企业有权要求房地产开发企业协助物业管理,因此给物业管理企业造成经济损失的,应当承担赔偿责任。

(2) 房地产建设质量未能达到国家规定的标准的,造成物业管理企业管理困难或增加物业管理费用和影响业主、物业使用人使用物业功能的,房地产开发企业应当采取补救措施,承担违约责任,向物业管理企业或业主、物业作用人赔偿损失。

(3) 房地产开发企业建设的房地产功能不全,共用设施设备建设不完善,影响物业管理企业进行的物业管理和物业使用功能的,房地产开发企业应当继续建设,并向物业管理企业和业主、物业使用人承担赔偿损失的责任。

(4) 不按照国家法律法规规定的对房地产保修范围承担房地产售后保修责任的,给物业管理企业造成损失的,房地产开发企业承担违约责任,向物业管理企业支付违约金并赔偿物业管理企业因此产生的损失。

(5) 房地产开发企业拒不向业主委员会移交有关物业档案资料或移交档案资料不全并因此造成物业管理企业或业主、物业使用人和业主委员会损失的,应当承担赔偿责任。

(6) 房地产开发企业不按照法律法规的规定提供或者委托物业管理企业向物业提供前期物业管理服务的,应当向业主、物业使用人赔偿由此而给业主、物业使用人增加的不必要的开支。

(7) 房地产开发企业没有选聘具有合格物业管理资质的物业管理企业承担前期物业管理服务的,房地产开发企业与物业管理企业所签订的《前期物业管理委托合同》无效,如果给业主、物业使用人造成损失的应当承担赔偿责任。

(8) 房地产开发企业没有履行在其出售房地产时对业主的有关物业管理方面承诺的,业主有权要求房地产开发企业履行承诺,承担违约责任,支付违约金,给业主造成损失的承担赔偿责任。

(9) 房地产开发企业拒不协助解决因物业管理活动产生的遗留问题的,业主委员会、物业管理企业或业主、物业使用人有权要求房地产开发企业协助解决,因房地产开发企业拒不协助解决物业遗留问题给业主、物业使用人和物业管理企业或业主委员会造成损失的,应当承担赔偿责任。

2. 行政法律责任

(1) 房地产建设质量未能达到国家规定的标准的,造成物业管理企业管理困难或增加物业管理费用和影响业主、物业使用人使用物业功能的,可由房地产主管部门给予行政处罚。

(2) 房地产开发企业建设的房地产功能不全,共用设施设备建设不完善,影响物业管理企业进行的物业管理和物业使用功能的,可由房地产主管部门给予行政处罚。

(3) 不按照国家法律法规规定的对房地产保修范围承担房地产售后保修责任的,可由房地产主管部门给予行政处罚。

(4) 房地产开发企业不按照国家有关规定向业主委员会提供办公用房的,应由房地产行政主管部门给予行政处罚。

(5) 拒不协助组织首次业主(物业使用人)大会召开的,业主(物业使用人)可以自行组织召开业主(物业使用人)大会;房地产行政主管部门应当给予房地产开发企业行政处罚。

(6) 房地产开发企业拒不向业主委员会移交有关物业档案资料或移交档案资料不全的,由物业管理主管部门责令其移交,并可给予房地产开发企业行政处罚。

(7) 房地产开发企业不按照法律法规的规定提供或者委托物业管理企业向物业提供前期物业管理服务的,由物业管理行政主管部门给予行政处罚,责令房地产开发企业提供物业管理服务。

(8) 房地产开发企业没有选聘具有合格物业管理资质的物业管理企业承担前期物业管理服务的,房地产开发企业与物业管理企业所签订的《前期物业管理委托合同》无效,并可由物业管理行政主管部门给予行政处罚。

(9) 房地产开发企业没有履行在其出售房地产时对业主的有关物业管理方面承诺的,可由房地产行政主管部门给予行政处罚。

(10) 房地产开发企业在出售房地产时未按照国家有关规定代收维修基金或擅自改变维修基金收取标准的,由物业主管行政部门责令其改正,退还多收或补齐少收的部分,并给予行政处罚。

(11) 房地产开发企业擅自使用、挪用维修基金的,由物业管理行政主管部门责令改正、给予行政处罚。

(12) 房地产开发企业拒不协助解决因物业管理活动产生的遗留问题的,给物业造成损害的应由物业管理行政主管部门责令其协助解决。

(13) 房地产开发企业违反房地产共用部位和共用设施设备使用功能或者所有权归属的,将房地产共用部位或共用设施设备转让或出租谋取利益的,其行为无效,并应由房地产行政主管部门给予行政处罚。

(14) 在房地产出售时,不按国家有关规定向购房业主提供《物业管理公共契约》或其他必备文件的,由物业管理行政主管部门责令其提供。

3. 刑事法律责任

(1) 房地产开发企业擅自使用、挪用维修基金的,情节严重构成刑事犯罪的,依法追究刑事法律责任。

(2) 房地产开发企业违反房地产共用部位和共用设施设备使用功能或者所有权归属的,将房地产共用部位或共用设施设备转让或出租谋取利益的,情节严重构成犯罪的,依法追究刑事责任。

随着我国房地产市场和物业管理服务市场的不断发展和规范,还会出现一些新的问题,但不管怎样,房地产开发企业在物业管理活动中的法律地位、作用和法律责任是不可代替的,房地产质量情况是影响物业管理服务的重要因素,房地产开发企业在物业管理活动中承担着十分重要的任务。

第二节 业主委员会在物业管理中的法律责任

《城市新建住宅小区管理办法》中规定,业主委员会有权选聘物业管理企业并与物业管理企业签订《物业管理委托合同》,监督物业管理企业和业主及物业使用人对物业的使用情况。也就是说,业主委员会是可以成为物业管理活动中的一个主体的,而且业主委员会在物业管理活动中确实完全履行着一个重要主体的作用。虽然目前我国的物业管理法律法规和相关民事法律法规中均未对业主委员会承担法律责任做出明确的规定,但是业主委员会作为物业管理活动中的重要主体,是应当承担而且也能够承担相应的法律责任的。

一、业主委员会的民事责任

所谓业主委员会的民事责任是指业主委员会在依法进行活动中,因违反民事法律规定或民事约定而应当承担的相应的民事法律后果。通常来说,我国的物业管理法律法规中均未授予业主委员会从事经营活动的权利,所以业主委员会的活动主要是指业主委员会在物业管理中的活动。业主委员会的民事法律责任可以分为违约法律责任和侵权法律责任两种。

(一) 违约法律责任

业主委员会的违约法律责任主要是因为业主委员会在履行与物业管理企业所签订的《物业管理委托合同》时,因为违反《物业管理委托合同》内容的约定而产生的法律责任。

1. 未支付物业管理费用时的违约责任

业主委员会通过《物业管理委托合同》将物业委托给物业管理企业进行管理经营,应当向该物业管理企业支付相应的委托报酬,《物业管理委托合同》中有专门的针对物业管理费用的约定,讲物业管理服务费用就是向物业管理企业支付的委托报酬。业主委员会是业主和物业使用人的代表机构,可以理解为业主和物业使用人所支付的物业管理费用是支付给业主委员会的,物业管理企业的委托报酬则是由业主委员会向物业管理企业支付的。在实践中,物业管理企业直接向业主和物业使用人收取物业管理费用,只不过是为了节省资金从业主委员会处的周转而产生不必要的麻烦。因此从法律关系上讲,物业管理企业根据《物业管理委托合同》的规定接受委托对物业实施物业管理,而委托人即业主委员会应当向受托人支付委托报酬。

《中华人民共和国合同法》第三百九十八条规定:"委托人应当预付处理委托事务的费用,受托人为处理委托事务垫付的费用,委托人应当偿还该费用及其利息。"这一条款是对委托人未支付委托费用时应承担的民事责任的规定。如果业主委员会未能按《物业管理委托合同》的约定向物业管理企业支付物业管理服务费用,应当偿还物业管理费用并应承担费用的利息。如果《物业管理委托合同》中约定了违约金的,业主委员会还应当向物业管理企业支付违约金。

实践中通过《物业管理委托合同》约定物业管理企业直接向业主和物业使用人收取物业管理费用,同时也授权物业管理企业可以对无正当理由拒不支付物业管理服务费用的业主和物业使用人,采取必要的追缴措施的权利。这一授权是非常适合和有利于物业管理活动的正常开展的。物业管理企业可以直接向拖欠物业管理费的业主和物业使用人追缴欠费,要求欠费业主和物业使用人直接承担法律责任,以使拖欠物业管理费用的法律后果由直接责任者承担。

2. 业主委员会拒不按照《物业管理委托合同》的约定,协助物业管理企业进行物业管理工作的,给物业管理企业造成损失的应当向物业管理企业承担违约责任。由于业主委员会是业主和物业使用人的代表组成的,其成员均为业主或物业使用人,因此其对物业的基本情况和业主、物业使用人的基本情况十分了解,物业管理企业在依职权处理物业管理事务时,非常需要业主委员会的大力配合。如果业主委员会未能给予配合或配合不符合法律法规或双方当事人的约定的,业主委员会应当向物业管理企业承担民事违约责任。

3. 业主委员会不得擅自解除《物业管理委托合同》,如擅自解除《物业管理委托合同》,业主委员会应当承担违约责任,向物业管理企业支付违约金,并应赔偿物业管理企业因此而造成的经济损失。

《物业管理委托合同》对物业管理的委托期限有明确的规定,如果在规定的期限内未出现诸如物业管理企业严重违约造成《物业管理委托合同》不能继续履行或物业管理企业丧失物业管理企业资质等情况,业主委员会擅自解除《物业管理委托合同》即构成违约,应当承担违约责任,向物业管理企业支付违约金,造成物业管理企业经济损失的还应当赔偿损失。

在《物业管理委托合同》中还有很多业主委员会必须遵守的规定,如果业主委员会违反了《物业管理委托合同》的约定,就会造成对物业管理企业的违约,应当按照法律法规的规定或者《物业管理委托合同》的约定承担相应的违约责任。

(二) 侵权法律责任

业主委员会的侵权法律责任就是因业主委员会的行为侵犯了其他物业主体的权益而产生的相应的法律责任。业主委员会侵权的对象通常是业主、物业使用人、物业管理企业等。业主委员会的侵权行为同时也可能是违约行为,如前所述的业主委员会提前解除《物业管理委托合同》的情况,既构成违约又是一种对物业管理企业的侵权行为,侵犯了物业管理企业通过合法方式(如投标)所取得的物业管理权。

业主委员会不正确行使权力,造成对业主、物业使用人和物业管理企业权利侵犯最典型的代表案例,就是业主委员会对维修基金使用的决定不当造成的侵权。在实践当中,因业主委员会对维修基金使用决定不当,既可造成对业主和物业使用人的侵权,又可造成对物业管理企业的侵权。为了能够全面理解业主委员会对维修基金使用管理上的重大权利和任务,在这里阐述一下有关维修基金的法律规定和业主委员会对维修基金的权利义务。

1. 维修基金的概念。

维修基金,又叫作"住宅共用部位共用设施设备维修基金",它是指用于物业区域内楼宇共用部位、物业共用设施设备保修期满后的大中修、改造、更新(含建筑外墙面更新)的专项费用。

《住宅共用部位共用设施设备维修基金管理办法》第三条规定:"本办法所称共用部位是指住宅主体承重结构部位(包括基础、内外承重墙体、柱、梁、楼板、屋顶等)、户外墙面、门厅、楼梯间、走廊通道等。共用设施设备是指住宅小区或单幢住宅内,建设费用已分摊进入住房销售价格的共用上下水管道、落水管、水箱、加压水泵、电梯、天线、供电线路、照明、锅炉、暖气线路、煤气线路、消防设施、绿地、道路、路灯、沟渠、池、井、非经营性车场车库、公益性文体设施和共用设施设备使用的房屋等。"

2．维修基金的用途。《住宅共用部位共用设施设备维修基金管理办法》第四条第二款规定："维修基金的使用执行《物业管理企业财务管理规定》，专项用于住宅共用部位、共用设施设备保修期满后的大修、更新、改造。"

3．维修基金的收取。

（1）商品住房在销售时，购房者与售房单位应当签订有关维修基金缴交的约定。购房者应当按购房款2%～3%的比例向售房单位缴交维修基金，售房单位代为收取。维修基金属全体业主共同所有。

（2）公有住房售后的维修基金来源于两部分：

① 售房单位按照一定比例从售房款中提取，原则上多层住宅不低于售房款的20%，高层住宅不低于售房款的30%。该部分基金属售房单位所有。

② 购房者按购房款2%的比例向售房单位缴交维修基金。售房单位代为收取的维修基金属全体业主共同所有。

4．维修基金的管理和使用

（1）维修基金的管理：

① 维修基金应当在银行专户存储，专款专用。为了保证维修基金的安全，维修基金闲置时，除可用于购买国债或者用于法律、法规规定的其他范围外，严禁挪作他用。

② 维修基金自存入维修基金专户之日起按规定计息。维修基金利息净收益转作维修基金滚存使用和管理。

③ 在业主办理房屋权属证书时，商品住房销售单位应当将代收的维修基金移交给当地房地产行政主管部门代管。

④ 业主委员会成立后，经业主委员会同意，房地产行政主管部门将维修基金移交给物业管理企业代管。物业管理企业代管的维修基金，应当定期接受业主委员会的检查与监督。

⑤ 维修基金不敷使用时,经当地房地产行政主管部门或业主委员会研究决定,按业主占有的房屋建筑面积比例向业主续筹。

⑥ 物业管理企业发生变换时,代管的维修基金账目经业主委员会审核无误后,应当办理账户转移手续。账户转移手续应当自双方签字盖章之日起十日内送当地房地产行政主管部门和业主委员会备案。

⑦ 业主转让房屋所有权时,结余维修基金不予退还,随房屋所有权同时过户。因房屋拆迁或者其他原因造成住房灭失的,维修基金代管单位应当将维修基金余额按业主个人缴交比例退还给业主。

(2) 维修基金的使用:

业主委员会成立前,维修基金的使用由住房单位或售房单位委托的物业管理企业提出使用计划,经当地房地产行政主管部门审核后划拨。业主委员会成立后,维修基金的使用由物业管理企业提出年度使用计划,经业主委员会审定后实施。

5. 业主委员会在维修基金的管理和使用中的侵权行为。

(1) 业主委员会对业主的侵权。

维修基金是对住宅共用部位和共用设施设备的大修、更新、改造的专项费用。如果业主委员会在住宅共用部位和共用设施设备未出现大修、更新和改造的情况即批准动用和使用维修基金,事实上即造成了对业主的侵权,业主委员会的行为严重地侵犯了业主对维修基金的所有权。在出现这种情况时,业主委员会应当承担将维修基金补足的侵权责任。另一种情况是业主委员会不批准物业管理企业使用维修基金的计划,造成物业管理企业不能对物业内应当动用维修基金维修的项目进行维修,从而影响业主、物业使用人对物业的使用,从另一方面侵犯了业主、物业使用人的合理使用物业功能的权利。在这种情况下业主委员会应当通过决议,许可物业管理企业合法使用维修基金。

(2) 业主委员会对物业管理企业的侵权。

维修基金的使用要由物业管理企业报告具体的使用计划,如果物业管理企业在应当使用维修基金的情况下报告了维修基金的使用计划,而业主委员会拒不批准必将造成物业管理企业不能对应当用维修基金维修的项目进行维修,从而造成业主和物业使用人对物业管理企业不满,影响物业管理企业的形象。或者物业管理企业事先垫付了应由维修基金维修的项目的费用,而事后业主委员会拒不批准使用维修基金,造成了对物业管理企业财产的侵犯。在这种情况下业主委员会应承担侵权的法律责任,应当依法许可物业管理企业使用维修基金。如果物业管理企业垫付维修基金款项的,业主委员会除了同意支付维修基金外,还应当向物业管理企业支付垫付款项的利息。

有时业主委员会的违约法律责任与侵权法律责任会出现竞合的现象,业主委员会的一个行为既可以是违约行为也可以是侵权行为。在这种情况下业主委员会承担什么样的法律责任,要看权利被侵害者对业主委员会责任的追究方式,如果权利被侵害者选择了侵权法律责任,业主委员会就要承担侵权的法律责任;如果权利被侵害者选择了违约法律责任,业主委员会就要承担违约法律责任。通常情况下权利被侵害者所选择的法律责任的追究方式和内容都是对其最为有利的。

当业主委员会与业主、物业使用人或物业管理企业因侵权或违约发生纠纷时,各方当事人可以协商解决,协商不成可在各方当事人达成一致的情况下向仲裁机构申请仲裁,也可向人民法院起诉要求解决纠纷。

二、业主委员会的行政责任

业主委员会的行政法律责任主要是业主委员会在其运行过程中,因物业管理行政主管部门的监督管理等所形成的法律责任。

1. 业主委员会成立、变更或者终止时应当向业主委员会所在地物业管理行政主管部门进行登记备案。我国现行的物业管理规范和某些地方的物业管理法律中明确规定了这一点。业主委员会应当自选举产生之日起的一定期限内,到物业管理行政主管部门登记。业主委员会自登记之日起成立。经物业管理行政主管部门核准登记的事项发生变更的,业主委员会应当在发生变更的一定期限内,向所在地物业管理行政主管部门办理变更登记手续。业主委员会终止的要办理注销登记,业主委员会注销登记的,应由物业管理行政主管部门、业主委员会、业主代表和审计、会计服务机构组成清算小组,对全体业主共有的财物进行清算,并在清算结束后的一定期限内办理注销登记。前面提到了三处"一定期限","一定期限"的具体日期为多少,不同地方的物业管理法规有着不同的规定,通常认为"一定期限"以 30 日较为合适。

当业主委员会没有按照规定的内容和规定的期限办理成立、变更或者终止登记时,业主委员会所在地物业管理行政主管部门可以根据情节不同,对其给予警告、责令办理登记或者给予罚款等处罚。

2. 业主委员会作为社会团体法人,在办理登记、变更和终止(注销)时应当遵守有关物业管理法律法规对业主委员会登记注册的规定。业主委员会没有按照相关物业管理法律法规的要求办理有关登记和接受年检的,则由物业管理行政主管部门或者其他有关部门按照物业管理法律法规的规定进行行政处罚。

3. 业主委员会所做出的决定或决议违反国家法律法规、公共利益、业主和物业使用人利益或业主委员会章程的,县级以上物业管理行政主管部门应当责令其限期改正或者撤销其所做出的决定或决议。

业主委员会所进行的活动违反国家法律法规、公共利益、业主和物业使用人利益或业主委员会章程的,由县级以上物业管理行政主管部门给予警告、责令限期改正或停止违法违规行为。如业主委员会拒不履行召集业主大会的职责,可由县级以上物业管理行政主管部门责令其整改,限期组织召开业主大会;业主委员会违法从事经营活动的,可由县级以上物业管理行政主管部门给予其罚款,没收违法所得和非法财物,情节严重的可以解散重选业主委员会。

4. 业主委员会运作混乱,制度不健全,不能正常履行职能的,县级以上物业管理行政主管部门可责令其停止活动,进行整改,直至宣布解散重选。

三、业主委员会的刑事责任

业主委员会应是社团法人性质的机构或者特别法律规定的特殊民事主体,那么,它就应该适用《中华人民共和国刑法》等刑事法律的规定。它的组成人员不按规定行使职权,侵害业主、物业管理企业及国家利益的行为,也应受到《中华人民共和国刑法》等刑事法律的制裁。

四、业主委员会承担法律责任的方式

对于业主委员会在物业管理活动中如何承担法律责任和承担法律责任的方式,以及承担财产责任时如何确定业主委员会的财产范围等重要问题,我国目前的物业管理法律法规未能做出较为明确的规定。这里重点论述业主委员会承担民事责任,特别是承担财产责任的财产范围的确定。

业主委员会作为社团法人组织,应按照法律法规的规定承担民事责任。业主委员会所承担的民事责任应为有限责任,其承担财产责任的范围应为业主委员会的全体入伙成员即业主(包括物业使用人)的财产。业主委员会是由业主(物业使用人)大会选举产生的,其具有一定的财产和组织活动经费。这些财产和组织活动经费的来源无不是业主的所有,因此业主委员会承担财产责任的范围是有限的,其最终的承担者是业主(包括物业使用人)。当然如果业主委员会的组成人员在物业管理活动中有重大的过失或者是故意行为造成业主委员会承担财产给付责任的,业主(包括物业使用人)有权视其情节和过错程度,要求有过错的业主委员会组成人员赔偿业主委员会的财产损失。

业主委员会如何承担法律责任,特别是如何承担财产法律责任的重点,是业主委员会是否能够具备法人的资格,我们建议在将来制定的物业管理法律法规中,应当明确规定业主委员会的法律地位,即通过立法的手段确认业主委员会法人的法律地位。确认业主委员会的法人法律地位同时也要对业主委员会的财产范围进

行必要的确定,以明确业主委员会在承担财产责任时的范围,从而尊重和保护业主(包括物业使用人)的合法财产。

五、业主委员会组成人员法律责任

业主委员会的组成人员主要包括业主委员会主任、副主任、委员和秘书。业主委员会的组成人员虽然在物业管理法律关系中不是单独的主体,但其在物业管理活动中却有着重要的法律地位,起着重要的法律作用,同时其也能够成为在物业管理活动中的法律责任的制裁对象。

业主委员会组成人员的法律责任可以分为三种,即民事法律责任、行政法律责任和刑事法律责任。在我国目前有关物业管理活动的法律法规中,对业主委员会组成人员的法律责任未做出明确的规定,因此我们建议在制定物业管理法律或者法规时对业主委员会组成人员的法律责任应予明确规定。

在物业管理实践中业主委员会组成人员因其行为不当或者违法,应主要承担如下法律责任:

1. 业主委员会组成人员未按法律法规规定的内容,履行业主委员会委员职责并因此给业主、物业使用人或者物业管理企业等造成损失的,应承担民事赔偿责任或者由物业管理行政主管部门给予行政处罚,情节严重的给予刑事处罚。

2. 业主委员会组成人员未履行《业主委员会章程》所规定的职责的,造成业主和物业使用人或者物业管理企业等损失的,应承担民事赔偿责任或者由物业管理行政主管部门给予行政处罚,情节严重的给予刑事处罚。

3. 业主委员会组成人员无正当理由多次拒不出席业主委员会会议的,可由主业(物业使用人)大会解除其业主委员会组成人员的职务或者由物业管理行政主管部门给予行政处罚。

4. 业主委员会组成人员对其所保管的物业资料,因其保管不善造成资料丢失或者严重损坏影响物业管理的,应承担民事责任或者由物业管理行政主管部门给予行政处罚,情节严重的给予刑事处罚。

5. 业主委员会组成人员任期届满而拒不向新组成的业主委员会移交物业资料的,由物业管理行政主管部门给予行政处罚,情节严重的给予刑事处罚。

第三节 业主(物业使用人)在物业管理中的法律责任

业主和物业使用人在物业管理活动中是必不可少的主体,其作用和地位是不可替代的,业主、物业使用人的活动直接影响到物业管理活动的质量,所以世界各国的物业管理法律法规都对业主和物业使用人的法律责任进行了非常明确的规定,我国也不例外。在《城市新建住宅小区管理办法》和某些地方的物业管理规章中,均明确地规定了业主和物业使用人的法律责任。当然业主和物业使用人所必须遵守的法律责任均有相应的法定义务或约定义务的对应,如果业主和物业使用人违反了这些法定义务或者约定义务,必将承担相应的法律责任。具体来讲,业主和物业使用人的法律责任可以分为民事法律责任、行政法律责任和刑事法律责任三大类。

一、业主、物业使用人的民事法律责任

从现行的物业管理法律法规的规定上看,业主和物业使用人的民事法律责任是业主和物业使用人在物业管理活动中最主要的法律责任。业主和物业使用人的民事法律责任包括违约民事法律责任和侵权民事法律责任。

(一) 业主、物业使用人违约法律责任

业主、物业使用人违约法律责任主要是指因业主或者物业使用人在物业管理活动中违反其与房地产开发企业、物业管理企业针对物业管理活动的约定或者违反了物业区域内全体业主(包括物业使用人)关于物业管理活动的共同约定,给物业区域内的其他业主、物业使用人或者房地产开发企业、物业管理企业造成损失或者损害,而应承担的法律后果。

业主和物业使用人在正式进驻物业区域之前或之时都会与房地产开发企业或者房地产开发企业所选聘的物业管理企业签订某些关于物业管理方面的合同,如《前期物业管理委托合同》、《装饰装修管理合同》等合同或协议。同时房地产开发企业在出售物业之前制定的《物业管理服务公共契约》或业主委员会成立后修订的《物业管理服务公共契约》,都可以确定为全体业主和物业使用人必须共同遵守的关于物业管理方面的约定。业主和物业使用人必须十分严格地遵守和履行这些合同、协议和契约的约定,违反这些约定即构成了违约,必将按照合同、协议和契约中的约定承担相应的法律责任。

1. 业主、物业使用人未按有关合同的约定,擅自改变房屋的使用用途或超过设计负荷使用房屋的,业主或物业使用人应当承担恢复原状、支付违约金或赔偿损失的民事法律责任。

房地产开发企业在开发、设计和建设房地产时,对房屋的使用用途和负荷均有明确的规定,业主在购买房屋或物业使用人在承租房屋时均会与房地产开发企业签订相关房屋买卖合同或出租合同,在相关的合同中房地产开发企业与业主或物业使用人会对房屋的使用用途按照规划设计的标准进行约定,同时在房屋使用说明书中对房屋的设计负荷也有明确的规定。不但如此,物业管理企业与业主或物业使用人签订的相关合同、协议或契约中,也会约定要求业主或物业使用人不得擅自改变房屋的使用用途和超过设计负荷使用房屋。如果业主或物业使用人在违反这些约定就应当承担恢复原状的法律责任,造成相关物业管理活动主体经济损失的,还应当赔偿有关主体的损失。房地产开发企业或物业管理企业也可以根据有关合同、协议或契约的约定要求违约业主或物业使用人支付违约金。

2. 业主、物业使用人未按有关约定缴纳各项物业管理费用的,房地产开发企业、业主委员会和物业管理企业有权依据有关约定要求业主或物业使用人缴纳物业管理费用,支付滞纳金,直至提起诉讼。

物业管理活动中的缴费问题,可以说是物业管理活动中一项最为重要的问题,我国的各级物业管理法律法规中,均明确规定了物业管理企业提供物业管理服务时有权收取物业管理服务费用,同时对所收取的服务费用的多少赋予业主或物业使用人和物业管理企业在合同自治的原则下的广泛自治权,即物业管理服务费用的多少基本上实行的是由业主或物业使用人与物业管理企业协商定价后,报物价管理部门批准的方式,只有少数地方目前实行的是政府定价或政府规定指导价。当然无论是通过何种方式确定的物业管理价格,都会通过《前期物业管理委托合同》或《物业管理委托合同》的约定给予确认。这里有一个重要问题,就是《前期物业管理委托合同》或《物业管理委托合同》签订的主体是房地产开发企业或业主委员会同物业管理企业,这种约定的效力能否及于业主或物业使用人的身上,我们认为不论是《前期物业管理委托合同》中的房地产开发企业,还是《物业管理委托合同》中的业主委员会均是业主或物业使用人的代表,其所签订的合同的效力能够及于业主或物业使用人,业主或物业使用人对履行《前期物业管理委托合同》或《物业管理委托合同》应当承担相应的法律义务和法律责任。如果业主或物业使用人未按照约定的项目、标准、时间和方式缴纳物业管理费用,便构成违约。对业主或物业使用人违约拒不缴纳物业管理费用的,物业管理企业有权要求其支付拖欠的物业管理费用、并支付滞纳金,或向有管辖权的人民法院起诉,要求欠费业主或物业使用人支付欠费。

我国物业管理立法中对业主或物业使用人欠费问题是比较重视的,如《辽宁省城市住宅区物业管理条例》第四十一条规定:"业主、物业使用人违反本条例第三十四条第二款的规定,未缴纳物业管理服务费的,物业管理企业可以按照应缴金额的 0.3% 按日加收滞纳金。拖欠物业管理服务费 3 个月以上的,物业管理企业可以向人民法院申请支付令或提起诉讼。"又如《海南经济特区城镇住宅区物业管理规定》第四十二条第二款规定:"对拖欠费用的业主,物业管理企业可以责令其限期交纳。逾期仍不交者,可以采取停止供电、供水、供气等措施,但应当提前5天书面通知当事人。"从《海南经济特区城镇住宅区物业管理规定》的规定来看,其对业主或物业使用人的欠费的追缴的力度很大,但其规定的物业管理企业的权利在实践中很难实现,即使实现也会造成物业管理企业与业主或物业使用人和供电、供水、供气等专业部门的纠纷。原因在于供电、供水和供气等活动是由社会专业的部门或企业来完成的,有关法律法规明确规定,除了供电等企业外任何部门不得干涉正常的供电等供给。另外,只要业主、物业使用人按期如数支付了电费、水费、燃气费等费用,就没有违反供电、供水或供气等部门的规定,物业管理企业因业主或物业使用人拖欠物业管理费用而采取停电、停水等措施显然违反了有关供电、供水和供气等法律法规的规定。

3. 业主、物业使用人未按与供电、供水和供气等专业部门的约定使用电、水、气的,应向供电、供水、供气等专业部门承担支付违约金的民事责任,造成供电、供水、供气等专业部门经济损失的,还应当承担赔偿责任。

业主、物业使用人的违约行为的种类很多,在很多情况下业主和物业使用人的违约行为同时构成侵权行为,即业主、物业使用人的违约行为和侵权行为的竞合。对部分构成违约和侵权竞合的行为在业主、物业使用人侵权法律责任中进行介绍。

(二)业主、物业使用人侵权法律责任

业主、物业使用人侵权法律责任,主要是指业主或物业使用人的行为违反国家法律法规的规定,从而侵犯了他人的人身权利、财产权利或政治权利的行为而产生的法律后果。

1. 针对业主、物业使用人在房屋装饰装修中的违法行为,物业管理企业有权要求违法的业主或物业使用人承担恢复原状、停止侵害、排除妨碍、消除影响、赔礼道歉、赔偿损失等民事责任,同时物业管理企业还可以通过法律手段要求有关房地产行政主管部门对严重违法进行房屋装饰装修的业主或物业使用人进行行政处罚。

房屋的装饰装修引发的问题，在物业管理活动中是非常普遍的问题，业主在购得房屋或物业使用人在长期承租房屋后，通常会根据自身的喜好等因素对房屋室内进行装饰装修。不论是房地产开发企业或是物业管理企业均不得对业主和物业使用人装饰装修房屋的做法进行非法干涉，但要求业主和物业使用人在对房屋进行装饰装修时不得违反国家有关法律法规的规定或者房屋用途的约定。为了便于正常的物业管理的进行，物业管理企业会与业主或物业使用人就房屋的装饰装修问题签订相关的合同或协议，对业主和物业使用人在进行房屋装饰装修过程中应当注意的问题和必须履行的义务进行明确的规定，便于各方遵守。物业管理企业与业主或物业使用人所签订的有关合同或协议的约定均为法律的规定，因此业主或物业使用人违约的行为即是违法行为，故此业主或物业使用人的在装饰装修方面的侵权行为同时也可能构成违约行为。

业主或物业使用人应当承担其在房屋装饰装修过程中的侵权法律行为主要有：

（1）业主或物业使用人未经原设计单位或者具有相应资质等级的设计单位提出设计方案，擅自变动建筑主体和承重结构的。

（2）业主或物业使用人擅自将没有防水要求的房间或者阳台改为卫生间或厨房间的。

（3）业主或物业使用人未经有关部门的批准擅自扩大建筑承重墙上原有的门窗尺寸，拆除连接阳台的砖、混凝土墙体的。

（4）业主或物业使用人擅自损坏房屋原有节能设施，降低节能效果的。

（5）业主或物业使用人未经有关部门的批准擅自在物业共用区域内搭建建筑物、构筑物的。

（6）业主或物业使用人未经有关部门的批准擅自改变建筑外墙面，在非承重墙上开门、窗的。

（7）未经有关专业部门的批准擅自拆改供暖、燃气管道及其设施的。

(8)业主或物业使用人及其聘请的装饰装修企业,未按规定遵守施工安全操作规程,未按规定采取必要的安全防护和消防措施及未经有关部门的批准擅自动用明火和进行焊接作业,危及作业人员和周围建筑及人员人身、财产安全的。

(9)业主或物业使用人在装饰装修过程中的其他侵权违法行为。

2．业主或物业使用人擅自在物业共用区域内搭建建筑物、构筑物及堆放物品或占用共用部位、共用设施设备的,应当承担停止侵害、恢复原状、赔礼道歉、排除妨碍和赔偿损失的侵权法律责任。

3．业主或物业使用人破坏物业区域内卫生、共用绿地及花木,或在共用部位或共用设施设备上进行涂画的,应当承担停止侵害、恢复原状、赔礼道歉和赔偿损失的侵权法律责任。

4．业主或物业使用人不遵守物业区域内交通规则驾驶车辆、不按规定停放车辆的,应当承担赔礼道歉和赔偿损失的侵权法律责任。

5．业主或物业使用人损毁物业共用部位或共用设施设备及未经批准在物业区域内存放易燃、易爆、剧毒和放射性等危险物品的,应当承担停止侵害、恢复原状、赔礼道歉、赔偿损失的民事法律责任或由物业管理企业、业主委员会报请有关部门追究其行政或刑事责任。

6．业主或物业使用人饲养猛禽猛兽或不按有关法律法规规定豢养宠物的,应当承担停止侵害、将饲养的猛禽猛兽或豢养的宠物送离物业区域、赔偿损失及赔礼道歉等民事责任。

7．业主或物业使用人违规发出噪音的,应当承担停止侵害、赔礼道歉及赔偿损失的民事侵权责任或者由物业管理企业、业主委员会向有关行政机关报告,要求对违法业主进行处罚。

8．经有关部门的鉴定,业主或物业使用人的房屋可能危及毗连房屋和公共安全的,业主或物业使用人应当及时进行修缮或采取相关措施。业主或物业使用人拒不修缮或采取相关措施的,应当承担进行修缮、消除危险、赔偿损失等民事侵权法律责任。

9. 业主或物业使用人违反其他法律法规或物业管理自治规定，造成侵权的应当承担相应的民事法律责任。

业主、物业使用人的民事法律责任的形式和种类，随着我国物业管理制度的不断前进和发展，发生着新的变化，其数量也呈上升的趋势。因此如何正确认识和解决我国物业管理中业主和物业使用人的民事法律责任问题是物业管理活动的重中之重。

二、业主、物业使用人的行政法律责任

业主、物业使用人行政法律责任是由于业主和物业使用人的违法行为造成的，当违法行为达到一定的严重程度，业余和物业使用人除了要承担侵权或违约的民事法律责任外，有关政府主管部门还会对其进行行政处理或处罚。根据《中华人民共和国行政处罚法》的有关规定，我国现行的行政处罚的种类主要有：警告、罚款、没收违法所得、没收非法财物、责令停产停业、暂扣或者吊销许可证、暂扣或者吊销执照、行政拘留等。

业主和物业使用人在物业管理活动中所要承担的行政法律责任的种类和方式主要有以下几种情况：

1. 违反装饰装修管理规定应当受到的行政处罚。

（1）业主、物业使用人因住宅室内装饰装修侵占了物业共用部位或共用设施设备并对其造成损害的，由城市房地产行政主管部门责令改正。

（2）业主、物业使用人未申报登记进行住宅室内装饰装修活动的，由城市房地产行政主管部门责令改正，处 500 元以上 1000 元以下的罚款。

（3）业主、物业使用人违反有关规定，将住宅室内装饰装修工程委托给不具有相应资质等级的装饰装修企业的，由城市房地产行政主管部门责令改正，处 500 元以上 1000 元以下的罚款。

（4）业主、物业使用人所采购的装饰装修材料不符合国家标准，造成空气污染超标的，由城市房地产行政主管部门责令改正。

（5）业主、物业使用人将没有防水要求的房间或者阳台改为卫生间、厨房的或者拆除连接阳台的砖、混凝土墙体的，由城市房

地产行政主管部门责令改正,并处以500元以上1000元以下的罚款。

(6)业主、物业使用人擅自拆改供暖、燃气管道及其相关设施的,由城市房地产行政主管部门责令改正,并处以500元以上1000元以下的罚款或者由有关行政主管部门给予行政处罚。

(7)业主、物业使用人未经原设计单位或者具有相应资质等级的设计单位提出设计方案,擅自超过设计标准或者规范增加楼面荷载的,由城市房地产行政主管部门责令改正,并处以500元以上1000元以下的罚款。

(8)业主、物业使用人未经城市规划行政主管部门批准在住宅室内装饰装修活动中搭建建筑物、构筑物的或者擅自改变住宅外墙面,在非承重墙上开门、窗的,由城市规划行政主管部门责令停止建设,限期拆除或者没收违法建筑物、构筑物或者其他设施;影响城市规划,尚可采取改正措施的,由县级以上地方人民政府城市规划行政主管部门责令限期改正,并处罚款。

(9)业主、物业使用人所进行的装饰装修工程质量存在严重问题的由城市房地产行政主管部门责令限期整改,并处罚款。

2．业主、物业使用人不遵守有关道路交通管理方面的法规,在物业公共区域内违反道路交通规则的,城市道路交通管理部门给予警告、罚款等行政处罚。

3．业主、物业使用人不按法律法规的规定使用水、电、气等社会供给的,由有关行政管理部门给予行政处罚。

4．业主、物业使用人违规发出超过规定标准的噪音或严重破坏物业公共区域卫生的,由城市环境卫生行政主管部门给予责令整改、罚款等行政处罚。

5．业主、物业使用人非法在物业区域内饲养猛禽猛兽或不按有关规定豢养宠物的,由城市环境卫生行政主管部门会同城市公安管理部门给予罚款、责令停止猛禽猛兽饲养或宠物豢养等行政处罚。

6．业主、物业使用人在物业区域内有下列行为的,由城市公安管理部门给予警告、罚款、没收非法所得、没收财产或拘留等行政处罚。

(1) 非法存放剧毒、易爆、易燃及放射性物品的。
(2) 破坏、损毁物业共用设施设备的。
(3) 妨碍国家公务人员执行公务的。
(4) 利用物业区域内其所有或使用人房屋从事违法活动的。
(5) 侵害其他业主、物业使用人的人身、财产安全的。
(6) 法律法规规定的其他行为。

业主、物业使用人应当受到的行政处罚的种类较多,以上所列举的几种情况是在物业管理活动中业主和物业使用人较为常见的行政违法行为,也是较具代表性的。

三、业主、物业使用人的刑事法律责任

无论是自然人、还是企业法人,其在物业管理活动中行为违法,并达到一定的严重程度,触犯了我国《刑法》的规定,即构成了犯罪,应当追究刑事责任。我国在1997年实行的《中华人民共和国刑法》中并没有明确规定有关业主和物业使用人在物业管理活动中的违法行为应当单独成立的犯罪行为,但是业主和物业使用人在物业管理活动中实施的一些违法行为可以通过《刑法》的普通规定,即《刑法》未对主体资格的特殊要求的规定来进行处罚。

第四节 物业管理企业在物业管理中的法律责任

物业管理企业作为物业管理活动中的重要主体之一,在物业管理活动中所发生的权利义务关系很多,所产生的法律责任的种类和数量也很多。各国的物业管理法律规范中对物业管理企业的法律责任问题均非常重视,规定的非常明确,我国的物业管理法律法规也不例外。国家法律法规对物业管理企业法律责任的规定,直接影响到物业管理企业为物业及业主和物业使用人提供的物业管理服务质量的高低,如果物业管理企业在提供物业管理服务时

没有相应的法律责任的约束,就会造成所提供的物业管理服务不论好坏与否均不受任何形式的评价或者处罚,这样显然对物业管理制度的发展和规范物业管理市场不利。

物业管理企业在物业管理活动中的法律责任分为民事法律责任、行政法律责任和刑事法律责任三大类。

一、物业管理企业的民事法律责任

物业管理企业的民事法律责任可以分为违约的民事法律责任和侵权的民事法律责任,违约的民事法律责任主要是指物业管理企业违反其同业主委员会或房地产开发企业所签订的《物业管理委托合同》的约定而应承担的民事法律责任,侵权法律责任主要是指物业管理企业在经营活动中发生民事违法行为而应承担的民事法律后果。

(一)物业管理企业的违约民事法律责任

物业管理企业在取得某一项目的物业管理权后,应当按照有关法律的规定,与该项目的业主委员会或房地产开发企业签订《物业管理委托合同》或者《前期物业管理委托合同》,并在合同中对物业管理的具体事宜进行具体的约定。《物业管理委托合同》或者《前期物业管理委托合同》是物业管理活动中物业管理企业所必须遵守的法律性文件,如果物业管理企业违反《物业管理委托合同》或者《前期物业管理委托合同》的约定,无论其是否给物业项目的业主、物业使用人及业主委员会或房地产开发企业造成实际经济损失,均应承担相应的违约民事法律责任。在物业管理活动中物业管理企业发生下列行为的,应当承担违约民事法律责任:

1. 不按合同约定对房屋建筑共用部位进行检查、养护和管理造成损失的。

2. 不按合同约定对共用设施设备进行检查、养护和管理造成损失的。

3. 在房屋建筑及共用设施设备出现应当进行修缮的情况后,不及时对其进行修缮或进行了修缮但修缮未能达到约定标准的。

4. 共用设施设备应当进行更新、改造而不及时进行更新或改造,造成损失的。

5. 房屋建筑及共用设施设备出现危害公共安全的隐患时,不及时进行治理造成损失的。

6. 对附属配套建筑和设施设备不履行维修养护义务而造成损失的。

7. 不履行管理物业区域内环境卫生义务,包括共用部位、共用设施设备的卫生清洁及物业区域内垃圾收集和垃圾清运,造成物业内环境脏乱的。

8. 对物业区域内消防设施设备管理、更新和保持不当造成发生火灾时救火困难的。

9. 不履行维护公共秩序的职责,包括安全监控、物业区域内的巡视、安全检查、出入口执勤及危害治安行为的报警和制止,从而造成损失的。

10. 管理、保存的与物业管理有关的物业区域内的工程图纸资料、竣工验收资料、产权资料及业主、物业使用人的档案资料等混乱、缺损、丢失,造成严重后果的。

11. 不按照有关合同的约定建立、健全、制定针对该物业区域的物业管理制度和物业管理规定从而造成物业管理混乱的。

12. 其他违反《前期物业管理委托合同》或者《物业管理委托合同》的规定造成一定后果的行为。

物业管理企业违反《前期物业管理委托合同》或者《物业管理委托合同》中约定的,应当承担违约的民事法律责任,违约责任的内容应依照合同当事人之间的约定,当物业管理企业出现违约行为时由《前期物业管理委托合同》或者《物业管理委托合同》的各当事方按照约定进行处理。约定承担违约责任的方式有:停止侵害、排除妨碍、恢复原状、修理、重做、更换、支付违约金及赔偿损失等。

(二) 物业管理企业的侵权民事法律责任

物业管理企业的侵权民事法律责任主要是由于物业管理企业违反有关物业管理法律法规的规定,给业主、物业使用人造成一定的损害,而这种损害在一定的范围内时,物业管理企业应当承担的法律责任。只要物业管理企业违反了我国有关物业管理法律法规的规定或者相关法律法规的规定,给业主和物业使用人造成一定范围内的损害,物业管理企业就必须承担相应的民事侵权法律责任。依据法律法规的规定,在实践中造成物业管理企业侵权法律责任的行为主要有以下几个方面:

1. 物业管理企业在物业区域内滥设广告牌、张贴宣传品,影响物业区域内观瞻的。

2. 物业管理企业损毁房屋建筑共用部位及共用设施设备的。

3. 在公共区域乱搭乱建的。

4. 改变房屋建筑、共用设施设备使用用途的。

5. 擅自扩大物业管理费收费范围或擅自提高物业管理费收费标准的。

6. 擅自将物业管理费用挪作他用的。

7. 侵占物业管理费用的。

8. 破坏共用设施设备的。

9. 未经业主委员会批准或房地产开发企业同意,擅自利用物业管理用房、经营用房为他用的。

10. 在物业区域内堆放易燃、易爆、剧毒、放射性物品及排放有毒有害物质或发出超过规定标准噪音的。

11. 在维修、养护、管理物业时造成业主、物业使用人及第三人人身和财产损失的。

12. 强迫业主、物业使用人接受不必要的物业管理服务的。

13. 利用物业从事危害公共利益活动的。

14. 法律法规规定的其他侵权行为。

以上提到的1、2、3、4、5、6条也可以构成违约的民事法律责任,即违约责任和侵权责任的竞合。在出现违约责任和侵权责任竞合的情况时,权利受害者有权选择其中一种最有利于自己的处理方式进行处理,即有权选择追究加害人的违约责任或侵权责任。

物业管理企业承担侵权责任的方式主要有:停止侵害、排除妨碍、恢复原状、返还财产、修理、重做、更换、赔礼道歉和赔偿损失等几种。

(三) 物业管理企业在物业区域内治安秩序维护工作中的法律责任

案例一：某花园住宅区，一业主深夜未归，家人向公安机关报案。公安机关经过调查发现该业主已经在其住宅楼下一楼的一间已经出售但无人居住的空置房屋内被人杀害，同时其身上的财物被抢。后经公安机关的侦查将案犯抓捕，经对案犯的审理得知，案犯曾为该住宅区的业主做过装修施工，发现该住宅区的业主均很有钱，故想找机会实施作案。案发前几天，案犯通过住宅区大门进入，并潜伏在被害业主家楼下一楼的一间售出空房内。在案犯潜伏的几天中，物业管理人员曾发现该空房内有人，但没有向有关机关或部门报告。根据以上的事实，被害业主的家人向法院起诉，要求物业管理企业承担因业主被害而产生的民事赔偿责任，被害业主家人认为，该住宅区为24小时保安服务，并在住宅区的出入口有保安员执勤，犯罪分子轻易地从门口进入住宅区是物业管理企业保安工作严重失职所致；另外在犯罪分子潜伏阶段，物业管理企业的工作人员已经发现但未能做出任何的处理，也未能向有关部门或机关报告，这两个原因在一定程度上构成了业主的被害，因此要求物业管理企业承担赔偿损失的责任。

法院的审理结果是，依法判决物业管理企业赔偿被害业主的部分财产损失。原因在于物业管理企业做出24小时保安的承诺而没有尽到保安的责任造成业主被害，物业管理企业存在严重的违反承诺的行为；另外根据该市有关物业管理规定，物业管理收费标准达到一定数额的，物业管理企业必须24小时承担保安责任，而该住宅区的物业管理收费标准在该市规定的24小时保安服务标准之上，所以人民法院依法判决物业管理企业承担业主被害的民事赔偿责任。

此案可以看出，该物业管理企业没有尽到保安职责的行为同时违反了其对业主24小时保安服务的承诺和该市有关24小时保安服务的规定。物业管理企业在履行保安职责时存在严重的失职,承担责任是应当的。当然并不是说物业区域内发生了有关案件特别是刑事案件后,物业管理企业都要去承担赔偿责任,在物业管理企业对这些案件存在重大过错责任或重大过失责任时,才承担与其过错和过失相应的赔偿责任或者叫物业管理赔偿责任。到目前为止,我国各级物业管理法律法规中没有一项关于物业区域内发生的案件造成业主和物业使用人损失的,应由物业管理企业承担赔偿责任的规定。法院对物业管理企业承担因这类案件所产生的赔偿责任的依据,主要是物业管理企业与业主和物业使用人之间的约定,即是依合同或物业管理企业的承诺。只有少数是依据一定的法规规章来认定的。

现代物业智能系统设施设备如门池系统、红外线报警系统等大量的被使用,随之而来的是因使用这些智能系统而产生的法律责任的承担问题。如果物业管理企业在接管这些系统后,没有很好地保持这些系统的功能或没有使用这些系统,而给业主、物业使用人造成损失,就要承担赔偿责任。

案例二:某市某住宅区,房地产开发企业在售房时宣传该住宅区由某物业管理企业提供物业管理服务,并有24小时保安服务、24小时园区围墙红外线报警系统服务、24小时住户门池系统运行服务。某业主看到该宣传后即购买一处住宅。进驻不久的一天深夜,该业主听到住宅内有动静,起来看发现有歹徒入室盗窃。该业主与歹徒进行搏斗造成重伤。后歹徒被抓获。据歹徒交代,其从住宅区院墙跳入并撬门进入业主家中行窃。经公安机关调查得知,该物业企业并未按房地产开发企业与其所签订的《物业管理委托合同》的约定和对业主的承诺,将住宅智能报警系统即门池系统和红外线报警系统24小时运行,从而造成歹徒跳墙进入住宅区而物业管理企业的保安人员并未发现。据此该业主向人民法院起诉要求该物业管理企业承担其医疗费并赔偿损失,法院最后支持了该业主的诉讼请求。

此案中,物业管理企业违反了其与物业管理委托者即房地产开发企业所签订的《物业管理委托合同》的约定,对业主的被害有直接过错,所以应当承担民事赔偿责任。

从以上两个案例可以看出,物业管理企业承担其在不当履行物业区域内保安职责时的民事法律责任的依据,主要是物业管理企业的承诺以及与业主委员会或房地产开发企业及业主的约定,同时还要考察物业管理企业的过错及过失。如果一个物业区域内发生了案件,物业管理企业能够证明其在进行物业管理活动中并没有存在违法行为或违约行为,那么物业管理企业就不应当承担法律责任。因为我国刑事法律、行政法规和民事法律中除了民法中有几种情况采用的是无过错责任原则外,在归责原则上都采用的是过错(包括过失)责任原则。

在物业管理保安活动中,物业管理企业对业主、物业使用人在物业区域内存放的车辆的损失是否承担赔偿责任,也是一个重点和难点。我们主张在物业公共区域内停放的车辆的损失应当依据物业管理企业是否对车辆的损失存在过错或过失责任,来确定物业管理企业应否承担赔偿责任。如果物业管理企业对停放在公共区域内的车辆的损失有过错或过失的,物业管理企业应当承担民事赔偿责任,反之物业管理企业就不承担责任。如果是停放在由物业管理企业管理的收费停车场内的车辆的损失,此时物业管理企业与存放车辆的业主之间是一种保管合同的法律关系,业主存放车辆,物业管理企业作为保管人就应当合理地履行保管责任,除因不可抗力或双方约定的原因及存放车辆的业主自己的原因造成车辆损毁或灭失的,物业管理企业可以免责外,物业管理企业均应将车辆完好的返还给业主。非前述原因造成的车辆损毁或灭失,物业管理企业应当承担民事赔偿责任。

除了物业管理企业在履行有偿保管车辆的情况之外,物业区域内停放的车辆损失或者灭失所发生的赔偿责任的大小,均是与物业管理企业在赔偿责任产生过错责任或过失责任的大小相适应的,也就是说物业管理企业在这些情况下产生的民事赔偿责任,并不是业主和物业使用人全部损失的赔偿责任,仅是其中一部分与物业管理企业的过错或过失责任相适应的赔偿责任。物业管理企业在停车场内有偿保管业主或物业使用人车辆,造成所保管的车辆损毁或灭失的,如果物业管理企业在车辆损毁或灭失的过程中存在过错或过失责任,那么应当承担相应的民事赔偿责任或违约责任。无论是物业管理企业有没有过错或过失责任,物业管理企业在对业主或物业使用人进行赔偿之后,有权向责任者追究责任,要求责任者赔偿损失。

二、物业管理企业的行政法律责任和刑事法律责任

物业管理企业的行政法律责任,是指由于物业管理企业在履行物业管理职责的活动中,违反了有关物业管理的法律法规,而应当受到相应的行政处罚所应承担的法律后果。物业管理企业所应受到的行政处罚主要依据的是有关物业管理法律法规中的明确规定,建设部颁布的《城市新建住宅小区管理办法》和地方的物业管理法规规章中均有明确的关于物业管理企业行政法律责任的规定。

物业管理企业的刑事法律责任主要是指物业管理企业在从事物业管理活动的过程中及开展正常的经营活动当中,因违反我国刑事法律规范而应当承担的法律责任。物业管理企业具有法人的资格,因此在主体资格上物业管理企业可以满足我国刑法所要求的单位犯罪的主体形式。物业管理企业的刑事法律责任是指物业管理企业触犯《中华人民共和国刑法》所应当受到的刑罚处罚。

《城市新建住宅小区管理办法》第十五条规定:"物业管理公司违反本办法规定,有下列行为之一的,……房地产行政主管部门可以对其予以警告、责令限期改正、赔偿损失,并可以处以罚款:

(1) 房屋及公用设施、设备修缮不及时的;

(2) 管理制度不健全,管理混乱的;

(3) 擅自扩大收费范围,提高收费标准的;

(4) 私搭乱建,改变房地产和公用设施用途的;

(5) 不履行物业管理合同及管理办法规定义务的。"

《城市新建住宅小区管理办法》中关于物业管理企业的行政法律责任的规定十分简单,也不很全面,所以除了建设部《城市新建

住宅小区管理办法》中有关物业管理企业的行政法律责任的规定外,地方的物业管理法规规章中对物业管理企业的行政法律责任有更加具体、明确的规定。根据有关物业管理地方法规的规定,物业管理企业的行政法律责任主要还有以下几个方面:

1. 物业管理企业未按有关法律法规的规定取得营业执照,从事物业管理活动或从事超过工商登记的经营范围外的经营活动的,由工商行政管理部门按照有关法律、法规的规定进行处罚。

2. 物业管理企业擅自设立收费项目、提高收费标准的,由物价行政管理部门按照有关法律、法规的规定进行处罚。

3. 物业管理企业未取得物业管理资质证书而从事物业管理活动或未按规定办理物业管理资质证书年审的,由物业管理行政主管部门责令其限期改正、停止活动、没收非法所得,并可处以一定数额的罚款。

4. 物业管理企业工作人员不符合《物业管理企业资质管理试行办法》中规定的相应资质的物业管理企业专业人员构成的,由物业管理行政主管部门责令其限期改正、降低资质证书等级、停止活动或吊销物业管理企业资质证书,并可处以一定数额的罚款。

5. 物业管理企业转让或者以出租、挂靠、外借等形式变相转让物业管理企业资质证书的,由有关物业管理行政主管部门责令限期改正、收回资质证书,并可处以一定数额的罚款。

6. 物业管理企业签订《物业管理委托合同》而未向物业所在地县级以上物业管理行政主管部门备案的,由物业管理行政主管部门责令其限期改正,并可处以罚款。

7. 有关地方物业管理法规规章规定,物业管理企业应当通过招投标方式取得物业管理权,而物业管理企业未通过投标方式取得物业管理权或在招投标的过程中弄虚作假、恶意串通或未经有关部门批准擅自采用议标的方式接受委托的,委托行为无效并由物业管理行政主管部门责令限期改正,同时可对物业管理企业处以一定数额的罚款,构成刑事犯罪的依法追究刑事责任。

8. 物业管理企业有下列行为的,由物业管理行政主管部门给予警告、责令其限期改正、降低资质等级直至吊销资质等级证书，并可处以罚款：

（1）物业管理企业未按有关技术标准和规范以及业主委员会审定的物业管理服务年度计划实施管理服务的；

（2）物业管理企业未将房屋的共用部位、共用设施设备使用、维护的方法、要求、注意事项以及物业管理的有关规定书面告知业主、物业使用人的；

（3）物业管理企业未按有关规定对物业管理区域进行全面的巡视、检查，定期对房屋的共用部位和共用设施设备进行养护的；

（4）物业管理企业发现房屋的共用部位、共用设施设备损坏时，不立即采取保护、修缮措施，并按照《物业管理委托合同》的约定进行维修的；

（5）物业管理企业拒不或未按规定的日期向业主委员会报送物业管理费用的收支账目，接受业主委员会审核并向物业管理区域的业主、物业使用人公布的；

（6）物业管理企业拒不听取业主委员会、业主、物业使用人的意见和建议，改进和完善管理服务的；

（7）物业管理企业对业主、物业使用人违反物业管理有关规定的应当进行劝阻、制止，而不采取劝阻、制止措施的；

（8）物业管理企业对业主、物业使用人违反物业管理规定的行为应当及时告知业主委员会或者报告有关行政管理机关依法处理而没有履行告知或报告义务的；

（9）物业管理企业拒不配合有关行政管理机关对物业区域进行管理的。

9.物业管理企业在《物业管理委托合同》终止或解除后的一定期限内，拒不同业主委员会就物业区域预收的物业管理服务费用进行结算并移交其所管理的全部物业档案资料和有关财务账册，同时拒不移交物业管理用房和业主共有的而由物业管理企业管理、占有的其他财物或不将有关终止和解除《物业管理委托合同》的事项报物业管理行政主管部门备案的，由物业管理行政主管部门责令其限期改正,并可处以一定数额的罚款。

10．物业管理企业违反有关规定,将用于物业管理服务的经营性收入挪作他用,或者将管理服务费用、专项服务基金擅自提取或者挪作他用的,由有关物业管理行政主管部门责令限期改正,责令赔偿业主、物业使用人的损失,并可处以一定数额的罚款,构成刑事犯罪的依法追究刑事责任。

11．物业管理企业拒不缴纳税款、偷漏税款、抗拒税务机关的执法和有逃避税务机关检查行为的,由税务行政管理机关及其他有关行政主管机关依据有关法律法规的规定,给予行政处罚,构成犯罪的依法追究刑事责任。

12．物业管理企业绿化未达到规定标准、环境保洁工作不力造成环境卫生恶劣影响市容的,由城市卫生行政主管机关依据有关法律法规的规定给予行政处罚。

13、物业管理企业在选聘各专业公司从事专项物业管理活动时,接受该专业公司的账外回扣的,由物业管理行政主管部门责令限期改正、没收非法所得,并可处以一定数额的罚款,构成犯罪的依法追究刑事责任。

三、物业管理企业承担法律责任的财产范围的确定

物业管理企业承担法律责任时,如何确定物业管理企业的财产范围对维护物业区域内的全体业主和物业使用人及相关债权人的权益有着十分重要的意义。

1．《中华人民共和国民法通则》第四十八条规定:"全民所有制企业法人以国家授予它经营管理的财产承担民事责任。集体所有制企业法人以企业所有的财产承担民事责任。中外合资经营企业法人、中外合作经营企业法人和外资企业法人以企业所有的财产承担民事责任,法律另有规定的除外。"第四十四条二款规定:"企业法人分立、合并,它的权利和义务由变更后的法人享有和承担。"

2．《中华人民共和国公司法》第三条规定:"有限责任公司和股份有限公司是企业法人。有限责任公司,股东以其出资额为限对公司承担责任,公司以其全部资产对公司的债务承担责任。股

份有限公司,其全部资本分为等额股份,股东以其所持股份为限对公司承担责任,公司以其全部资产对公司的债务承担责任。"

《中华人民共和国公司法》第十二条一款规定:"公司可以向其他有限责任公司、股份有限公司投资,并以该出资额为限对所投资公司承担责任。"

《中华人民共和国公司法》第十三条规定:"公司可以设立分公司,分公司不具有企业法人资格,其民事责任由公司承担。公司可以设立子公司,子公司具有企业法人资格,依法独立承担民事责任。"

3.《最高人民法院关于企业开办的其他企业被撤销或者歇业后民事责任承担问题的批复》中第一条规定:"企业开办的其他企业被撤销、歇业或者依照《中华人民共和国企业法人登记管理条例》第二十二条规定视同歇业后,其民事责任承担问题应根据下列不同情况分别处理:

(1) 企业开办的其他企业领取了企业法人营业执照并在实际上具备企业法人条件的,根据《中华人民共和国民法通则》第四十八条的规定,应当以其经营管理或者所有的财产独立承担民事责任。

(2) 企业开办的其他企业已经领取了企业法人营业执照,其实际投入的自有资金虽与注册资金不符,但达到了《中华人民共和国企业法人登记管理条例实施细则》第十五条第(七)项或者其他有关法规规定的数额,并且具备了企业法人其他条件的,应当认定其具备法人资格,以其财产独立承担民事责任。但如果该企业被撤销或者歇业后,其财产不足以清偿债务的,开办企业应当在该企业实际投入的自有资金与注册资金差额范围内承担民事责任。

(3) 企业开办的其他企业虽然领取了企业法人营业执照,但实际没有投入自有资金或者投入的自有资金达不到《中华人民共和国企业法人登记管理条例实施细则》第十五条第(七)项或其他有关法规规定的数额或者不具备企业法人其他条件的,应当认定其不具备法人资格,其民事责任由开办该企业的企业法人承担。"

《中华人民共和国企业法人登记管理条例实施细则》第十五条"申请企业法人登记,应当具备下列条件"中规定:"有符合规定数额并与经营范围相适应的注册资金,其中生产性公司的注册资金不得少于三十万元(人民币,下同),以批发业务为主的商业性公司的注册资金不得少于三十万元,咨询服务性公司的注册资金不得少于十万元,其他企业法人的注册资金不得少于三万元,国家对企业注册资金数额有专项规定的按规定执行。"

由以上的这些规定可以得出结论,物业管理企业承担财产责任的范围主要是看其是否具有法人资格。物业管理企业是否具备法人资格决定了物业管理企业承担财产责任的范围和方式的不同。

四、物业管理企业工作人员的法律责任

物业管理企业所产生的法律责任通常是由物业管理企业的工作人员在工作中的过错或者过失造成,属于职务行为。《中华人民共和国民法通则》第四十三条规定:"企业法人对它的法定代表人和其他工作人员的经营活动,承担民事责任。"所以其法律责任应由物业管理企业承担。在这种情况下物业管理企业可以先行承担因物业管理企业工作人员在履行职务过程中的违法行为而产生的民事责任后,再向有过错或过失的企业工作人员全部或部分追偿因其行为给物业管理企业造成的损失。物业管理企业在对外承担了一定的法律责任之后,可以对其企业的工作人员追究一定的法律责任。但是,物业管理企业工作人员利用工作和职务的便利,进行一些与职务无关的违法行为,其责任按照法律法规的有关规定,应当由其自行负责,按照行为性质的不同承担民事责任、行政责任或者刑事责任。

第五节 其他相关主体在物业管理中的法律责任

相关主体在物业活动中的法律责任,主要包括专业化专营公

司如专业的保安、保洁、绿化、维修等专业公司和供水、供电、供气等社会化专业部门及与物业管理活动有关的行政管理部门的法律责任。

一、专业化专营公司的法律责任

物业管理活动中专业化专营公司的作用日益突出,而在各专业化专营公司中尤以保安公司、保洁公司、绿化公司和维修公司四个专业化专营公司的存在和活动最为普遍和重要。在我国一些城市均通过立法的手段要求物业管理企业将某一专业化管理项目委托给专业化专营公司进行管理经营。充分了解和掌握专业化专营公司在物业管理活动中的法律责任对保障我国物业管理制度的不断前进和发展,维护业主和物业使用人及物业管理企业的合法权益,有着非常重要的作用。物业管理活动中物业管理企业将专业化的项目委托给专业化专营公司的主要有保安、保洁、绿化和维修等项目,在此结合这四个项目对专业化专营公司的法律责任进行阐述。

(一)专业化专营公司的民事法律责任

专业化专营公司的民事法律责任可以分为两个部分,一部分是专业化专营公司对物业管理企业的民事法律责任,另一部分是专业化专营公司对业主委员会(业主和物业使用人)或者房地产开发企业的民事法律责任。

1. 专业化专营公司对业主委员会(业主和物业使用人)或房地产开发企业所承担的民事法律责任。

物业管理企业与业主委员会(业主和物业使用人)或房地产开发企业之间存在委托合同法律关系,与专业化专营公司之间也存在委托合同法律关系,但这两种委托合同法律关系的存在和法律责任的承担方式是不同的。业主委员会作为物业区域内业主和物业使用人的代表与物业管理企业签订《物业管理委托合同》,确认业主、物业使用人与物业管理企业的委托法律关系,或在物业出售之前由物业的惟一业主房地产开发企业与物业管理企业签订《前期物业管理委托合同》,确认物业管理企业与业主、物业使用人之间的委托法律关系。《城市新建住宅小区管理办法》规定物业管理企业可以选聘专营公司承担专项管理业务,所以物业管理企业将某些专营项目委托其选聘的专业化专营公司管理是我国物业管理制度所认可的,在实践中物业管理企业与专业化专营公司之间也存在一种委托的法律关系,所以,业主委员会(业主和物业使用人)或房地产开发企业与专业化专营公司之间是一种再委托的法律关系,他们之间承担法律责任应当按照《中华人民共和国合同法》中有关委托合同的规定进行处理。

《中华人民共和国合同法》第四百条规定:"受托人应当亲自处理委托事务。经委托人同意,受托人可以转委托。转委托经同意的,委托人可以就委托事务直接指示转委托的第三人,受托人仅就第三人的选任及其对第三人的指示承担责任。转委托未经同意的,受托人应当对转委托的第三人的行为承担责任,但在紧急情况下受托人为维护委托人的利益需要转委托的除外。"在物业管理法律关系中,业主委员会(业主和物业使用人)或房地产开发企业对物业管理企业选聘专业化专营公司承担专项管理服务,可通过其与物业管理企业所签订的《物业管理委托合同》或《前期物业管理委托合同》中给予许可性的约定。从理论上看,业主和物业使用人对物业管理企业转委托的事项是同意的,因此物业管理企业转委托的法律责任也就应当按照《中华人民共和国合同》第四百条的规定来承担。当然这是《前期物业管理委托合同》或者《物业管理委托合同》中对转委托的行为及其产生的法律责任没有特殊约定的情况下,因转委托产生的法律责任的承担方式。但在物业管理实践当中,如果按照《中华人民共和国合同法》关于转委托的规定来确定转委托的法律责任由专业化专营公司直接对业主委员会(业主和物业使用人)或者房地产开发企业负责,实际上就使物业管理企业淡化了对整体物业的管理责任,转嫁了物业管理企业的部分责任,给行政管理部门的监管造成一定的麻烦,并且不利于对业主和物业使用人合法权益的保护,所以我们认为在物业管理专业法律法规中,对此问题应当进行明确的规定,应当充分尊重《前期物业管理委托合同》或者《物业管理委托合同》的当事人之间的约定，即通过合同的方式限制物业管理企业通过转委托的方式转移物业管理职责。如果专业化专营公司在承担专项管理服务时，对业主和物业使用人的权利造成损害的，业主或物业使用人可以直接向物业管理企业追究法律责任，要求物业管理企业负责。因为在物业管理活动中，业主、物业使用人或业主委员会通常不会与物业管理企业转委托的专业化专营公司进行直接业务联系，而是在业主委员会（业主、物业使用人）对专业化专营公司的专项管理服务不满意时，通过或要求物业管理企业来解决，专业化专营公司的管理服务均是接受物业管理企业的指示来完成的。所以，专业化专营公司可不直接对业主委员会（业主和物业使用人）或房地产开发企业承担民事法律责任。如果专业化专营公司的行为侵害了业主委员会（业主和物业使用人）或房地产开发企业的合法权益，业主委员会（业主和物业使用人）或房地产开发企业可以直接要求物业管理企业承担民事法律责任。

2．专业化专营公司对物业管理企业所承担的民事法律责任。

专业化专营公司不对业主委员会（业主和物业使用人）或房地产开发企业直接承担民事法律责任，而专业化专营公司与物业管理企业之间的法律责任的承担则是直接的。专业化专营公司通常会对物业管理企业承担违约的民事法律责任和侵权的民事法律责任两种。在实践当中专业化专营公司对物业管理企业所承担的违约民事法律责任和侵权民事法律责任经常会出现竞合的现象。

专业化专营公司对物业管理企业承担民事法律责任，根据各专业化专营公司在物业管理活动中所承担的不同专项管理服务业务而有所不同，但无论是何种专项管理服务，只要其没有按照物业管理企业与之签订的各专项管理服务委托合同的约定履行，即专业化专营公司的专项管理行为给物业区域内业主、物业使用人或整个物业造成了损害，就应当承担对物业管理企业的违约民事法律责任。专业化专营公司给业主、物业使用人或整个物业造成的损害一般均是因其对业主、物业使用人或者整个物业的侵权行为所致,专业化专营公司所侵害的权利对象是业主、物业使用人、业主委员会或房地产开发企业。正是因为专业化专营公司的侵权行为才构成了物业管理企业与专业化专营公司约定的违约行为。当这些行为发生后,物业管理企业要对业主、物业使用人负责,对其承担侵权或者违约的民事法律责任,而在物业管理企业对业主、物业使用人承担了民事法律责任后或与此同时,物业管理企业可以要求专业化专营公司承担违约的民事法律责任。专业化专营公司对业主、物业使用人的侵权行为实际上就是专业化专营公司对物业管理企业的违约行为,违约行为的种类包含着专业化专营公司对业主、物业使用人或整个物业侵权行为,所以专业化专营公司对物业管理企业的侵权行为与违约行为会出现竞合的现象。

当专业化专营公司出现对业主、物业使用人或者整个物业的违法行为或对物业管理企业的违约行为时,物业管理管理企业可以要求专业化专营公司承担停止侵害、排队妨害、消除影响、恢复原状、修理、重做、更换、赔礼道歉、支付违约金、赔偿损失等民事法律责任。

(二) 专业化专营公司的行政法律责任

专业化专营公司的行政法律责任是指专业化专营公司在物业管理活动中因其出现违法行为而受到相关行政管理机关的处罚,所应当承担的法律后果。《城市新建住宅小区管理办法》中确定了专业化专营公司在物业管理活动中的主体活动资格,但没有对专业化专营公司在物业管理活动中所应承担的行政法律责任进行规定,而且各地方颁布的物业管理规章中也没有对此进行规定。我们认为专业化专营公司由于没有尽到物业责任,给物业造成损害,应当承担责任,但是,受到行政处罚的应当是物业管理企业,然后物业管理企业可以依照其同专业化专营公司的委托合同的约定,追究专业化专营公司的责任。

(三) 专业化专营公司工作人员的法律责任

专业化专营公司工作人员所产生的法律责任在很多情况下是由专业化专营公司工作人员的过错或者过失行为造成的,因此在民事责任上专业化专营公司在承担了法律责任后可以向有过错或过失的工作人员追究责任。专业化专营公司的工作人员与职务无关的行为,其责任应当由其自行负责。

二、社会化专业部门的法律责任

社会化专业部门在物业管理活动中承担社会供给或者社会服务的责任,其与业主、物业使用人之间是合同法律关系,因此在物业管理活动中社会化专业部门要承担的法律责任,也可以分为民事法律责任、行政法律责任和刑事法律责任三大类。

(一) 社会化专业部门的民事法律责任

社会化专业部门的民事法律责任可以分为违约的民事法律责任和侵权的民事法律责任两种。

社会化专业部门通常独家垄断着对社会任何部门的某种特殊商品的供给或某一专项业务的服务。在物业管理活动中,社会化专业部门直接担负着对业主、物业使用人所必须的特殊商品的供应职责。按照我国有关法律法规的规定,不论这些社会化专业部门与业主和物业使用人之间是否签订了书面的某一专项供给或服务合同,在业主、物业使用人与这些社会化专业部门之间都实际存在着供给或提供服务的合同法律关系。如果这些社会化专业部门没有正常地对业主和物业使用人供给或提供服务,就应当按照有关法律法规的规定承担相应的民事法律责任。

1. 如果社会化专业部门没有按照国家规定的质量标准和安全标准供给商品或提供服务造成业主或者物业使用人损失的,社会化专业部门应当承担损害赔偿责任。

2. 如果社会化专业部门因其设施设备计划检修、临时检修、依法停止服务或业主和物业使用人违法接受商品或服务等原因需要中断商品供给或提供服务的,应当按照国家的有关规定或约定事先通知业主和物业使用人。未事先通知业主和物业使用人,造成业主和物业使用人损失的,应当承担损害赔偿责任。

3. 因自然危害等原因,社会化专业部门停止商品供给或提供服务的,应当按照国家有关规定或约定抢修,以尽快恢复商品供给或提供服务。未及时抢修,造成业主和物业使用人损失的,应当承担损害赔偿责任。

(二) 社会化专业部门的行政法律责任

社会化专业部门由于没有很好地完成特殊商品的供给或专项服务职责,给业主和物业使用人造成损害的,同时也会受到有关行政主管部门的行政处罚。目前由于在某些经济领域内政企没有分开,部分社会化专业部门不但是具有企业性质的供给或服务部门,同时还是具有行政职责的行政机关,因此这一部分社会化专业部门承担行政责任的方式就较为特殊。政府如何对社会化专业部门进行监管和如何进行处罚,还有待于国家相关法律法规的进一步完善。

(三) 社会化专业部门的刑事法律责任

社会化专业部门的刑事法律责任在我国《刑法》中均有明确规定,在此不再赘述。

三、行政管理部门的法律责任

行政管理部门在物业管理活动中的法律责任也主要有民事法律责任、行政法律责任和刑事法律责任三种。行政管理部门承担的民事法律责任主要是对业主和物业使用人造成损害时进行的赔偿责任。行政管理部门承担的行政法律责任主要是由其上级行政主管部门对其违法违规行为进行的行政处罚。行政管理部门的刑事法律责任主要是触犯《刑法》规定的犯罪行为应承担的法律责任。

对于行政管理部门的违法行为,业主和物业使用人可以通过行政诉讼的方式追究其法律责任。《中华人民共和国行政诉讼法》第二条规定:"公民、法人或者其他组织认为行政机关和行政机关工作人员的具体行政行为侵犯其合法权益,有权依照本法向人民法院提起诉讼。"通常行政机关是具有行政执法权利的机关,其行为代表着国家和政府,如果业主和物业使用人或者物业管理企业对行政管理部门的具体行政行为不服的,可以通过行政诉讼的方式要求行政管理部门承担相应的法律责任。行政诉讼的结果则通常是要求行政管理部门履行某项义务、停止具体行政行为或对行政管理部门所做的具体行政行为给业主和物业使用人或物业管理企业造成的损失进行行政赔偿。

第六章 业主基本权益的法律保护

在整个物业管理活动中,业主是参与物业管理的最基本的主体之一,业主在物业管理活动中处于物业委托者的地位,但由于我国目前物业管理法律制度不健全等多方原因的存在,造成业主在整个物业管理活动中处于相对弱势的状态。近几年物业管理企业及其工作人员和相关人员侵害业主合法权益的事件不断发生,业主的合法权益被侵害的形式向多样化发展,已经超出了物业管理的基本范畴。因此在物业管理活动中特别需要加强对业主的合法权益的保障措施。物业管理活动的各方主体均应全面了解业主权益的基本内容,如业主对其所购得物业享有所有权、业主对其所购物业的处分权、业主参加业主大会的权利、对业主委员会工作的监督权和对物业管理企业管理服务的监督权等等,同时还应掌握业主合法权益保护的法律依据和维护业主合法权益的主要途径。

第一节 业主基本权益的主要内容

业主是物业的所有者,物业管理活动主要是围绕着业主来进行的,物业管理服务最终是为业主提供一个安全、稳定、整洁、舒适、方便、幸福的生活和工作环境。在物业管理活动中其权利必须受到法律的保护,业主的权利主要有:

一、业主的财产权利

财产权利是业主的一项重要权利,业主的财产权利主要包括:业主对其在物业内所购置的房屋的所有权;业主对物业共用部位和共用设施设备的所有权;业主房屋不受非法侵入、搜查的权利和业主在物业活动中所产生的债权等等。

1. 业主对其在物业内所购置房屋的所有权。

购买人购置房屋,取得房屋的所有权,同时取得了物业业主的身份。业主对其房屋的所有权包括业主对房屋占有、使用、收益和处分的权利。业主可以以对所拥有的物业出租、出借、转让、抵押等方式进行处置。业主在行使上述权利时不受任何非法干涉。

2. 业主对物业共用部位和共用设施设备的共有权。

业主对共用部位和共用设施设备的共有权主要包括业主对物业区域内建设费用已分摊进入住房销售价格的共用的上下水管线、落水管、水箱、加压水泵、电梯、天线、供电线路、照明、锅炉、暖气线路、煤气线路、消防设施、绿地、道路、路灯、沟渠、池、井、非经营性车场车库、公益性文体设施和共用设施使用的房屋和业主所购房屋主体承重结构部位、户外墙面、门厅、楼梯间和走廊通道的共用权等。

3. 业主房屋不受非法侵入、搜查的权利。

业主房屋不受非法侵入、搜查是指业主的房屋非经业主许可或者依法定程序,任何国家机关、团体和个人不得侵入房屋或者对业主房屋进行搜查。

4. 业主在物业活动中所产生的债权。

业主在物业活动中所产生的债权是指因业主在物业内生活,由于物业内的其他主体的活动对业主的权利造成侵害或者损害,而产生的债权。业主的债权是基于一定的约定或者法律规定而产生的。

二、业主的人身权利

1. 业主的生命健康权。业主的生命健康权是指业主在物业内依法活动,其生命和健康不受到侵害。

2. 业主的人身自由权利。

(1) 不受非法拘禁的权利。业主不受非法拘禁的权利是指任何国家机关、单位和个人,非经法定程序,不得剥夺和限制业主的人身自由。

(2) 业主的身体不受非法搜查。身体不受非法搜查是指业主的身体非经法定程序,任何国家机关、单位和个人不得进行搜查。

3. 业主的平等权利。业主的平等权利体现在业主之间的平等、业主与物业管理企业之间的平等和其他民事主体之间的平等。

4. 业主的名誉权。业主在物业内生活,任何人不得侮辱、诽谤、损害业主的名誉,任何人不得无故做出任何毁损业主声誉的行为。

三、业主在物业活动中应享有的其他权利

1. 业主对物业的管理权。业主对物业的管理权主要包括对其拥有房屋的管理权和对物业共用部位与共用设施设备的管理权。

2. 业主参与业主大会或者业主委员会的权利。业主参与业主大会或者业主委员会的权利包括:业主参加业主大会并在业主大会上发表自己意见和建议的权利;业主选举或者被选举成为业主委员会委员的权利等。

3. 投诉权。业主在物业内有广泛的投诉权,对侵害其人身权利和财产权利的行为有权向国家机关或者有关单位依法进行投诉,要求进行处理。

4. 诉讼权。业主在合法权益受到损害时,有权依据国家有关法律法规的规定,对权利侵害人提出诉讼。可以采取申请仲裁、向人民法院提起诉讼和向有关机关进行控告、申诉等措施来维护自己的合法权益。

第二节 维护业主基本权益的法律基础

维护业主权益的法律基础即维护业主合法权益的法律渊源,也就是法律法规对业主的合法权益所作的具体规定以及保证业主合法权益的行政和司法部门。

一、维护业主基本权益的法律渊源

维护业主基本权益的法律渊源就是维护业主基本权益的法律效力的来源。通常法律渊源有《宪法》、法律、行政法规等。

(一)《中华人民共和国宪法》

《宪法》与普通的法律不同,《宪法》是国家根本大法,有着最高的法律效力,任何法律法规都不得有违背《宪法》的内容。《宪法》与普通法的区别主要在于《宪法》的效力上,《宪法》的效力高于一切法律。《宪法》当中对公民权利的规定也具有最高的法律效力,《宪法》中所规定的公民的权利是在一个国家中每个公民必须享有的权利,也是公民权利最为原则和基本的规定。

业主作为普通公民广泛地享有我国《宪法》所规定的各项权利,也就是说业主的权利构成中,《宪法》所规定的权利是基础。《宪法》对公民基本权利有着十分明确和具体的规定,这些规定体现着我国社会主义的性质,体现着我国《宪法》的人民主权、基本人权、法治和权力制约的基本原则。《宪法》中所规定的我国公民的基本权利主要分为如下几个方面:

1. 公民的平等权

《宪法》第三十三条第二款规定:"中华人民共和国公民在法律面前一律平等。"也就是说我国公民不分民族、种族、性别、职业、家庭出身、宗教信仰、教育程度、财产状况、居住期限等,都平等地享有《宪法》和法律所规定的权利,每一个公民的合法权益都平等地受到法律的保护,任何公民均不享有法律以外的特权。公民在法律面前一律平等,是指公民在适用法律上的一律平等,而不包括公民在立法上的平等,事实上公民在法律面前一律平等只是在法律范围内的平等,而不是事实上的平等。

2. 我国公民享有的政治权利和自由

公民的政治权利是指公民依据《宪法》和法律的规定,参与国家的政治生活的权利。政治权利可以包含两个方面,一方面是公民参与国家和社会的管理活动,表现为公民的选举权与被选举权;另一方面是公民在国家政治生活中自由地发表意见和意愿的权利,表现为公民的言论、出版、集会、结社、游行、示威的自由和权利。

3. 宗教信仰自由权

宗教信仰自由是指公民有按照自己的意愿信仰宗教和不信仰宗教的自由，也有信仰这种宗教不信仰那种宗教的自由，在同一宗教中，有信仰某一教派的自由也有信仰另一教派的自由，有过去信仰宗教而现在不信仰宗教的自由，也有过去不信仰宗教而现在信仰宗教的自由，有按宗教信仰参加宗教仪式的自由，也有不参加宗教仪式的自由。

4. 公民的人身自由权

公民的人身自由是公民参与社会政治生活和社会活动的前提和保障。我国《宪法》将公民的人身自由权分为人身自由不受侵犯、人格尊严不受侵犯、公民的住宅不受侵犯、公民的通信自由和通信秘密受法律保护几个方面。

（1）公民的人身自由不受侵犯。

《宪法》第三十七条第一款规定："中华人民共和国公民的人身自由不受侵犯。任何公民，非经人民检察院批准或者决定或者人民法院决定，并由公安机关执行，不受逮捕。禁止非法拘禁和以其他方法非法剥夺或者限制公民的人身自由，禁止非法搜查公民的身体。"

（2）公民的人格尊严不受侵犯。

《宪法》第三十八条规定："中华人民共和国公民的人格尊严不受侵犯。禁止用任何方法对公民进行侮辱、诽谤和诬告陷害。"

公民的人格权主要包括公民的姓名权、名誉权、荣誉权、肖像权等权利内容。

（3）公民的住宅不受侵犯。

《宪法》第三十九条规定："中华人民共和国公民的住宅不受侵犯。禁止非法搜查或者非法侵入公民的住宅。"

任何机关和团体及个人非经公民的许可或者法律的规定不得随意侵入、搜查和查封公民的住宅。公安机关、检察机关为了收集犯罪证据等需要进入公民住宅的必须依照法律规定的程序。

（4）公民的通信自由和通信秘密受法律保护。

《宪法》第四十条规定："中华人民共和国公民的通信自由和通

信秘密受法律的保护。除因国家安全或者追查刑事犯罪的需要，由公安机关或者检察机关依照法律规定的程序对通信进行检查外，任何组织或者个人不得以任何理由侵犯公民的通信自由和通信秘密。"

5. 公民对国家机关的监督权

公民对国家机关的监督权是指公民监督国家机关及其工作人员工作活动的权利。

《宪法》第四十一条规定："中华人民共和国公民对于任何国家机关和国家工作人员，有提出批评和建议的权利；对于任何国家机关和国家工作人员的违法失职行为，有向有关国家机关提出申诉、控告或者检举的权利，但不得捏造或者歪曲事实进行诬告陷害。对于公民的申诉、控告或者检举，有关国家机关必须查清事实，负责处理。任何人不得压制和打击报复。由于国家机关和国家工作人员侵犯公民权利而受到损失的人，有依照法律规定取得赔偿的权利。"

《宪法》第四十一条所规定的公民的监督权可以具体分为公民的批评、建议权，公民的控告、检举权，公民的申诉权和公民取得国家赔偿权。

6. 公民在社会经济、文化生活方面的权利

（1）财产权和继承权。

《宪法》第十三条规定："国家保护公民的合法收入、储蓄、房屋和其他合法财产的所有权。国家依照法律规定保护公民的私有财产的继承权。"

（2）公民的劳动权。

（3）劳动者的休息权。

（4）获得物质帮助权。

（5）公民受教育权。

（6）公民进行文化活动的权利。

7. 对特定主体的权利规定

我国《宪法》对相关特定主体的权利进行了明确的规定，具体

有:
(1) 保障妇女的权利;
(2) 保护婚姻家庭、母亲、儿童和老人的权利;
(3) 保护华侨、归侨和侨眷的权利。

以上内容是我国《宪法》所规定的公民的基本权利,也是在物业管理活动中各方主体必须严格遵守的内容。无论是业主、物业使用人还是物业管理企业及物业管理行政主管机关均应十分严格遵守《宪法》对公民权利的规定。《宪法》中规定的公民的权利内容是在物业管理活动中作为自然人的业主的权利构成的基础。

(二) 全国人大及其常委会所颁布的法律

全国人民代表大会及其常务委员会是国家的立法机关,由全国人民选举的代表组成,是国家的最高权力机关。这里所提的全国人大及其常委会所颁布的法律是指除了《宪法》以外的全部法律。全国人大及其常委会所颁布的法律通常在某些方面会涉及具体的权利规定,这与《宪法》所做出的原则性的规定不同,法律对权利义务的规定是具体明确的和具有高度可操作性的。根据全国人大及其常委会所颁布的法律的性质和调整对象的不同,可以分为不同的类别。

1. 民事法律

民事法律是调整平等主体包括公民之间、法人之间、公民和法人之间的财产关系和人身关系的法律规范的总称。作为在物业管理活动中业主权益规定的法律范畴,民事法律规范是较为重要的,因为在物业管理活动中业主与物业管理企业之间的法律地位是平等的,他们之间的法律关系是平等主体之间的法律关系,而调整这种关系最为直接的法律就是民事法律规范。全国人大及其常委会所颁布的民事法律规范可以分为实体法和程序法,实体法主要有《中华人民共和国民法通则》、《中华人民共和国合同法》、《中华人民共和国婚姻法》和《中华人民共和国继承法》等法律规范,程序法则主要有《中华人民共和国民事诉讼法》和《中华人民共和国仲裁法》等法律规范。

我国民事法律中对民事主体的权利,主要规定了如财产所有权和与财产所有权有关的财产权、债权、知识产权及人身权等权利。我国民事法律中对民事主体的权利规定源于《宪法》的规定。物业管理活动中业主普遍享有我国民事法律中所规定的各项民事权利。

(1) 业主的财产所有权和与财产所有权有关的财产权。

所谓财产所有权是指财产所有人依法对自己的财产享有占有、使用、收益和处分的权利。业主对其购置的物业所享有的所有权,就是业主民事权利中财产所有权的主要体现。享有购置物业所有权的业主,可以是公民即自然人,也可以是企业法人、机关、事业单位或者社会团体法人等,无论是自然人还是法人,其依法享有的财产所有权都是平等的和受法律保护的。

《民法通则》第七十五条规定:"公民的个人财产,包括公民的合法收入、房屋、储蓄、生活用品、文物、图书资料、林木、牲畜和法律允许公民所有的生产资料以及其他合法财产。公民的合法财产受法律保护,禁止任何组织或者个人侵占、哄抢、私分、破坏或者非法查封、扣押、冻结、没收。"

《民法通则》第七十七条规定:"社会团体包括宗教团体的合法财产受法律保护。"从我国民法通则的规定可见,业主的合法财产所有权是受到法律保护的,物业内的其他业主及物业管理企业不得非法侵犯业主的合法财产所有权。任何人非法侵犯了业主的合法财产所有权,都将承担民事违法责任,承受相应的民事法律制裁。如果违法人的侵权行为达到一定的程度构成我国刑法所规定的犯罪,则违法人还要依法承担刑事责任。

(2) 债权。

债权是按照合同的约定或者依照法律的规定,在当事人之间产生的特定的权利和义务关系,享有权利的人是债权人,负有义务的人是债务人。例如在物业管理活动中,业主、物业使用人与物业管理企业之间存在着委托合同的法律关系,因此在他们之间就存在着债权与债务关系,而且这种关系是双务的,即业主、物业使用人与物业管理企业之间互负债权与债务,也可以说业主、物业使用人与物业管理企业之间互为债权人与债务人。

《中华人民共和国民法通则》第八十五条规定:"合同是当事人之间设立、变更、终止民事关系的协议。依法成立的合同,受法律保护。"第八十六条规定:"债权人为二人以上的,按照确定的份额分享权利。债务人为二人以上的,按照确定的份额分担义务。"第八十七条规定:"债权人或者债务人一方人数为二人以上的,依照法律的规定或者当事人的约定,享有连带权利的每个债权人,都有权要求债务人履行义务;负有连带义务的每个债务人,都负有清偿全部债务的义务,履行了义务的人,有权要求其他负有连带义务的人偿付他应当承担的份额。"第九十一条规定:"合同一方将合同的权利、义务全部或者部分转让给第三人的,应当取得合同另一方的同意,并不得牟利。依照法律规定应当由国家批准的合同,需经原批准机关批准。但是,法律另有规定或者原合同另有约定的除外。"

(3) 人身权。

人身权在物业管理活动中表现得十分广泛,业主普遍享有人身权。人身权包括作为自然人业主、物业使用人的生命健康权、姓名权、肖像权、名誉权、荣誉权、婚姻自主权等权利和作为法人等社会团体业主、物业使用人的名称权、名誉权、荣誉权等权利。

《中华人民共和国民法通则》第九十八条规定:"公民享有生命健康权。"第九十九条规定:"公民享有姓名权,有权决定、使用和依照规定改变自己的姓名,禁止他人干涉、盗用、假冒。法人、个体工商户、个人合伙享有名称权。企业法人、个体工商户、个人合伙有权使用、依法转让自己的名称。"

第一百条规定:"公民享有肖像权,未经本人同意,不得以营利为目的使用公民的肖像。"第一百零一条规定:"公民、法人享有名誉权,公民的人格尊严受法律保护,禁止用侮辱、诽谤等方式损害公民、法人的名誉。"第一百零二条规定:"公民、法人享有荣誉权,禁止非法剥夺公民、法人的荣誉称号。"

(4) 相邻关系。

相邻关系对处理业主与业主之间的法律关系,维护业主的合法权益有着重要的作用,同时相邻关系广泛体现着业主对其财产的所有权和人身权等权利。《中华人民共和国民法通则》中对相邻关系做出了规定,第八十三条规定:"不动产的相邻各方,应当按照有利生产、方便生活、团结互助、公平合理的精神,正确处理截水、排水、通行、通风、采光等方面的相邻关系。给相邻方造成妨碍或者损失的,应当停止侵害,排除妨碍,赔偿损失。"

掌握和应用民事法律关系,运用民事法律手段解决物业管理中存在的问题,保护业主的合法权益是最有实际应用价值的。业主、物业使用人与物业管理企业之间及业主、物业使用人与其他业主之间的关系都是平等主体之间的法律关系,而调整和解决平等主体之间法律关系的法律规范就是民事法律规范,因此国家法律对民事法律规范的规定对保护业主的合法权益有着重要的意义。业主、物业使用人在物业管理活动中要严格依照民事法律规范的规定来行使自己的权利,可以避免侵犯其他业主的合法民事权益;物业管理企业严格依照民事法律规范履行物业管理职责,可以避免或者减少对业主的民事权利的侵犯,从而保障业主的合法权益。

2. 行政法律

行政法律是规定行政权力的授予、行使和对行政权力进行监督及对其后果予以补救的法律规范的总称。在物业管理活动中行政法律的主要作用是针对侵犯业主合法权益行为的行政处罚。《中华人民共和国治安管理处罚条例》对业主合法权益的保护和对侵犯业主合法权益的制裁措施等内容做出了具体明确的规定。行政法律通过行政机关对侵犯业主合法权益行为的处罚,来完成保护业主合法权益的目的。同时,行政法律针对在物业管理活动中行政执法机关侵犯业主合法权益的行为,规定可以通过行政复议和行政诉讼的方式,对业主进行救济。对此,《中华人民共和国行政复议法》和《中华人民共和国行政诉讼法》有明确的规定。行政法律规范对业主合法权益的法律保护的规定,明确地体现了国家通过行政手段对业主合法权益保护的重视。

《中华人民共和国环境保护法》第四十一条规定:"造成环境污染危害的,有责任排除危害,并对直接受到损害的单位或者个人赔偿损失。赔偿责任和赔偿金额的纠纷,可以根据当事人的请求,由环境保护行政主管部门或者其他依照本法律规定行使环境监督管理权的部门处理;当事人对处理决定不服的,可以向人民法院起诉。当事人也可以直接向人民法院起诉。"

《中华人民共和国消防法》第一条规定:"为了预防火灾和减少火灾危害,保护公民人身、公共财产和公民财产的安全,维护公共安全,保障社会主义现代化建设的顺利进行,制定本法。"第七条规定:"对在消防工作中有突出贡献或者成绩显著的单位和个人,应当予以奖励。"

《中华人民共和国环境噪声污染防治法》第一条规定:"为防治环境噪声污染,保护和改善生活环境,保障人体健康,促进经济和社会发展,制定本法。"第七条规定:"任何单位和个人都有保护声环境的义务,并有权对造成环境噪声污染的单位和个人进行检举和控告。"第九条规定:"对在环境噪声污染防治方面成绩显著的单位和个人,由人民政府给予奖励。"第六十一条规定:"受到环境噪声污染危害的单位和个人,有权要求加害人排除危害;造成损失的,依法赔偿损失。"

《中华人民共和国大气污染防治法》第一条规定:"为防治大气污染,保护和改善生活环境和生态环境,保障人体健康,促进经济和社会的可持续发展,制定本法。"第五条规定:"任何单位和个人都有保护大气环境的义务,并有权对污染大气环境的单位和个人进行检举和控告。"

《中华人民共和国水法》、《中华人民共和国治安管理处罚条例》等法律对相关内容均有明确的规定。

3. 刑事法律

刑事法律是具体规定什么行为是犯罪和该行为应当受到什么样的刑事处罚的法律规范。在物业管理活动中,任何主体对业主的合法权益进行侵害并造成严重后果,触犯了我国《刑法》的规定的,就应当承担相应的刑事责任。

《刑法》第二条规定:"中华人民共和国刑法的任务是用刑罚同一切犯罪行为做斗争,以保卫国家安全,保卫人民民主专政和社会主义制度,保护国有财产和劳动群众集体所有的财产,保护公民私人所有的财产,保护公民的人身权利、民主权利和其他权利,维护社会秩序、经济秩序,保障社会主义建设事业的顺利进行。"

《刑法》的任务是惩罚犯罪,物业管理活动中无论是物业管理企业还是业主的违法行为均可能构成对其他业主的严重侵犯,从而构成《刑法》所规定的犯罪。根据《刑法》的有关规定,保护业主的合法权益是有效的手段。1997年修订的《刑法》,明确地将单位作为犯罪主体予以规定,这在物业管理实践中更为有效地加大了对业主合法权益的保护。我国《刑法》中通过规定危害公共安全罪、破坏社会主义市场经济秩序罪、侵犯公民人身权利、民主权利罪、侵犯财产罪和贪污贿赂罪及渎职罪等对业主的合法权益进行了具体的保护和保障。

《刑事诉讼法》对业主的权利被侵害后如何追究侵害人的刑事责任做出了明确的规定,《刑事诉讼法》是具体追究侵害人刑事责任的程序法律规范,通过程序上的规定,有效、快速地保护了业主的合法权益。《中华人民共和国刑事诉讼法》第一条规定:"为了保证刑法的正确实施,惩罚犯罪,保护人民,保障国家安全和社会公共安全,维护社会主义社会秩序,根据宪法,制定本法。"第二条规定:"中华人民共和国刑事诉讼法的任务,是保证准确、及时地查明犯罪事实,正确应用法律,惩罚犯罪分子,保障无罪的人不受刑事追究,教育公民自觉遵守法律,积极同犯罪行为做斗争,以维护社会主义法制,保护公民的人身权利、财产权利、民主权利和其他权利,保障社会主义建设事业的顺利进行。"

(三)国务院法规

国务院法规是保护业主合法权益的重要渊源之一,其法律地位和效力位于《宪法》和法律之下。国务院法规是由国务院制定和颁布的,并具有强制执行力的规范性文件。国务院的法规多为行政管理方面的规定,而这些行政管理方面的规定包括很多对业主合法权益保护的内容。虽然在一些国务院颁布的行政法规中没有具体表述保护业主的合法权益的内容,但在其内容的表现和实施上却体现了对业主合法权益的保护。如《危险化学品安全管理条例》、《中华人民共和国企业法人登记管理条例》、《中华人民共和国电信条例》等等。国务院对物业管理方面的专门法规中明确具体地规定了业主的权利和权利的保护方式。

在我国,由于社会主义市场经济秩序处在进一步完善的阶段,因此一些社会关系的调整手段没有上升为国家的法律,只能依靠国务院法规的形式进行规定,因此国务院法规所规定的内容很多,而且也非常具有针对性。正是这一特点,使得国务院法规对保护物业管理活动中的业主权利,具有重要的作用。要切实做到保护业主合法权益,就必须努力掌握国务院所颁布的法规。

(四)国务院部委规章、地方法规和规章

国务院部委规章、地方法规和规章的法律效力居于《宪法》法律和国务院法规之下,在我国现阶段是调整物业管理法律关系和保护业主、物业使用人合法权益的主要渊源。

国务院部委规章是指国务院下属的各部、委所制定和颁布的规章。如《城市新建住宅小区管理办法》、《物业管理企业资质管理试行办法》、《城市住宅小区物业管理服务收费暂行办法》、《住宅共用部位共用设施维修基金管理办法》、《物业管理企业财务管理规定》等等。

地方法规是指由有制定地方性法规权利的地方人民代表大会及其常务委员会制定的在本辖区内有效和实行的规范性文件。地方规章是指由有制定地方性规章权利的地方人民政府所制定和颁布的在本辖区内有效和实行的规范性文件。地方规章也是业主基本权益的重要渊源。

在地方法规和规章中对业主的基本权益有明确的规定,如《辽宁省城市住宅区物业管理条例》、《北京市居住小区物业管理办法》、《上海居住物业管理办法》、《深圳经济特区物业管理行业管理办法》、《天津市住宅小区物业管理暂行办法》、《重庆市物业管理办法》等等。

在我国,维护业主合法权益的法律渊源形成以《宪法》为根本,以法律、行政法规为基础,以部委规章及地方法规和规章为具体规定的有机体系,任何法律法规和规章对业主合法权益的规定都必须十分严格地按照《宪法》所规定的基本原则。同时《宪法》所规定的基本原则又必须有法律法规和规章的具体化的规定和表述,没有这些具体化的规定的表述,《宪法》的基本原则得不到切实的落实;没有《宪法》基本原则的指导和约束,业主合法权益也得不到有效的保护。保护业主合法权益的法律基础中,既有实体法律规范的规定,又有程序法律规定的规定,通过实体法律规定和程序法律规范的有机结合,使保护业主合法权益能够得到顺利和有效的落实,真正达到保护业主合法权益的目的。

二、与物业管理相关的国家司法行政管理部门

在维护业主基本权益的法律基础当中,国家司法行政机关的作用十分明显,任何法律、法规和规章对业主基本权益的设立和保护措施的确定,都要依赖于国家司法行政管理部门通过国家强制力的行使来实施。当业主的合法权益受到不法侵害时,业主可以通过向国家司法行政管理部门的申诉或者控告,实现保护自身合法权益的目的。

(一)与物业管理活动相关的国家行政管理机关

国家行政管理机关主要受理业主、业主委员会、物业管理企业、房地产开发企业等针对物业管理活动的投诉。国家行政管理机关根据投诉做出相应的处理或者处罚。

1. 房地产行政主管机关

房地产行政主管机关主要受理业主针对其在置业过程中所产生的纠纷及房地产质量问题等,对房地产开发企业的投诉和房地产开发企业、物业管理企业、业主针对有关业主、物业使用人违反有关规定进行装饰装修、擅自改变房屋使用用途及违反物业管理的行为等的投诉,并根据投诉的内容做出相应的行政处罚或者处理。业主、房地产开发企业、物业管理企业等有关主体,对于房地产行政主管机关做出的行政处罚不服的,可以根据有关法律法规的规定向做出行政处罚的房地产行政机关的上级主管机关提出复议。房地产行政主管机关受理的投诉主要有以下几类:

(1) 业主在置业时房地产开发企业拒不提供有关房地产规划许可证、商品房出售许可证等证明房地产开发企业所开发的房地产为合法开发的证明文件的;

(2) 业主置业时房地产开发企业拒不提供业主办理房屋产权证所需的文件的;

(3) 房地产开发企业改变原房地产规划设计标准的;

(4) 房屋质量出现问题或者出现应当进行维修的情况,房地产开发企业或者负有维修义务的物业管理企业拒不维修或者维修未达到规定标准的;

(5) 业主、物业使用人在对房屋进行装饰装修的过程中,破坏房屋主体结构或承重结构的或者有其他违反装饰装修管理规定的行为出现的;

(6) 业主擅自改变房屋使用用途的;

(7) 房地产开发企业未通过招投标方式选聘物业管理企业或者未经批准擅自采用协议方式选聘物业管理企业的;

(8) 房地产开发企业将属于业主的物业共用部位、共用设施设备的所有权或者使用权转让给他人的;

(9) 房地产开发企业拒不移交有关物业资料的或者物业管理企业拒不移交物业资料的;

(10) 物业管理企业擅自挪用维修基金的;

(11) 房地产开发企业不按规定配备必要的物业管理用房的;

(12) 物业管理企业擅自改变物业管理用房使用用途的;

(13) 擅自占用物业共用部位或者共用设施设备的;

(14) 其他应当由房地产行政主管机关受理的投诉行为。

2. 公安机关

公安行政管理机关主要负责物业区域内发生的刑事案件侦察及治安案件的处理。业主、物业管理企业有权针对物业区域内发生的刑事案件或者治安案件向公安机关进行投诉,要求公安机关进行处理。

(1) 业主、物业管理企业有权针对物业区域内发生的刑事案件如侵犯业主财产类的犯罪(抢劫、盗窃等)和侵犯业主人身权利的犯罪(故意杀人、故意伤害等)向公安机关报案;

(2) 业主、物业管理企业有权针对物业区域内发生的治安案件如打架、斗殴等案件向公安机关报案;

(3) 业主、物业管理企业有权对非法进入物业管理区域的人员向公安机关报案;

(4) 业主、物业管理企业有权对物业区域内非法存放有毒、有害、放射性等危险品的行为向公安机关报案;

(5) 其他应当由公安机关受理的行为。

3．消防机关

消防机关主要受理业主、物业管理企业针对物业区域内消防隐患的投诉。

(1) 物业区域内消防设施管理不当的;

(2) 物业区域内占用消防通道的;

(3) 物业区域内存放易燃、易爆物品的;

(4) 其他应当由消防管理机关受理的行为。

4．物价行政管理机关

物价行政管理机关主要负责业主对物业管理企业擅自提高物业管理收费标准和为物业管理活动提供相关服务的个人或者单位乱收费行为的投诉。

5．环境卫生管理机关

环境卫生管理机关主要负责业主针对物业区域内环境卫生方面和环境污染方面的投诉。包括:

(1) 物业区域内环境卫生达不到有关规定的标准的;

(2) 向物业区域内排放污染空气的气体的;

(3) 向物业区域内排放污水的；
(4) 在物业区域内产生噪音的；
(5) 其他应当由环境卫生管理机关受理的投诉。

(二) 司法部门

1. 人民法院

在物业管理活动中人民法院受理的业主起诉案件可以有三个类别：

(1) 民事案件。

《中华人民共和国民事诉讼法》第三条规定："人民法院受理公民之间、法人之间、其他组织之间以及他们相互之间因财产关系和人身关系提起的民事诉讼，适用本法的规定。"在物业管理活动中，因《前期物业管理委托合同》或者《物业管理委托合同》及相邻关系等民事案件，业主均可直接向人民法院起诉要求审理。

(2) 行政案件。

《中华人民共和国行政诉讼法》第二条规定："公民、法人或者其他组织认为行政机关和行政机关工作人员的具体行政行为侵犯其合法权益，有权依照本法向人民法院提起诉讼。"物业管理活动中的行政案件主要是指业主、房地产开发企业或者物业管理企业等物业管理活动主体，不服行政管理机关对其做出的行政处罚，依法向人民法院提起诉讼，要求人民法院依法对行政管理机关所做出的行政处罚或者其他具体行政行为是否合法做出裁决。

与物业管理活动相关的国家行政管理机关所受理的案件均可以引起行政诉讼。

(3) 刑事自诉案件。

《中华人民共和国刑事诉讼法》第一百七十条规定："自诉案件包括下列案件：（一）告诉才处理的案件；（二）被害人有证据证明的轻微刑事案件；（三）被害人有证据证明对被告人侵犯自己人身、财产权利的行为应当依法追究刑事责任，而公安机关或者人民检察院不予追究被告人刑事责任的案件。"在物业管理活动中，业主认为自己的权利被侵害，向公安机关或者人民检察院提出控告，而公安机关或者人民检察院不予受理的,可以向人民法院提起刑事自诉。我国《刑事诉讼法》中规定的告诉才处理的案件有:侮辱、诽谤案(刑法第二百四十六条规定的,但是严重危害社会秩序和国家利益的除外);暴力干涉婚姻自由案(刑法第二百五十七条第一款规定);虐待案(刑法第二百六十条第一款规定);侵占案(刑法第二百七十条规定)。

2. 人民检察院

在物业管理活动中,人民检察院受理的业主控告案件主要是人民检察院直接受理的刑事案件。

贪污贿赂犯罪、国家工作人员的渎职犯罪、国家机关工作人员利用职权实施的非法拘禁、刑讯逼供、报复陷害、非法搜查的侵犯公民人身权利的犯罪以及侵犯公民民主权利的犯罪等,由人民检察院立案侦查。对于国家机关工作人员利用职权实施的其他重大的犯罪案件,需要由人民检察院直接受理的时候,经省级以上人民检察院决定,可以由人民检察院立案侦查。

(三) 仲裁委员会

根据《中华人民共和国和仲裁法》规定,仲裁委员会独立于行政机关,与行政机关没有隶属关系。我国各地均有仲裁机构,仲裁委员会之间也没有隶属关系。仲裁实行一审终审制。仲裁裁决当事人应当自觉履行,当事人不能自觉履行的,可以申请人民法院强制执行。中国仲裁协会是社会团体法人。仲裁委员会主要受理平等主体的公民、法人和其他组织之间发生的合同纠纷和其他财产权益纠纷。《中华人民共和国仲裁法》第四条规定:"当事人采用仲裁方式解决纠纷,应当双方自愿,达成仲裁协议。没有仲裁协议,一方申请仲裁的,仲裁委员会不予受理。"在物业管理活动中,只要是平等主体之间的合同纠纷或者财产纠纷,并双方当事人达成一致意见的,就可申请仲裁委员会进行仲裁。

第三节 维护业主基本权益的主要途径

业主权益要得到很好的法律保护,业主就必须有较强的法律意识,重视物业管理活动中对自己权利与义务的掌握和行使。物业管理活动中的其他主体也应充分认识业主才是物业真正的主人这个道理,努力为业主服务,切实尊重保护业主的合法权益。作为业主,要想保护好自己的合法权益,除了必须具有较强的法律意识以外,还应当掌握好下列几个方面的问题。

一、慎重置业,打好基础

置业是指业主购买物业取得物业的所有权的行为。业主选择什么样的物业及对物业基本情况的认识等,都会直接影响到业主入住物业后的物业管理活动。由于房地产开发企业在出售房地产时会对物业的情况进行不同程度的宣传,而这种宣传有可能是被人为夸大的,这就要求业主必须保持头脑冷静,不受各种不当宣传的干扰,理智地做出正确地选择。业主置业是物业管理法律关系产生的前提和基础,没有业主的置业就没有物业管理行为。

业主确保置业质量的主要途径:

1. 审查房地产开发企业的主体资格和所开发项目的合法性。

首先业主必须认清房地产开发企业的主体资格,即房地产开发企业是否按照我国法律、法规和规章的规定,取得了必备的房地产开发权利和销售权利。房地产开发企业应当依法取得房地产开发经营资格,获得"房地产开发企业资质登记证书",同时还必须经工商行政管理部门进行工商登记,否则不得从事房地产开发和销售活动;其次,业主在购买物业时必须审查房地产开发企业是否拥有所开发物业的土地使用权,通常房地产开发企业会以支付土地使用权出让金的方式取得土地的使用权,业主不但要注意房地产开发企业是否取得土地使用权还必须注意房地产开发企业所取得土地使用权的期限,最主要的方式就是审查房地产开发企业的"土地使用权证书";再次,业主还必须了解所要购买的物业是否为房地产开发企业拥有所有权,主要是了解业主所要购买的物业是否已经被房地产开发企业出售或房地产开发企业是否是为其他主体代售物业;最后,如果业主所购买的物业是未竣工投入使用的预售房的,还必须要求房地产开发企业出具商品房预售资格,通常情况下进行商品房预售的房地产开发企业应向物业所在地县级以上房地产行政管理机关办理预售登记,取得"商品房预售许可证"。

业主还应当审查房地产开发企业出售的物业是否设置了抵押等形式的担保。如果设置有担保,业主在置业时就必须特别注意,因为有担保行为的存在,可能对业主所置的物业产生某些不利的影响,如债权人针对担保的物业行使到期债权,必将不利于业主对所置物业的使用。虽然在出现这种情况时各方主体之间的法律关系会十分复杂,同时业主也可以采取多种法律手段进行补救,但这种情况的发生必将影响业主的置业目的和使用物业,因此业主在置业过程中有必要全面审查物业是否设有担保,并要求房地产开发企业对此作出相应的保证。

2. 弄清物业的基本设计和标准。

业主在购买物业时最为看重的是物业的使用功能,一个物业能够满足业主什么样的需求是业主选购此物业的最根本的前提。房地产开发企业所开发的物业无论地理位置等相关情况多么好,如果不能满足业主的需求或者不能满足业主对所购物业用途上的要求,业主也是不会选购此物业的。业主在置业时应当实地考察物业的基本设计及标准,认真考虑物业是否能够满足需要和是否符合使用用途。另外,业主在考查物业用途时还必须特别注意一点,房地产开发企业对所销售的物业在使用用途上是否有所限制,某些情况下房地产开发企业对物业的使用用途有明确的限定,对某些活动进行明确的限制,如果房地产开发企业对该物业在使用用途上的限制,恰恰是业主置业的用途,则会构成业主与房地产开发企业之间的纠纷,而且这种纠纷必将严重影响业主入住后物业管理活动的进行。所以业主了解所购物业的用途是否符合自己置业的用途是极其重要的,只有业主置业的目的和用途与房地产开发企业出售物业的目的和所建物业的使用功能相一致,才使业主置业成为可能。

3. 审查物业的质量,按标准严格验收。

物业的建筑质量是业主必须重视的问题,在物业管理活动中,很多物业纠纷的起因是房地产的质量问题。虽然我国法律明确规定,房地产的质量问题应由房地产开发企业负责解决,但由于我国物业管理企业自身发展的特殊情况的制约,造成很多物业管理企业是由房地产开发企业开办,因而物业管理企业不但要进行物业管理,还要对房地产的质量纠纷进行处理,造成物业管理纠纷的发生。业主在置业时重视房地产质量,不但可以防止纠纷的产生,而且质量优秀的房地产对业主居住、工作等都是一个良好的保证;相反,存在质量问题的房地产,会严重地影响业主的工作和生活,也使得业主缺乏必要的安全保护,存在严重质量问题的物业对实现业主置业的用途构成严重的威胁,甚至造成困难。通常业主要了解物业质量问题,除了进行实地考查外,还可以审查房地产竣工验收手续是否齐备,竣工验收是否合格等。

业主还应审查物业管理的配套设施设备是否完善。房地产开发企业为了有益于物业销售,均会对与物业管理活动有关的配套设施设备进行配置和安装,以提高物业的整体水平,达到优良的社会效应。作为业主,配套的物业设施设备是否完善,直接影响业主入住后享受物业的程度和物业管理企业提供服务的水平,业主选择物业配套设施设备时应当注意,只要配套设施设备与物业管理和本物业的实际情况相符合即可,不要过于追求先进和高档的配套设施设备。业主应明确,越是先进和高档的物业管理配套设施设备所需的运营费用越高,这与业主所应支付的物业管理费用是成正比的。但业主也不应选择物业管理配套设施设备过于落后的物业,使业主享受不到优质的物业管理服务。业主除了要审查与物业管理活动有关的物业配套设施设备外,还要认真审查房屋室内装饰装修的标准、物业区域内相关的场地、物业整体的环境及绿化等。物业区域内这些问题都会对业主享受物业产生影响。

4. 审查物业管理情况，认真考虑确认业主公约。

业主在置业中必须对房地产开发企业或者业主委员会所选聘的物业管理企业所提供的物业管理情况进行全面的考查与了解，即使有好的物业配置，没有好的物业管理服务也不能体现物业的价值。业主应当从物业管理企业的资质、提供物业管理服务的经验及物业管理企业从业人员构成等几个方面审查物业管理企业的情况，以保证该物业管理企业所提供的服务能够满足业主的基本需求。我国有关物业管理方面的法规明确规定，房地产开发企业在物业出售之前必须制定有关的《业主公约》，《业主公约》中通常规定业主在物业内的基本活动准则。业主审查《业主公约》，主要是针对《业主公约》中有无对业主基本权利的不合理限制、是否侵害了业主的正当权利。

5. 业主与房地产开发企业必须签订书面房屋买卖合同。

业主在充分考虑和考查了前述的几项内容后，如各方面的情况均符合业主的置业要求，业主就可以与房地产开发企业签订正式的房屋买卖合同或者商品房预售合同。如果业主所购物业是竣工并投入使用的，则业主与房地产开发企业签订的合同可按现房的实际情况来确定，一般出现纠纷的情况比较单一，主要是质量问题，也较好解决。如果业主购置的是预售房，则对所签订的合同要特别注意，因为业主所购物业的情况只有合同才能明确的规定。在商品房预售合同中要特别明确房屋的交付期限、面积、各种配套设施的开通期限、面积与实际面积不符的处理方式、房地产开发企业未能按期交房的处理方式等。

业主置业在整个物业管理活动中处于首要环节，对维护和保护业主合法权益也有着特殊的重要作用，只有业主明确了自身置业的目的和用途后所进行的置业活动，才能从最根本上达到物业的使用功能，从而为维护业主的合法权益打下一个良好的基础。

除了以上提到的业主在置业过程中必须注意的几点问题外，还会因业主所置物业的特点出现许多特殊的注意事项，要想保证置业的质量，业主最好聘请律师来帮助完成。

二、完善业主管理权行使机制

在物业管理活动中业主如何行使自己的权利,是业主维护自身合法权益的重要问题,法律法规对业主的权益的规定不论多么全面和具体,归根到底都要看业主如何去行使这些权利。维护业主合法权利的行使机制就是法律法规对业主行使自身合法权益的程序的规定,从严格的法律意义上讲这部分内容也是业主权利的组成部分。业主行使权力的机制有多方面规定和内容,但在物业管理活动中,最为体现物业管理特色的和最能够通过业主自身行为加以影响的,是完善其权益行使机制,即通过对业主大会和业主委员会的参与和控制来实现。

业主大会和业主委员会在物业管理活动中均有着重要的作用,在物业管理实际运作当中,业主大会和业主委员会的职能与作用及业主参与业主大会和业主委员会的权利都需要具体的落实措施,维护业主合法权益就必须健全和充分发挥业主在业主大会和业主委员会中的作用,完善业主大会和业主委员会的职能。

(一)健全和充分发挥业主大会的职能

业主大会是由物业区域内的全体业主共同组成的,是物业区域内的权力机关,行使物业的最高管理职权。

前面介绍过业主大会的职能主要有:

1. 选举、罢免业主委员会委员;
2. 审议通过业主委员会章程和物业管理公共契约;
3. 监督业主委员会工作;
4. 听取和审议物业管理工作的报告;
5. 决定物业管理活动中的重大事项。

这些都是业主大会的最基本的职能,充分体现了业主对物业的自治。业主大会的工作内容必须围绕实现工作职能来进行。在物业管理实际工作中,业主大会的职能得不到充分的发挥,原因是多方面的,但主要的原因有两种,一种是业主本身对业主大会的职能认识不清,不能积极参与到业主大会的工作中;另一种是负有组织业主大会的房地产开发企业或者有关行政部门不能按照法律、法规的规定组织业主大会的召开。

要合理解决这些问题,首先,业主本身要提高自己的法律认识和意识,充分认识到物业是自己的物业,不是物业管理企业或者房地产开发企业的物业,要使自己能够很好地在物业中生活和工作,享受更为优质的物业服务就必须参与到物业管理活动中去。业主参与物业管理活动最为有效的和合法的手段就是参与业主大会,通过业主大会对各种决议和物业管理活动中的重大事项的监督管理权来完成管理物业的权利,从而使自身的合法权益得到充分的保护。其次,针对负有组织第一次业主大会职责的房地产开发企业及相关部门不组织召开首次业主大会的情况,物业区域内的全体业主可以自己组织召开首次业主大会,并通过业主大会来组织业主委员会,维护自身的合法权益。如果业主委员会不组织业主大会,业主可以要求业主委员会组织召开业主大会或者向有关机关针对业主委员会的行为进行投诉,从而达到召开业主大会的目的。由于业主大会在物业管理活动中有着最高的权力,因此业主大会的召开本身就是对业主合法权益的维护。不但如此,通过业主大会作出的决议和审议物业管理工作报告等行为,更为突出地体现了业主的权利及维护业主权益的手段。

(二)健全和充分发挥业主委员会的职能

业主委员会在物业管理活动中是业主大会的执行机关,有着广泛的权利,其工作的程度和好坏直接影响到物业管理的质量。维护业主合法权益的很多工作重点,都要通过业主委员会的工作来体现和进行,因此健全业主委员会的工作职能,发挥业主委员会的作用对维护业主的合法权益有着巨大的作用。

1. 业主委员会存在的问题。

在实践工作中由于业主委员会成员构成等问题存在某些不合理的因素,造成了业主委员会不能充分行使法律、法规和业主所赋予的职权,没有达到切实维护业主合法权益的目的。造成这种情况的主要原因:

(1)业主委员会组成人员的构成不合理,缺乏代表性,甚至有些物业管理区域所成立的业主委员会绝大多数成员为房地产开发企业的工作人员或物业管理企业的工作人员,因此这些业主委员会委员对于物业区域内有关房地产开发的问题和物业管理活动中存在的问题,不能很好地发挥作为业主委员会委员的作用,在一定程度上侵犯了业主的合法权益。解决这一问题的主要办法就是在进行业主委员会委员选举时,参加业主大会的每一名业主或者其代表都应当对所选举的委员的自然情况进行了解,避免这种情况发生。

(2) 业主委员会的工作机制不健全,没有在业主委员会内充分发挥民主的作用,很多应当由业主委员会全体委员集体讨论决定的事情,只有部分委员进行决定,使做出的决定缺乏代表性,侵犯了业主的合法权益。

(3) 物业管理企业和业主委员会之间没有建立一套完整和有效的工作联系机制,造成物业管理企业针对物业管理活动中的重大事项不向业主委员会报告,没有征求业主委员会的同意就进行实施,很大程度上造成了对业主权益的不尊重和侵犯。要避免这种情况的发生就要依靠业主委员会的工作职能,制定一套有效的与物业管理企业进行工作联系的方式和途径,定期就某些事项与物业管理企业进行沟通,减少因物业管理企业所进行的物业管理活动对业主的正常生活与工作的不利影响,达到维护业主合法权益的目的。

(4) 业主委员会与业主的联系机制不健全,不能使业主委员会真正起到业主代表的作用。目前,业主委员会在做出某些决议时,不能充分考虑到业主的利益,同时也没有就一些决议向业主进行充分的咨询和征求意见,所以造成了业主委员会所作出的决议、决定不被业主支持,甚至造成业主对业主委员会的不信任,影响了业主行使权益。

2. 健全和充分发挥业主委员会的职能。

(1) 业主委员会组成人员的结构必须合理和符合物业的实际情况;

(2) 建立健全业主委员会日常工作机制,明确确立业主委员会的工作方式和程序;

(3) 建立业主委员会会议制度,定期由全体业主委员会委员对前段时间的工作进行总结;

(4) 建立业主委员会与物业管理企业日常沟通机制,确定沟通内容、目标;

(5) 建立业主委员会与房地产开发企业和有关政府职能部门的沟通机制;

(6) 建立业主委员会与业主的联系制度,全面接受业主的监督;

(7) 严格履行业主委员会章程规定的内容,遵守业主委员会的议事规则。

(三) 建立健全业主对业主委员会委员工作的监督机制

业主委员会通常是由物业区域内的业主代表和物业使用人代表共同组成的,由于业主委员会的特点要求业主委员会的组成人员可以不是专职的,业主委员会委员大多来自不同的工作岗位,对委员的管理和监督就成为维护业主权益的重要内容。对业主委员会委员的监督可以分为物业管理行政主管部门、相关部门对业主委员会委员的监督和物业区域内业主对业主委员会委员的监督两种。无论哪种监督方式都要求以业主委员会委员切实履行职责、切实维护业主利益为根本出发点,考查业主委员会委员在履行委员职责时是否侵犯了业主的利益,是否存在违法行为。针对业主委员会委员的违法或者侵犯业主合法权益的行为,可以按照如下方式进行处理:

1. 由物业管理行政主管部门依法对违法或侵害业主及物业使用人利益的委员进行行政处罚;

2. 业主发现业主委员会委员侵犯其合法权益的,可以通过召开业主大会的形式罢免业主委员会委员职务,并向有关行政机关进行投诉;

3. 业主委员会委员的行为严重违法构成犯罪的,可由司法机关追究刑事责任。

完善业主权利行使机制,健全业主参与业主大会和业主委员会的机制及对业主委员会组成人员的监督等,都离不开法律、法规的规定,因此国家在立法时要明确业主大会、业主委员会的性质、法律地位及业主大会和业主委员会的运作机制。同时明确规定业主委员会组成人员的职责和在业主委员会委员违反其工作职责时应受到的处罚。

三、正确履行义务是维护业主合法权益的前提

业主严格履行自身的义务,也是对自身权益维护的重要保障。我国的宪法和法律都明确规定了任何个人和组织要享有一定的权利,就必须履行一定义务。在我国的法律制度中没有脱离义务存在的权利,享有一定的权利必将有一定义务的履行作为保障,权利与义务是不可分的。在物业管理活动中也不例外,业主要享有权利就必须履行一定的义务,这不但是其自身享有权利的需要,也是保护其他业主权利的需要。为了维护业主自身的权利,业主必须严格履行法律、法规所规定的义务,同时在履行法律法规所规定的义务同时,必须履行物业区域内全体业主应当共同遵守的自治性约定。不论是法律、法规规定的业主的义务,还是业主必须共同遵守的自治性约定,其表现在物业管理活动中均可以分为业主支付物业管理服务费的规定或者约定和履行、遵守物业管理规章的规定或者约定。业主的义务根据不同的标准可以有不同的分类,但无论何种标准都不能超越法律规定和约定这两个方面。而无论是法律、法规还是约定,业主支付物业管理服务费用都是一项非常重要的义务,法律对物业管理服务费的支付有明确的规定,但支付的具体数额大多又需要约定。业主如果不能够履行支付物业管理服务费用的义务,不但自身的权利得不到保障,而且还会对其他业主的合法权益造成严重的侵害。因为物业管理企业所提供的物业管理服务与物业管理费用的多少和业主缴费情况有直接的、必然的关系,物业管理费用标准高且业主缴费情况好,物业管理服务的标准相对也高,服务也好。如果业主拖欠物业管理费用情况严重,势

必造成物业管理经费的不足,从而使物业管理企业与业主委员会所确定的物业管理服务标准不能得到保障,造成对业主自身及其他业主权利的侵害。物业管理方面的规定也包括法律规定和约定两种情况,都需要业主的严格遵守。这些规定十分广泛,如业主装饰装修的规定、业主在物业内车辆行使与停放的规定、物业出入管理规定、物业消防管理规定、物业治安维护管理规定等内容,均需要业主的遵守。例如关于业主装饰装修管理规定,如果业主没有能够严格地遵守,违章进行装饰装修造成对建筑物主体结构的破坏,不但对自身的安全造成严重的威胁也严重侵害了相邻的业主或者物业使用人的合法权益。这种行为不但会受到有关行政执法机关按照相关法律、法规规定进行的处罚,还会受到业主委员会依据《业主公约》的约定进行的制裁。

从物业管理服务费用支付和业主装饰装修问题,可以清楚的明白业主履行义务对自身享有权利的重要性。业主应履行的义务,可以分为以下两个方面:

1. 严格遵守和履行法律法规规定的义务。法律法规所规定的义务是指由国家法律规定的或者由法规规定的对公民和组织权利限制性的规定。

2. 履行公共契约类文件约定的义务。业主公共契约类文件是指由业主共同制定的并共同遵守的在本物业管理区域内有效的自治性文件。

四、在一定条件下更换物业管理企业的程序

更换物业管理企业是业主解除与物业管理企业之间的委托法律关系,通常业主行使这一权利是通过业主委员会来进行的。业主与物业管理企业之间是一种合同法律关系,既然是合同法律关系必将会有其终止或解除的时候。业主决定更换物业管理企业是业主行使权力的重要表现,也是业主维护自身合法权利的重要手段。当然业主并不是在任何情况下都能够更换物业管理企业的,必须有法定的事由或者约定的事实的出现,才可以更换物业管理企业。业主更换物业管理企业,必须遵守和履行一定的法律程序和手续。

(一) 更换物业管理企业的条件

更换物业管理企业的条件可以分为法定条件与约定条件。法定条件是指由于法律规定情况的发生,造成物业管理企业不能再履行物业管理职能,而必须更换物业管理企业。约定条件是指在业主委员会与物业管理企业所签订的《物业管理委托合同》中约定的业主可以更换物业管理企业的事项。这里所讲的更换物业管理企业的条件,是指业主委员会或业主决定更换物业管理企业的行为,不包括物业管理企业因业主委员会或者业主的行为所造成的要求解除与业主委员会或者业主的委托合同的情况。

1. 法定更换物业管理企业的事项。

(1) 物业管理企业因违法经营被工商行政管理部门吊销营业执照的。

物业管理企业要依法开展工作必须按照法律、法规的规定,取得工商营业执照,如果物业管理企业工商营业执照被工商行政管理部门吊销,也就说明该物业管理企业的存在是不合法的,即使业主委员会或房地产开发企业与其所订立的《物业管理委托合同》没有履行到期,也会因为物业管理企业营业执照的被吊销而无法继续履行。

(2) 物业管理企业丧失物业管理企业资质。

物业管理企业资质是物业管理企业从事物业管理活动必须具备的资格。物业管理企业没有物业管理企业资质证书不得开展物业管理活动。如果物业管理企业在履行《物业管理委托合同》的过程中,企业资质证书被物业管理行政主管部门吊销,必将造成《物业管理委托合同》的解除,从而导致业主更换物业管理企业。

2. 约定可以更换物业管理企业的事项。

约定更换物业管理企业的事项是指在《物业管理委托合同》中明确规定的,对物业管理企业没有完成或者没有按标准完成《物业管理委托合同》所规定的义务的,可更换物业管理企业。

(1) 物业管理企业未履行《物业管理委托合同》所规定的管理

物业的义务的。这种情况主要是指物业管理企业没有按照《物业管理委托合同》的规定实施物业管理,物业管理企业完全没有履行《物业管理委托合同》所规定的义务的行为。因为这种行为严重侵犯了业主的权益,所以更换物业管理企业是必然的。

(2) 物业管理企业不按照《物业管理委托合同》约定的标准进行物业管理活动的。这种情况主要是指物业管理企业已经部分履行了《物业管理委托合同》的内容,但其履行《物业管理委托合同》的标准不符合《物业管理委托合同》的约定,造成业主享有物业和物业管理服务的质量降低,因此造成了对业主权益的侵害。通常物业管理企业出现这种情况时业主委员会可以通过一定的程序和手段要求物业管理企业限期整改,如果物业管理企业拒不改正或改正没有达到《物业管理委托合同》所规定的标准的,更换物业管理企业也就成为业主必然的选择。

(3) 物业管理企业行为严重侵害了业主合法权益的。物业管理企业由于履行职责不当造成对业主或者物业使用人的人身、财产等损害的,物业管理企业应当采取一定的措施进行补救,如果补救不当或者这种损害是对物业区域内多数业主的损害,会造成业主对物业管理企业的不信任和不合作,使得物业管理企业无法履行物业管理职责,这种情况的发生也会造成更换物业管理企业的后果。

(4)《物业管理委托合同》中约定的其他可以解除与物业管理企业合同的行为。业主可以根据物业的特点确定不同的解除与物业管理企业委托合同的条件。

更换物业管理企业的条件,也可以说成是更换物业管理企业的原因,很大程度上是因为物业管理企业没有很好地履行自己的职责,物业管理企业在物业管理活动中缺乏合理的定位,从而导致更换物业管理企业行为的发生。

(二) 更换物业管理企业的程序

业主委员会或者业主要求更换物业管理企业的,并不是因业主委员会或业主一经提出就立即执行,而是要经过一定的程序。

确立更换物业管理企业的程序,不但可以保障业主更换物业管理企业的权利,同时也是对物业管理企业权利的保护,而且可以防止因业主委员会或者业主不当解除与物业管理企业之间的委托关系而产生不良的法律后果。

我国物业管理法律、法规规定,选聘物业管理企业的权利在物业区域内的行使者为业主委员会,同时规定有权更换物业管理企业的主体也为业主委员会,因此业主要求更换物业管理企业的,均必须通过业主管理委员会并实施一定的程序后实行。在物业区域内物业管理企业的行为出现法定或者约定的更换条件的,应当按照如下程序更换物业管理企业:

1. 法定更换物业管理企业的条件所需程序。

当物业管理企业出现法定更换物业管理企业条件时,即物业管理企业丧失一定的经营资格和经营资质时,其与业主委员会或者业主所签订的《物业管理委托合同》自动解除,业主委员会可以按照选聘物业管理企业的条件和程序重新通过招标的方式选聘新的物业管理企业。

2. 约定更换物业管理企业的条件所需程序。

当《物业管理委托合同》所约定的事由出现造成需要更换物业管理企业,可以由业主委员会根据《物业管理委托合同》的约定直接进行,也可以由业主委员会根据业主或者物业使用人的投诉,进行具体运作之后,解除与物业管理企业的合同。业主委员会可以按照选聘物业管理企业的条件和程序,重新通过招标的方式选聘新的物业管理企业。

更换物业管理企业的具体操作程序,目前现行的法律法规还没有做出明确的规定,现行主要依靠委托合同的约定和通过诉讼的程序来解决。

(三)更换物业管理企业后相关问题的处理

更换物业管理企业会带来一系列相关的后果,如解聘物业管理企业后与新选聘的物业管理企业进驻物业区域行使物业管理权之间真空期限的物业管理如何完成,原物业管理企业所掌握的有关物业管理方面的资料和设施设备如何处理等都是需要解决的。通常针对原物业管理企业与新物业管理企业交接之时的真空期间问题,业主委员会或者是物业管理行政主管部门,可以要求原物业管理企业继续履行物业管理职责直至业主委员会新选聘的物业管理企业进驻并行使物业管理权时为止,也可在此期间由业主委员会临时聘用物业管理企业进行物业管理。原物业管理企业所保管或者使用的与物业管理活动有关的资料和设施设备,应向业主委员会移交或者在业主委员会的主持下与业主委员会新选聘的物业管理企业进行移交。

更换物业管理企业后,还会有其他一些问题,如物业管理企业对物业造成损害的赔偿问题、物业管理企业对业主或者物业使用人的财产或者人身造成损害进行赔偿的问题等,都是更换物业管理企业所要解决的遗留问题。但不论何种原因都不能影响因物业管理企业对物业或者业主造成的损害的赔偿责任的履行,不论物业管理企业是否继续对物业行使物业管理权,均应对其所造成的物业和业主的损害或者损失承担责任。

总之,更换物业管理企业是一个复杂的问题,涉及面广、影响大,处理这一问题应采取特别慎重的态度。

五、关于业主合法权益受到侵害的补救措施

业主的投诉是业主维护自身合法权益的一项非常重要的手段,业主投诉的对象是十分广泛的,包括物业管理企业、业主委员会、房地产开发企业、其他业主或者物业使用人,以及与物业管理有关的其他主体,如配套项目服务提供商或者供应商等。

(一) 业主投诉的种类

业主的投诉可以根据投诉对象和投诉内容的不同进行分类,以下介绍根据投诉内容的不同而进行的投诉的种类。

1. 针对物业管理服务进行的投诉。

针对物业管理服务进行投诉主要是指业主针对物业管理企业或者承担物业管理义务的专业公司所提供的服务不满意,而进行的投诉,本类投诉的内容都是物业管理活动或者与物业管理活动

有关的活动。

2. 针对相邻关系进行的投诉。

针对相邻关系进行的投诉主要是指业主针对其他业主在对房屋进行占有和使用时侵犯了其权利,从而影响了业主对其物业的整体利益,投诉的内容都是因为业主与业主之间的相邻关系。

3. 针对行使物业管理权方面的投诉。

针对行使物业管理权方面的投诉主要是指针对危害业主正常行使管理权行为的投诉,如业主委员会委员不履行业主委员会章程规定的职责或者未按法律规定履行职责等进行的投诉。

4. 针对房地产质量进行的投诉。

针对房地产建筑的建设质量问题的投诉,原则上讲不属于物业管理活动中的投诉范围。但是由于在很多情况下物业管理企业在履行物业管理活动的职责时,接受了房地产开发企业的委托,承担对房地产的修缮义务,因此将针对房地产质量进行投诉的问题划为业主投诉的问题之一。

5. 其他类投诉。

以上的几种业主投诉不可能代表物业管理活动中业主投诉的全部,这不但是由于物业管理活动本身的性质决定的,同时也是每一个物业区域自身特点所决定的。

(二) 受理业主投诉的部门

受理业主投诉的部门根据业主投诉的分类不同而有所不同,在物业管理活动中,业主委员会、物业管理企业、物业管理行政主管部门及相关的行政管理部门都能够成为业主投诉的受理部门。

1. 针对其他业主违反物业管理规定的行为,业主可以向物业管理企业进行投诉,要求物业管理企业履行管理职责对违规业主进行处理。同时业主还可以向业主委员会或者物业管理行政主管部门进行投诉,也可以向有关行政管理机关投诉,要求这些部门依法处理。

2. 针对物业管理企业的违法行为或者违约行为,业主可以向业主委员会或者物业管理行政主管部门进行投诉,要求这些部门对物业管理企业的行为进行处理或者处罚。

3. 针对业主委员会不履行职责的行为,业主可以向物业管理行政主管部门进行投诉,要求物业管理行政主管部门进行处理,并可建议召开业主大会对业主委员会进行整改。

4. 针对房地产开发企业的违法或者违约行为,可以向房地产行政主管部门进行投诉,要求房地产开发企业依法履行义务或者履行约定。

我国有关物业管理的法律、法规和条例对业主的投诉进行了广泛的规定,业主不但有着广泛的投诉权,而且受理投诉的部门也十分广泛,这从一方面表明我国对业主投诉的重视,但也会造成受理业主投诉的部门处理问题不及时、互相推诿,从而影响问题处理的效率。

(三)业主对投诉处理结果不满意的解决方法

任何部门针对业主的投诉都必须进行及时处理,并将处理结果及时反馈给投诉者。如果业主对投诉受理机关所做出的处理结果有异议,还可以采取不同的方式对处理结果提出异议。

1. 继续向有关部门进行投诉。

如业主向业主委员会投诉物业管理企业,业主委员会没有进行处理或者处理结果业主不满意的,业主还可以向物业管理行政主管部门进行投诉,要求进行处理。

2. 向有关行政机关提出行政复议。

业主就物业管理活动中的某一主体向有关行政机关进行投诉,如果行政管理机关处理的结果不能使投诉的业主满意的,该投诉的业主可以向处理该投诉的行政机关的上级行政机关申请行政复议,但法律法规明确规定不得申请行政复议的除外。

3. 向有管辖权的人民法院提出诉讼。

业主对投诉处理不满意向人民法院起诉有两种情况,一种是对受理投诉的部门处理不满意的,能直接向人民法院进行起诉的,可直接向人民法院提起民事诉讼,如业主之间因相邻关系产生的纠纷向物业管理企业进行投诉的,如果物业管理企业没有进行处理或者处理的结果一方业主不满意的,可以向人民法院进行起诉要求进行处理。另一种情况是业主对有法定职权受理和处理投诉的机关不处理的行为或者所作出的处理不满意的,可向人民法院起诉该行政机关,要求行政机关依法履行法定职责或变更具体行政行为,当然如果该行为在法律、法规上明确规定必须经过行政复议的,业主还必须经过行政复议后才可进行诉讼。

保护业主的合法权益是一项重要的工作,业主要真正保护好自己的合法权益,在遇到问题时可以聘请律师来解决。律师可以根据物业的不同特点和业主与物业使用人性质的不同采取不同的为业主提供法律服务的方式,为业主提供服务。

六、物业使用人承租物业时应注意的问题

物业使用人承租物业主要是指物业使用人向物业所有权者以租赁的方式取得物业使用权的行为。物业使用人承租物业的情况十分普遍,物业使用人在承租物业时应当注意以下几个方面:

1. 出租人的主体资格及对物业的要求。

物业使用人在承租物业时主要应当考察出租人是否为房屋的所有权者或者是所有权者授权的有权出租该物业的主体。物业使用人承租物业时必须审查出租人对物业拥有所有权的凭证或授权凭证。同时还要注意物业的所有权是否存在纠纷,是否有抵押等所有权的限制。如果出租人是专门从事物业出租的,还必须取得从事房屋租赁业务的营业执照和具备相应的资质。个人出租的也应按照法律法规的规定,到有关部门登记备案后,方可以进行。

有下面几种情况的,物业使用人不应承租房屋:

(1)物业所有人未依法取得房屋所有权证和土地使用权的;

(2)出租房屋被司法机关或有关行政执法机关裁定查封或者以其他方式限制出租的;

(3)共有房屋的共有人未同意的;

(4)房屋产权有争议未解决的;

(5)房屋履行担保程序未征得担保权人同意的;

(6)法律法规规定的禁止出租的情形。

2. 租赁合同的签订。物业使用人在与物业所有权人签订租赁合同时,应明确注意如下内容:
(1) 租赁期限、租金支付及计算方式;
(2) 租赁期限房屋的维修及费用由谁承担;
(3) 物业管理费用的承担;
(4) 物业使用人对房屋进行装饰装修的问题;
(5) 是否可以转租;
(6) 租赁登记的办理;
(7) 业主有关物业管理权方面的授权;
(8) 根据物业使用人承租物业的用途不同而应注意的事项。

第七章 物业管理企业日常法律顾问工作

第一节 规范物业管理企业依法运作的基本原则和方式

物业管理企业的法律顾问工作就是律师接受物业管理企业的委托,以其所掌握的法律专业知识和专业技能为物业管理企业的组建和经营活动提供法律服务,以保障物业管理企业的合法权益的活动。

律师作为物业管理企业的法律顾问,参与到物业管理企业的日常管理工作当中,为物业管理企业的经营决策提供法律意见和建议,不但可以依法保障物业管理企业正常开展经营管理活动,而且还可以在物业管理企业的组建、成立上提供全方位的法律服务。

一、规范物业管理企业依法运作的基本原则

(一) 依法成立的原则

物业管理企业必须依法成立。物业管理企业的依法成立可以包括两方面的内容:

1. 物业管理企业必须经工商行政主管部门进行工商登记,取得企业经营执照;

2. 物业管理企业必须依法经物业管理行政主管部门审批,取得物业管理企业经营资质证书。

物业管理企业与其他企业不同,实行的是企业资质核准制度,即物业管理企业只取得工商营业执照未取得物业管理企业资质证书,是不能依法开展物业管理活动的,要开展物业管理服务就必须取得物业管理企业经营资质证书。

(二)依法取得物业管理权的原则

物业管理企业依法取得物业管理权就是指物业管理企业依法通过招投标的方式取得某物业项目的物业管理权。非经有关主管部门的批准,物业管理企业不得采取其他方式接受物业管理委托。

(三)依法提供物业管理的原则

这条原则不但对物业管理企业十分重要,同时对业主和物业使用人也十分重要。物业管理企业要在法律、法规、规章规定的范围内为物业提供管理服务,如果物业管理企业向物业提供的管理服务违法,不论其违法的原因是来自物业管理企业本身,还是源于业主和物业使用人的委托,都要受到法律的制裁,因此物业管理企业只有依法经营才能健康发展。

二、规范物业管理企业依法运作的方式

律师帮助物业管理企业确定正确的组织形式,可以包含两方面的主要内容,一方面是依照法律协助拟成立的物业管理企业确定其企业类型,即按照什么所有制性质设立物业管理企业;另一方面是依照法律法规的规定,帮助物业管理企业在登记注册之后建立起一套有效的物业管理企业内部经营管理、工作组织原则和机构。

(一)确定物业管理企业的类型

根据我国的企业管理制度,投资者可以采取不同的企业形式设立物业管理企业,如设立物业管理有限责任公司、物业管理股份有限公司、中外合资物业管理企业、中外合作物业管理企业或国有独资物业管理企业等。不同的物业管理企业性质所要求的物业管理企业的组织形式也是不同的,因此律师在日常为物业管理企业提供法律服务的过程中,应当协助物业管理企业根据投资人和投资来源的不同,确定正确的企业性质并依法进行登记注册,同时协助物业管理企业建立真正适合市场经营运作的组织形式。

(二)建立物业管理企业内部组织形式

按照《公司法》所设立的物业管理企业的内部组织形式通常会设有股东会、董事会、总经理及各个管理部门,除了以上的几个机构和部门外,物业管理企业还要根据工作的实际情况按照《中华人民共和国工会法》的有关规定设立工会和按照《中国共产党党章》的有关规定组建企业党的机构。物业管理企业的各个不同的机构均有着不同的职能分工,对物业管理企业的经营、发展发挥着不同的重要作用。

物业管理企业的股东会由出资设立物业管理企业的全体股东组成,是物业管理企业的权力机构,行使物业管理企业的最高决策权。董事会是物业管理企业的管理层,其对股东会负责。总经理是由物业管理企业董事会选举产生的,具体行使物业管理企业的日常管理权,其对董事会负责。

物业管理企业内部管理机构的设置,可以根据物业管理企业所经营管理的具体项目的不同而有所不同。通常物业管理企业可设置拓展部或物业管理开发部、管理部(其中包括保安、保洁、维修、绿化、智能工程部、管理中心等部门)、便民服务部或商务部、办公室、财务部、网站管理部等职能管理部门。物业管理企业所设置的这些具体职能管理部门行使具体的经营管理职责。作为物业管理企业常年法律顾问的律师应当根据物业管理企业的性质和其所经营管理的物业项目的不同情况,为物业管理企业的内部机构设置提出合理化的建议和意见,确定物业管理企业各部门的具体工作职能和职责,从而使物业管理企业确立经营管理的基本原则,有序地开展正常的经营管理活动。

律师在协助物业管理企业确定组织形式的时候,还要在物业管理企业成立之时,为物业管理企业的股东起草拟订《组建物业管理企业合同》,并在各方股东决定设立物业管理企业和签订《组建物业管理企业合同》之后,为物业管理企业制定《章程》。无论是《组建物业管理企业合同》还是企业《章程》都是物业管理企业日常经营管理活动中的最基本的准则和工作依据,特别是物业管理企业《章程》会对物业管理企业内部组织机构的具体设置和职权等进行明确和具体的规定。

(三)协助物业管理企业确定合理的经营方式

1．物业管理企业的经营方式受企业组织形式的影响。

律师应当为物业管理企业选择、确定合理的经营管理方式出谋划策。物业管理企业的经营管理方式受到物业管理企业组织形式的影响，同时也受到其内部组织机构设置的影响。物业管理企业采用不同的经营管理方式会对其业务发展有不同的作用。一个物业管理企业选择了与其设立的组织形式和管理组织形式相适应和配套的经营管理方式，会对物业管理企业的业务发展有着十分积极的促进和推动作用，反之如脱离其设立的组织形式和内部机构设置的组织形式的，则会产生严重的负面影响。

2．结合物业项目特点确立企业经营方式。

不但物业管理企业的组织形式对其经营管理方式有着重要的影响，同时物业管理企业所接管的物业项目的具体情况，对其经营管理方式也有着十分重要的影响。律师要协助物业管理企业合理合法地确定物业管理企业的经营管理方式，决定是否将物业管理具体的职能项目如保安、保洁、绿化、维修等转委托给其他专业专项管理公司进行管理。如果物业管理企业采用将部分管理项目转委托给专业专项管理公司管理的经营管理方式，其在内部管理机构的设置上也要进行相应的调整，即机构设置上要设立相应的管理督导部门，行使对专业专项管理公司的监督指导的职责。律师明确物业管理企业采用不同的经营管理方式时所对应的权利与义务关系，从而确定对物业管理企业最为有利的经营管理方式。

3．合理确立配套服务项目的经营方式。

协助物业管理企业确定了物业管理活动中的经营管理方式后，律师还应当协助物业管理企业确定物业项目中相关配套服务设施设备的管理服务和经营方式。如对业主会所、物业内由房地产开发企业建设并委托物业管理企业经营管理的商业设施和停车场等，采取什么样的经营管理方式。这些配套服务项目由于其特殊性，会给物业管理企业增加很多管理责任，如果物业管理企业没有明确一种合理的经营管理方式，一旦产生问题会对物业管理企业的经营管理产生极大的损害。所以物业管理企业的管理决策层和物业管理企业的法律顾问律师,应当充分、正确地认识物业管理企业经营管理方式对物业管理企业经营发展的重大影响,避免因所选择的经营管理方式不当产生的负面影响,从而导致物业管理企业的经营陷入困难,出现企业生存危机。

(四)帮助物业管理企业确定相适应的民事行为能力

民事行为能力是物业管理企业能够依法行使物业管理权利的资格。物业管理企业在依法进行工商登记并经物业管理行政主管部门授予资质证书后,就具备了民事行为能力,有权正式开展与物业管理服务活动有关的民事活动。如果物业管理企业是由外商投资设立的,还要符合有关外商投资设立企业的规定,所设立的物业管理企业才能依法具备民事行为能力。

物业管理企业的这种民事行为能力,仅体现在物业管理企业履行物业管理服务职责和与物业管理服务职责有关的活动中。这种民事行为能力的效力,不能及于物业管理企业因履行物业管理职责所产生的,虽然表面上与物业管理活动有关,但实质为其他经营活动的行为。最为典型的就是物业管理企业从事商务活动,物业管理企业合法登记注册开展正常业务活动后,是否能够自动具备经营商务活动的民事行为能力,即物业管理企业是否可以不经工商登记明确取得商务经营权,自然具有商务经营的资格,对于这一点有待探讨。《城市新建住宅小区管理办法》中,对物业管理企业开展多种经营活动给予了明确的肯定。那么物业管理企业是否因为《城市新建住宅小区管理办法》的这一规定就自动取得了商务经营权,我们认为物业管理企业只在工商登记注册时登记注册了物业管理,而未明确登记注册商务活动的经营范围,是不能自动具备商务经营权的。何况商务行为有很多种类,某些商务行为按照国家有关法律、法规的规定是应当进行单独登记注册的,而且有些特殊的商务项目还要求有一定的特别限制,如居间商务活动,就要求开展这项业务的企业具备相应数量的具有从事居间商务服务的从业资格人员。所以,物业管理企业从事商务活动应当进行专项的工商登记和注册,需要特殊审批的要进行特殊审批。物业管理企业依法取得商务经营权后,就应当在登记注册的范围内依法开展商务活动。通常物业管理企业不同于社会上普通的商务企业,其开展商务业务的范围一般限定在其所经营管理的物业区域内。另外,《城市新建住宅小区管理办法》中规定物业管理企业实行多种经营的收益,应当补充小区管理经费。这一规定过于僵化也不明确,如多种经营的收益补充了小区管理经费后仍有余额的如何处理;物业管理经营本身充足无须补充的,多种经营收益如何处理。我们认为,物业企业从事商务经营活动的本年度收益首先应当补充本年度物业管理经费的不足,如本年度物业管理经费无不足或补充不足后仍有余额的,本年度的商务经营收益可用作物业管理企业的收益。这样规定可以增加物业管理企业开展商务活动的积极性,满足广大业主和物业使用人的要求,为物业提供优质的管理服务。从国内外物业管理企业所提供的商务活动来看,物业管理企业只要取得了相应的登记和注册,就可以开展多种的商务经营活动。我国的物业管理企业也必将向国外物业管理制度较发达状况下的物业管理企业一样,商务活动才是物业管理企业真正的盈利手段。

律师作为物业管理企业的法律顾问,在物业管理企业从事商务活动中必须注意,帮助物业管理企业把握商务活动依法进行,以避免物业管理企业因商务活动没有进行工商登记注册或没有进行审批,即不具备经营商务活动的民事行为能力,而受到工商行政管理机关或其他相关行政机关的处罚,并因此种行政处罚而产生其他的纠纷,给物业管理企业造成损害。

第二节 规范物业管理企业与各方面的法律关系

如何正确地认识、理解和规范物业管理企业与各方面之间的法律关系,使各方面的法律关系均发挥有利于物业管理企业的作用,这就需要物业管理企业全面认识掌握各种法律关系的性质与作用。物业管理企业在实际经营管理活动中很难将每一种法律关系所体现的权利义务均掌握和运用好,因此律师在这方面应利用专业知识来协调、规范物业管理企业与各方面之间的法律关系,为保障物业管理企业的健康顺利发展起到积极的作用。

一、建立、规范物业管理企业与房地产开发企业的法律关系

物业管理企业作为物业管理活动中的主要主体之一,其生存和发展所依据的是物业项目的存在,物业项目又是房地产开发企业开发和组织建设的,也就是说物业项目是由房地产开发企业最终开发和组织建设完成的,房地产开发企业是物业项目的第一所有者。如果没有房地产开发企业的活动,物业管理活动也就无从谈起。实践中,房地产开发企业往往是物业管理企业的出资人。但是物业管理企业是一个独立的法人,是独立核算、自主经营、独立承担民事法律责任的主体。物业管理企业与房地产开发企业具有平等的法律地位,它们之间虽然避免不了关联交易的发生,但必须在不损害他人利益和不违反国家法律法规的基础上进行。

作为物业管理企业的法律顾问,律师要帮助物业管理企业建立、协调和处理好与房地产开发企业之间两方面的法律关系,一方面是物业管理企业与房地产开发企业之间,关于物业项目前期物业管理委托事宜产生的法律关系;另一方面是物业管理企业在进行物业管理活动中与房地产开发企业所产生的法律关系。

物业管理企业与房地产开发企业就物业项目前期委托事宜而产生的法律关系,即物业管理企业接管物业项目时与房地产开发企业所产生的法律关系。关于这种法律关系的性质和双方的权利义务等问题,在前面的章节中已经进行过全面的阐述。律师应当指导物业管理企业,正确认识在与房地产开发企业的委托法律关系中所形成的各种权利义务,以保证物业管理企业在接受房地产开发企业委托时,做到既合理合法地维护自身的合法权益,又不对房地产开发企业造成权利上损害,更不会因委托法律关系的确立在今后的物业管理活动中侵害业主和物业使用人的合法权益。

物业管理企业在接受房地产开发企业的前期物业管理委托或

接受业主委员会的委托,对物业项目进行物业管理服务活动时,同样会与物业项目的房地产开发企业产生多种法律关系,这种法律关系与前期委托过程中产生的法律关系有所不同,前期委托过程中所产生的法律关系较为单一,即为委托法律关系;而在物业管理服务阶段,物业管理企业与房地产开发企业之间的法律关系复杂多样。要正确合理地处理好在物业管理阶段物业管理企业与房地产开发企业之间的法律关系,就必须正确认识此阶段物业管理法律关系的各种性质。物业管理企业的工作人员由于所处的特殊环境和特殊利益的不同,在认识这些法律关系时有一定的局限性。律师作为一名相对独立和具有一定专业法律知识的法律工作者,不但可以全面正确地理解和认清在正常物业管理活动阶段的法律关系的种类和性质,还可以为物业管理企业如何解决因这些法律关系产生的法律纠纷,提出符合法律规定和最有利于减少和降低物业管理企业风险的解决方法,在不损害房地产开发企业和业主、物业使用人等合法利益的基础上,尽最大努力去维护物业管理企业的合法利益。

二、规范物业管理企业与业主、物业使用人之间的法律关系

物业管理企业提供物业管理服务活动的直接对象是物业区域内的业主和物业使用人。建立物业管理企业与业主和物业使用人之间的物业管理法律关系,实际上就是物业管理企业与业主和物业使用人的代表机构——业主委员会签订《物业管理委托合同》等一系列活动,在这一过程中律师应当参与物业管理企业与业主委员会就《物业管理委托合同》洽谈等实际工作,并为最终达成合理的、可操作的委托合同作出贡献。同时律师还应当根据有关物业管理的法律法规和双方的商谈内容和结果拟订《物业管理委托合同》的原则内容,以便在双方签约时使用。律师协助物业管理企业签订《物业管理委托合同》之后,物业管理企业与业主和物业使用人之间的法律关系也就基本确定。

律师协助物业管理企业建立与业主和物业使用人之间的法律关系,是一种阶段性的工作,而律师协助物业管理企业理顺其与业主和物业使用人之间的法律关系,则是物业管理企业顾问律师的长期工作。物业管理企业顾问律师首先应当十分了解和熟悉物业管理企业的实际情况和其所管理的物业项目的情况,同时还应了解和掌握国家和地方有关物业方面的各类法律法规和规章。

三、规范物业管理企业与其他有关部门之间的法律关系

物业管理企业在履行职责时会与社会各个方面发生法律关系,这种法律关系的发生必将引起一定的法律后果,为了最大限度的降低和减少不利于物业管理企业的法律后果的出现,物业管理企业所聘请的法律顾问律师应当通过自己的专业知识努力规范这些法律关系,使这些法律关系向着有利于物业管理企业的方向发展。

1. 规范物业管理企业与相关行政管理部门之间的法律关系。

在社会机构中,物业管理企业与相关行政管理部门之间的法律关系最为重要,法律顾问律师应当帮助物业管理企业规范其与工商行政管理部门之间产生法律关系,物业管理企业成立必须要到工商行管理部门进行工商登记注册,律师应当协助物业管理企业准备登记注册所需要的法律文件,同时在物业管理企业进行工商年检时,也要协助物业管理企业准备必要的法律文件。物业管理企业的经营范围的确定、是否超经营范围等都需要律师给予指导和帮助,这样可以避免物业管理企业因工商注册或超出经营范围等问题,受到工商行政主管部门的处理或处罚。

物业管理行政主管部门负责本行政区域内的物业管理事务,是物业管理企业的直接管理部门,负责物业管理企业的资质的审批和审核。物业管理企业与物业管理行政主管部门确立良好的工作关系有利于物业管理活动和业务的发展。特别是在物业管理企业办理资质的审批和审核时,法律顾问律师通过协助物业管理企业准备各类办理资质审批、审核的资料,能够使物业管理企业顺利通过企业资质的审核。

物业管理企业在从事物业管理活动中与其有行政管理关系的行政部门很多,除了上面介绍的工商行政管理部门和物业行政主管部门外,还有公安部门、物价部门、交通管理部门、卫生行政管理部门等社会行政管理部门。事实上,物业管理企业的物业管理活动涉及社会生活的绝大多数部门,而每一项具体的社会活动都能够找到具体行政主管部门,正是因为这样,如何帮助物业管理企业正确认识、处理和规范与这些部门的法律关系是法律顾问律师一项重要的任务。

2. 建立、规范物业管理企业与专业化专营公司的法律关系。

法律顾问律师应当协助物业管理企业针对物业管理项目的不同,建议将哪些物业管理专业项目委托给专业化专营公司进行管理,并决定将委托的专业项目采用何种方案和方式对外委托,以及对所选聘的专业化专营公司进行资格审查,这些内容都需要有律师的广泛参与。法律顾问律师参与的方式可以是在选聘过程中直接进行谈判、调查,从而提出意见,也可以是通过物业管理企业和专业化专营公司所提供的法律文件进行书面的审查,从而提出具体意见。在物业管理企业将某一专项业务委托专业化专营公司进行管理后,专业化专营公司与物业管理企业及双方与业主和物业使用人之间产生的法律关系,也均需要法律顾问律师的正确解决。法律顾问律师的工作可以建立、规范物业管理企业与专业化专营公司之间的法律关系,保障物业管理区域内的正常物业管理秩序。

第三节 建立法律文件的管理机制

物业管理企业为了能够正常开展各项物业管理事务,就必须有大量的法律性文件的支持。这些法律性文件不单单包括物业管理企业在建立物业管理法律关系过程中所必须的合同类文件,同时还包括物业管理企业在日常管理活动中所必备的确定各类民事行为的法律性文件。物业管理企业在日常管理中的法律文件又包括物业管理企业对物业进行管理时,所需要的法律文件和物业管理企业内部对其员工进行管理的法律性文件。物业管理企业对物业进行管理时所需要的法律文件主要是用来对业主和物业使用人的行为进行确认、处理的,物业管理企业对其内部员工进行管理的法律性文件则主要是物业管理企业通过行政手段,对其所聘用的工作人员进行管理约束的。至于各类法律性文件的具体内容分类和具体制作将在以后的章节中进行阐述,本节重点阐述法律文件的起草、审核、签署、履行的管理问题。

一、法律文件的制作程序规范

各类法律文件的起草工作是确立物业管理企业的基本物业管理理念和物业管理制度及物业管理企业内部管理形式和制度的过程。一个物业管理企业的经营管理理念和内部管理模式及制度都会全面反映在物业管理企业所起草和制作的法律性文件中。作为物业管理企业的法律顾问律师,应当全面掌握和了解物业管理企业的经营管理原则与企业内部管理模式和制度,从而通过律师的专业法律知识与物业管理企业的具体实际情况相结合,亲自或指导物业管理企业的工作人员起草制作出适应物业管理企业业务发展和内部管理运作的法律文件。

(一)合同类文件的制作程序规范

物业管理企业对合同的起草与制作的程序规范必须给予重视。物业管理企业在经营管理运作中涉及的合同很多,如在企业成立时需要《组建物业管理企业合同》,对外开展业务时需要《物业管理委托合同》,以及各类与委托的物业管理项目有关的配套服务与管理合同。如何保证这些合同起草和制作,不但符合物业管理企业的实际情况和最大限度地保护物业管理企业的利益,同时又能切实地维护物业管理活动中各方主体特别是业主和物业使用人的利益,建立合同起草与制作的程序规范非常必要。起草和制作合同所采用的方式决定了合同的质量。合同类文件的制作程序可以分为如下几个阶段(如图7-1所示)。

1. 业务人员提案阶段

业务人员提案阶段是指物业管理企业具体负责某一业务的工作人员将物业管理企业在经营过程中所需的合同类法律文件的原则内容、各方当事人之间的基本权利义务规范等向法律顾问律师

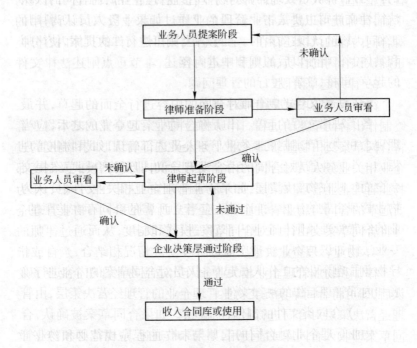

图 7-1 合同类文件的制作程序

进行介绍的过程。业务人员就合同进行提案是律师在起草合同的过程中必不可少的一个环节,律师可以通过物业管理企业业务人员的介绍,了解物业管理企业所需合同的性质、基本原则和内容,为下一阶段具体起草合同打下坚实的基础。

2. 律师准备阶段

律师准备阶段是指律师根据物业管理企业业务人员的提案,就起草合同的原则、内容等进行全面的总结与概括,为起草合同准备具体的法律资料和相关资料,并就律师所理解的合同性质、原则和基本内容与物业管理企业业务人员进行沟通的过程。律师应当就所理解的合同性质、内容和各方当事人之间的权利与义务关系等基本情况与物业管理企业业务人员进一步进行沟通,如果物业管理企业业务人员认为律师对物业管理管理企业所需合同的认识正确,律师就可以进入下一阶段的工作。如果业务人员认为律师对合同内容的认识还存在一定的差距,则可进行二次提案,使律师正确认识合同的性质、原则和基本内容。

3. 律师起草阶段

律师起草阶段就是律师对合同的内容进行全面的起草,并最终制作出合同草案的过程。律师将合同草案起草完成之后,应当将合同草案交由物业管理企业业务人员进行确认,如果物业管理企业相关业务人员对合同的内容没有异议,即可将合同草案提交物业管理企业管理决策层,如果物业管理企业相关业务人员认为所起草的合同与物业管理企业在经营中所需的合同存在差距的,可将合同草案交由律师对合同草案进行修改。

4. 物业管理企业决策层通过阶段

律师和物业管理企业相关业务人员对合同草案的内容进行确认后,即可将合同草案提交物业管理企业的管理经营决策层,由管理经营决策层对合同进行最后的确认。如果合同草案被确认,合同草案即收入合同库或者使用,如果未被通过,应由律师和物业管理企业相关业务人员对合同草案进行修改。

(二)其他管理文件的起草程序

其他管理文件的起草程序可以分为由法律顾问律师起草和由法律顾问律师指导物业管理企业工作人员起草两种方式。通常认为,其他法律文件中涉及法律问题较少而涉及物业管理业务上专业知识较多的法律文件,可以由法律顾问律师指导物业管理企业的业务人员起草制作,如果大量涉及的是法律问题甚至是对物业管理活动中相关主体的权利义务的界定的,则要由法律顾问律师来组织起草和制作工作。

由法律顾问律师负责组织起草和制作的其他法律文件,起草和制作的过程中也需要物业管理企业相关业务人员的积极参与和配合。一般由法律顾问律师负责组织起草和制作的其他法律文件的起草工作应遵循如下步骤:

1．由物业管理企业相关业务专业人员向法律顾问律师提供拟起草制作的其他法律文件的用途说明,即所起草的其他法律文件是用来规范何种法律关系、实现何种管理目的的。

2．法律顾问律师根据物业管理企业相关业务专业人员就所起草的其他法律文件的用途说明,要求相关业务专业人员提供具体文字资料或相关参考文件。

3．法律顾问律师根据自己对所要起草和制作的其他法律文件的内容、用途及管理目的的理解,找出能够适用该法律文件内容的法律法规的规定。

4．法律顾问律师认真审核所要起草的其他法律文件将要规定内容的合法性、规范性和法律文件所规定的主体的权利与义务的平衡性。

5．法律顾问律师正式着手起草法律文件,形成法律文件文本草案。

6．法律顾问律师将所形成的法律文件文本草案交由物业管理企业相关业务专业人员,并要求对文本草案提出业务上的意见或建议。

7．法律顾问律师针对业务人员的意见或建议,结合法律法规的规定对法律文件修改补充和进一步的规范。

8．将法律文件草案提交物业管理企业管理层,由企业经营管理层决定法律文件的最后确认。

由法律顾问律师指导物业管理企业相关业务专业人员起草的法律文件通常是涉及物业管理专业业务内容较多,涉及法律规范内容较少的纯物业管理性文件。法律顾问律师在指导物业管理企业业务专业人员起草和制作这类法律文件时应掌握如下原则：

1．审查该法律文件所规定的内容是否为物业管理企业的权利范围之内。

2．审查该法律文件所规定的内容是否符合法律法规的规定。

3．审查该法律文件所规定的内容特别是有关义务性的规定是否具有可操作性。

4．审查该法律文件的形式是否规范。

二、法律文件的日常管理

任何一种法律文件在制作完毕后，为了达到使用目的，都必须建立起一套完整、方便的法律文件管理体系和相关的运作机制。针对物业管理企业在物业管理活动中存在大量的法律文件这一特点，法律顾问律师应当帮助物业管理企业建立一套行之有效的法律文件管理体系，以使法律文件的管理达到规范化，从而便于法律文件的使用。法律顾问律师应当从如下几个方面帮助物业管理企业建立法律文件管理体系：

1．物业管理企业应当指定专人对各类法律文件的文档进行管理。

2．对各类法律文件根据不同性质和类别进行统一的编号，以方便查阅。

3．确定各类法律文件的修改整理权限，以使各类法律文件能够及时更新，并不因修改和整理权限的混乱造成法律文件随意被改动。

4．建立各类法律文件被修改或整理后的通报制度，即有权限对法律文件进行修改整理的人员，在对法律文件进行了修改和整理后，应当及时向物业管理企业的相关部门或人员通报法律文件被修改的内容、修改的目的和修改后的使用情况等。

5．建立各类法律文件使用情况的登记管理制度，即对各类法律文件在物业管理企业所管理的不同物业区域内的使用情况进行管理，不同物业区域所使用的不同的法律文件文本，应当报告物业管理企业并由物业管理企业进行登记备案。

法律顾问律师还可以指导物业管理企业，根据其自身的不同特点建立不同的法律文件管理模式。在这里要特别强调一下物业管理企业法律文件的网络化管理，物业管理企业的网络化管理是一种先进的企业管理模式。由于物业管理企业业务不断的发展，形成了一个物业管理企业在一个地区或多个地区管理不同的物业项目的局面,这在一定程度上加大了物业管理企业法律文件管理的难度。如果物业管理企业通过网络进行法律文件的管理,就会减少和降低因异地管理和使用法律文件的难度。物业管理企业法律文件实现网络化管理同样应当遵循以上的程序规范,不过物业管理企业法律文件的网络化管理更应注重法律文件的修改、整理、使用的权限设置和修改、整理、使用后的备案。

三、法律文件的使用

物业管理企业任何法律文件的制定和管理都是为了确保该法律文件的使用,法律文件的使用是制作和管理法律文件的最终目的。法律文件如何使用,使用过程中有什么注意事项,这些内容就是法律顾问律师应当向物业管理企业提供的法律服务内容之一。

(一)合同类文件的签订与履行

合同类文件的主体至少为二方,也可能为多方。将物业管理企业的合同类文件制作完成后,如果这些合同类文件是针对特定一个项目的,那么这个合同文件可以说已经达到了使用的条件;如果这个合同文件是某一类项目的通用文本,则这个合同文本还不能直接用到某个特定的项目上,还需要针对特定项目的不同特点进行调整与修改。合同的签订应当遵循如下原则:

1. 如果法律顾问律师所制作的合同是针对特定某个项目的合同,法律顾问律师将合同草案制作完成后应当将该草案报物业管理企业经营管理层对合同的业务内容进行最后的确认,确认后方可正式签约。

2. 如果法律顾问律师所制作的合同不针对具体的项目,而是针对一类业务的范本性合同,则在签订这样的合同时,应由物业管理企业的业务主管人员针对项目的不同,对合同范本进行修改、补充,然后将修改、补充后的合同文本交由法律顾问律师进行审核,最后提请物业管理企业经营管理层对合同内容进行确认后正式签约(如图7-2所示)。

法律顾问律师通过以上工作,可以使物业管理企业所签订的合同风险降低并保证其最为适合物业管理企业管理与发展的

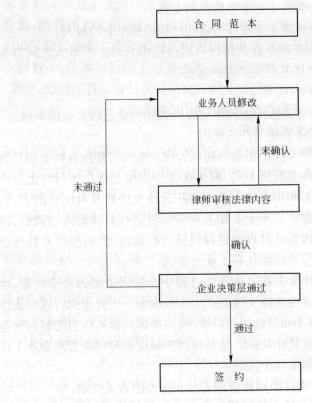

图 7-2 合同范本的制作

需要。

法律顾问律师在协助物业管理企业签订合同后,要将每一个合同在履行过程中可能出现的法律问题和物业管理企业必须注意的问题,明确地让物业管理企业知悉,从而使物业管理企业在合同履行过程中不致因违约造成不必要的损失。法律顾问律师通常应告知物业管理企业关于合同履行的如下问题:

1．合同开始履行和终止的期限;

2．合同中如有给付金钱或物品的,注意给付或者收取的期限;

3．物业管理企业应当履行的义务；

4．物业管理企业在履行合同过程中所享有的权利；

5．物业管理企业在履行合同过程中与对方当事人之间事务接洽、物品交接等有关证据的保存；

6．违约责任；

7．其他有关法律顾问律师应当告知物业管理企业的事项。

(二) 其他法律文件的使用

其他法律文件使用会因物业管理企业所管理的各物业项目自身的不同特点而有所不同，因此这部分法律文件在使用时也应当进行部分内容的修改与调整。这些法律文件修改与调整的方式，可以采用由物业管理企业相关业务人员进行具体修改与调整，再送法律顾问律师针对有关法律问题进行修改，最后报物业管理企业经营管理层进行确认后实施的方式。

各类法律文件在具体实施过程中会遇到很多的法律问题，也会因为实施这些法律文件而产生一些纠纷。因此在执行这些法律文件时，要减少和降低纠纷的发生，法律顾问律师应当随时向物业管理企业提供法律帮助。法律顾问律师应告知物业管理企业工作人员应注意如下几个问题：

1．法律文件中对被管理者禁止行为的有关规定；

2．法律文件中物业管理企业工作人员职责及职权的规定；

3．物业管理企业工作人员在履行职责或职权时有关证据资料的保存；

4．法律文件中所设定的物业管理企业的义务；

5．法律文件所指定的被管理者违反禁止性行为的处理程序和方式；

6．其他应当提醒物业管理企业工作人员注意和遵循的原则与事项。

第四节 建立信息反馈及处理机制

一个优秀的物业管理企业,不但要在管理质量上达到一定的规范标准,还要在各类信息和纠纷的处理上达到与其所提供的物业管理服务相适应的标准。事实上,对信息和纠纷情况的处理,可以全面地反映该物业管理企业的物业管理服务水平,关系到物业管理企业是否真正做到了企业的合理定位。建立一套信息的反馈和处理机制,合理、正确地对信息和纠纷进行处理是物业管理企业日常经营管理活动中的一项重要工作内容。在这方面工作中,法律顾问律师应当充分发挥其作用,协助物业管理企业建立信息反馈与处理机制。

一、物业管理企业信息基本种类

物业管理企业每天收到信息的种类和数量是非常多的,在广义上讲纠纷也是物业管理企业所必须了解的信息之一,不过纠纷与普通的信息不同,特别是在物业管理活动中纠纷信息的收集与处理,更为直接地影响到物业管理企业的物业管理服务活动和对外的形象。因此在对信息进行合理分类时,必须将普通信息与纠纷信息进行区别。

目前我国的物业管理企业正在向集团化、规模化的方向发展,一个物业管理企业拥有多家物业管理子公司,并且同时在全国各地分别管理着多家物业项目,因此建立物业管理企业的信息反馈与处理机制对于物业管理企业来讲是非常重要的。建立信息反馈与处理机制可以在最短的时间内全面地掌握本企业及不同子公司的经营管理情况和本企业包括本企业的子公司所管理的不同物业项目的管理情况。物业管理企业法律顾问律师要协助物业管理企业正确认识、分析和处理各类信息就应当对信息的种类进行划分。

(一)物业管理企业普通信息的种类

结合我国目前物业管理企业的工作现状和部门设置,物业管理企业的普通信息可以按照内部工作部门进行划分,具体可划分为如下几类信息：

1. 保安部行政管理信息；
2. 保洁部行政管理信息；
3. 绿化部行政管理信息；
4. 维修部行政管理信息；
5. 管理中心行政管理信息；
6. 企业办公室行政管理信息；
7. 智能部行政管理信息；
8. 网站部行政管理信息；
9. 财务部行政管理信息；
10. 物业管理企业所设置的其他部门的行政管理信息。

物业管理企业各部门行政管理信息主要是指物业管理企业及物业管理企业的不同子公司在各部门之间内部管理方面的信息。具体又可以分为：

1. 物业管理企业（总部）向各物业管理子公司就各部门管理方面所下达的管理信息；
2. 物业管理子公司就各部门的建议、业主和物业使用人针对各部门的建议等问题向物业管理企业（总部）所上报的信息。

（二）物业管理企业纠纷信息的种类

物业管理企业纠纷信息的种类是多种多样的，其分类方法也有多种，可以按照物业管理活动中各主体的不同进行分类，也可以按照物业管理企业的部门设置进行分类。在物业管理工作实践中，以这两种分类方式的结合对物业管理企业的纠纷信息进行分类的方法，比较适合物业管理企业及时、准确地解决纠纷。

1. 按照物业管理企业部门不同划分。按照物业管理企业部门的不同，可将物业管理企业纠纷信息划分为如下几种：

（1）保安部纠纷信息，主要是因为保安部对物业项目进行安全防范服务所产生的与业主、物业使用人、房地产开发企业、其他有关部门和人员之间产生的摩擦，造成相关部门与人员的投诉或者有关行政主管部门的行政处罚而产生的纠纷。

(2) 保洁部纠纷信息,主要是保洁部工作人员在对物业进行保洁工作时,因保洁未达到标准或出现其他对物业、业主、物业使用人、房地产开发企业、其他有关部门及人员的损害,或者因保洁服务未达到标准造成相关部门与人员的投诉,或者受到有关行政主管部门的处罚而产生的纠纷。

(3) 绿化部纠纷信息,主要是绿化部在进行绿化工作时,侵害了业主、物业使用人、房地产开发企业、其他有关部门及人员的利益,或违反了有关绿化方面的行政法规,造成相关部门及人员的投诉或者受到相关行政主管部门的行政处罚而产生的纠纷。

(4) 维修部纠纷信息,主要是业主、物业使用人、房地产开发企业对维修工作不满意,造成相关部门及人员的投诉或者为此受到相关行政主管部门的行政处罚而产生的纠纷。

(5) 管理中心纠纷信息,主要是业主、物业使用人对管理中心的工作不满意,从而对管理中心进行投诉所产生的与管理中心的纠纷。

(6) 智能部纠纷信息,主要是因物业项目内智能设施设备的使用、维修等问题与业主、物业使用人或其他部门及人员之间产生的纠纷。

(7) 办公室纠纷信息,主要是指物业管理企业内部人事管理中出现的,物业管理企业与所聘任的工作人员之间的纠纷。

(8) 网站部纠纷信息,主要是因为物业管理企业所开办的网站,在经营管理活动中侵害了业主、物业使用人或有关部门或人员的利益,或违反了有关行政管理法律法规,造成相关部门及人员的投诉或者受到行政管理部门的处罚等问题产生的纠纷。

(9) 财务部纠纷信息,主要是因为物业管理收费、物业账目公布等问题与业主、物业使用人、房地产开发企业之间产生的纠纷。

这里所提的与相关行政主管部门的纠纷属于行政纠纷的种类之内,行政机关的处罚也不是针对物业管理企业内某个部门所进行的,而是对物业管理企业进行的,但这类行政纠纷产生的原因是因某个部门的工作造成的,因此在纠纷分类时应当将其分别分在不同的部门中。

2. 按照产生纠纷的主体不同划分。按照产生纠纷的主体不同可以做出如下分类：

1．与业主、物业使用人之间的纠纷；
2．与业主委员会之间的纠纷；
3．与房地产开发企业的纠纷；
4．与专业化专营公司之间的纠纷；
5．与社会化专业部门之间的纠纷；
6．与相关行政主管部门之间的纠纷；
7．与物业管理企业所聘请的员工之间的纠纷；
8．与其他相关人员或部门的纠纷。

法律顾问律师应当协助物业管理企业建立一套以上述两种纠纷信息分类方式交叉结合的纠纷信息管理体系，以便使各类纠纷信息能够准确、快速地进行处理。

二、物业管理企业信息的反馈流程

如何将物业管理企业各方面的信息进行反馈与汇总，使物业管理企业通过所反馈的信息的内容实现对企业管理和企业经营的评估，是物业管理企业信息处理过程中的一个重要环节。物业管理企业的信息出现后，通常应当按照如下流程进行反馈。

（一）物业管理企业（总部）下发的信息处理意见（如图7-3所示）

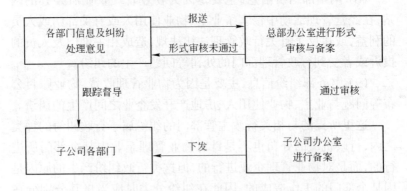

图7-3 物业管理企业（总部）下发的信息处理意见

1．信息及纠纷处理意见由各部门报送物业管理企业（总部）办公室汇总，并由办公室对信息及纠纷处理意见进行备案和形式审核。

2．物业管理企业（总部）办公室将信息及纠纷处理意见下发到各子公司办公室，再由子公司办公室下发到子公司相关部门。

3．物业管理企业（总部）各部门负责对下达信息和处理意见的实施和执行情况进行跟踪。

（二）物业管理企业各子公司或子公司各部门上报的信息情况（如图7-4所示）

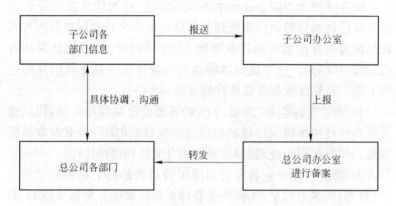

图7-4　物业管理企业各子公司或子公司各部门上报的信息情况

1．物业管理企业各子公司或子公司各部门将信息报至子公司办公室，并由子公司办公室上报至物业管理企业（总部）办公室。

2．物业管理企业（总部）办公室将信息登记备案后转给物业管理企业（总部）相关业务部门进行处理。

3．物业管理企业（总部）相关业务部门就信息的具体情况等事宜与物业管理企业子公司或子公司各部门进行沟通。

4．物业管理企业（总部）或其相关业务部门就信息的处理提出方案或建议，通过办公室下发到各子公司或其他部门。

随着现代化办公方式的不断发展，一些物业管理企业已经开始利用网络化的管理方式对信息的反馈进行管理,不仅可以节省时间提高工作效率,还可以大大减少物业管理企业的工作成本,也使得信息的流动更为的快速,有利于物业管理企业的发展。

三、信息处理应注意的几个问题

物业管理企业信息的处理是重要而且十分复杂的事情,各类信息的处理结果直接影响到物业管理企业的管理服务水平的改善与提高。这里所述的物业管理企业信息的处理是指物业管理企业(总部)各类信息的处理方式和方法,而不是具体的某一个信息如何进行处理。

物业管理企业信息处理的方式与方法,应当建立在物业管理企业对信息的分类和反馈流程的基础上。一个好的信息分类方式和反馈流程直接影响到物业管理企业对信息与纠纷的处理的方式、方法和结果。法律顾问律师协助物业管理企业在对信息的处理上应当特别注意如下几个问题:

1. 物业管理企业(总部)下发的各类信息和纠纷处理意见、建议应当经过法律顾问律师的审核,法律顾问律师应当重点审核所下发的信息和纠纷处理意见、建议的合法性和可操作性。

2. 物业管理企业各子公司或子公司各部门上报物业管理企业(总部)的各类信息,如被物业管理企业所采纳并准备实施的,应当送法律顾问律师处,由法律顾问律师对拟实施的信息文件的合法性提出意见或建议。

3. 物业管理企业各子公司或子公司各部门上报物业管理企业(总部)的各类纠纷及纠纷的处理意见,应当由物业管理企业(总部)各业务部门将该纠纷的情况通报法律顾问律师,由法律顾问律师提出解决方案或同物业管理企业相关业务人员共同研究形成解决方案。

总之,建立物业管理企业信息反馈与处理机制需要法律顾问律师的积极参与,这也是物业管理企业与法律顾问律师的重要任务。

第五节 物业管理为律师业务拓展空间

物业管理企业的法律顾问在为物业管理企业提供相关法律服务的过程中,随着对物业管理活动的广泛接触和深入了解,能够比较准确、及时地掌握物业管理活动中各主体之间的法律关系的形成和处理情况。物业管理企业的法律顾问律师在处理物业管理企业的日常法律事务时,不单单要与物业管理企业的内部工作人员打交道,同时还会在很多的情况下与物业管理活动中的其他主体,如业主、物业使用人、业主委员会、房地产开发企业、专业化专营公司等进行交往。法律顾问律师在处理物业管理企业与这些主体之间的法律关系时,能够比较全面、准确及时的了解到各主体的情况,可以很好地为这些主体提供法律服务。

一、为物业管理各个主体提供有关物业管理活动方面的法律服务

物业管理活动中所涉及的主体很多,这些主体均有一个共同的法律特征,就是其活动的全部或一部分与物业管理活动有关。这些法律主体主要包括有:房地产开发企业、业主委员会、业主、物业使用人、房地产及物业管理行政主管部门、专业化专营公司、社会化专业部门等。

1. 律师担任房地产开发企业法律顾问

在物业管理活动中,律师担任房地产开发企业法律顾问,可以从物业项目对外委托开始时,就参与到其中,协调物业管理企业与房地产开发企业的权利义务关系,解决物业管理活动中因房地产的质量等原因产生的纠纷等。

2. 律师担任业主委员会法律顾问

律师担任业主委员会的法律顾问,可以为业主委员会的组建、业主大会的召开及业主委员会章程的内容的确定、业主委员会选聘物业管理企业及业主委员会与物业管理企业纠纷的解决等问题提供法律服务。

3. 律师担任物业管理行政主管部门或相关行政管理部门的

法律顾问

律师担任物业管理行政主管部门或相关行政管理部门的法律顾问,可以从法律上保障各行政主管部门依法行政,完成对物业管理活动的行政监管。

4．律师担任专业化专营公司的法律顾问

律师担任专业化专营公司法律顾问,可以保障专业化专营公司依法接受委托开展业务,合理协调其与业主、物业使用人及物业管理企业之间的法律关系,从而保障物业管理企业、专业化专营公司、业主和物业使用人的合法利益。

5．律师担任社会化专业部门的法律顾问

律师担任社会化专业部门的法律顾问,可以保障社会化专业部门依法为业主、物业使用人提供专业的特殊商品的供应或服务,从而维护社会化专业部门的利益。

6．律师担任业主和物业使用人的法律顾问

业主和物业使用人是物业管理活动中数量最多的主体。律师担任业主和物业使用人的法律顾问,为业主和物业使用人提供有关物业管理方面的法律顾问活动,可以协调业主、物业使用人与物业管理企业的关系,保障物业管理活动的正常进行,维护业主和物业使用人的合法权益。

法律顾问律师不但可以为物业管理法律关系的各主体提供与之相关的法律服务活动,同时还可以为他们提供其他方面的法律服务活动。

二、拓展业务范围,开展其他方面的法律服务

物业管理企业的客户资源十分广泛,其所接管的每一个物业项目内均会有大量业主和物业使用人的存在,每一个业主和物业使用人就是一个重要的客户资源。业主、物业使用人通常在社会生活过程中,从事着不同的职业,开展这样和那样的经营活动,他们的活动会涉及社会政治、经济生活的各个方面,必然会遇到这样或者那样的法律问题。律师在为物业管理服务当中,如树立正确的执业观念和职业道德,坚持以事实为根据、以法律为准绳,公平合理地处理物业管理活动中所发生的各种矛盾,必然会在物业管理活动其他主体中树立起良好的形象,就会赢得他们的信任,同他们之间建立密切的联系。当他们拥有各方面法律服务需求时,就会聘请物业管理顾问律师,为其提供其他方面的法律服务。这样就为律师业务的进一步拓展,提供了广阔的领域。

如果法律顾问律师能够很好地运用物业管理企业所形成和建立的物业管理体系,形成一套为物业区域内业主和物业使用人提供法律服务的方式,不仅可以扩大法律顾问律师的工作领域和范围,也可以提升物业管理企业的物业管理服务水平和物业管理企业的品牌效应。

三、运用物业管理平台建立法律服务系统

(一) 运用物业管理网络平台建立在线法律服务系统

随着物业管理现代化水平的不断提高,采用网络化进行物业管理的物业管理企业日益增多。为了方便对业主和物业使用人提供法律服务,提升物业管理企业的品质,在物业管理网络平台系统中建立法律服务系统,能够使业主和物业使用人运用物业管理网络系统平台,实现在线接受法律服务的目的,这是物业管理企业和法律顾问律师的一项重要任务。

建立物业管理网络平台在线法律服务系统的基本流程:

1. 业主、物业使用人进入物业管理服务系统;

2. 业主、物业使用人进入物业管理服务系统后,通过点击相应的在线法律服务窗口的链接,进入法律服务内容窗口;

3. 法律服务内容窗口至少应设有业主和物业使用人留言、业主和物业使用人咨询、对业主和物业使用人咨询内容的解答公布等栏目;

4. 业主和物业使用人可以选择不同的栏目接受法律服务;

5. 法律顾问律师应定期对业主和物业使用人留言及咨询栏目进行浏览,并对业主和物业使用人的提问进行解答。

在线法律服务系统中还可以设置有关如何接受业主和物业使用人委托,为其提供有偿法律服务的措施和办法。

（二）运用物业管理平台建立非在线法律服务系统

如果物业管理企业没有采用网络化的管理方式,法律服务系统只能建立在现有物业管理服务系统之上,这种法律服务系统通常称为非在线法律服务系统。非在线法律服务系统可以采用法律顾问律师常年在物业区域内设置固定场所,为业主和物业使用人提供服务的方式,业主和物业使用人如需法律帮助,可以到律师办公地点直接要求律师提供法律服务;也可以采用由业主或物业使用人事先预约时间,由律师为其提供法律服务的方式,或是律师在固定时间固定地点为业主和物业使用人提供法律服务等多种方式。

四、物业管理立法的完善和保障司法公正更离不开律师

我国现行的物业管理法律法规存在的一个主要问题就是缺少全国人民代表大会或全国人民代表大会常务委员会关于物业管理的专项立法。可以说这种空缺制约了我国物业管理制度的发展,也造成了我国地方物业管理条例、规章的繁杂。要解决现阶段我国物业管理发展中的问题,突破物业管理法律制度发展的瓶颈,必须依赖于对物业管理活动的专项立法。

全国人民代表大会或其常务委员会的立法,是在总结各方面的物业管理经验,并对物业管理制度未来发展的前景进行全面规划的基础上进行的。律师通过为物业管理企业或业主(物业使用人)提供法律服务,可以不断了解物业管理的最新发展动态,掌握物业管理活动中的薄弱环节。律师对目前我国物业管理活动中存在的主要问题比较了解,对如何解决这些问题有较好的处理意见,并对将来物业管理立法中如何避免和解决这些问题,也有着很好的建议。所以律师对物业管理立法活动有着十分重要的作用。

律师在为物业管理活动提供法律服务的过程中,应有意识地不断去收集、整理、研究物业管理活动中存在的问题,并对这些问题的合理解决提出可行的解决方案。律师应主动地参与到物业管理立法活动当中去,充分发挥主观能动性,为物业管理立法活动做贡献。

比起律师参与物业管理立法活动,律师参与物业管理中各种问题的处理,更要具体得多。在物业管理活动中,物业管理企业与业主(物业使用人)之间的纠纷,是最为常见的一类纠纷,而这类纠纷的处理结果,往往会对物业管理活动产生直接的影响。如果律师能够协助纠纷主体合理地解决纠纷,处理结果使各方均达到满意,那么这种处理结果会对整个物业管理活动产生深远的正面影响,推动物业管理活动的前进;如果物业管理纠纷的处理结果不能让各方主体达到满意,那么有可能产生严重的负面影响,将不利于物业管理的发展。

律师在物业管理司法活动中,充分发挥其熟悉各类法律的专业优势,依法工作,可以保障物业管理司法活动的顺利进行,减少社会矛盾,为社会的安定团结做出更大的贡献。

第八章 网络智能化物业管理的法律问题

第一节 网络智能化物业管理的概念

网络智能化物业管理是物业管理领域内的一个新概念,它通过多种高新技术的综合运用,使网络和智能化结合在一起实现对物业的管理,它包括物业管理企业的内部管理。世界上第一座智能化建筑是1984年在美国康涅狄格州的哈特福德市建成的,由于该建筑是在一座旧金融大楼的基础上进行改建而成的,改建后出租率极高,因此世界各地的建筑商们看准了智能化发展的道路,使得智能化大厦、智能化小区在世界各地得到迅速广泛的发展。我国的智能化建筑真正开始兴建于20世纪90年代初期,在随后的十几年时间里有了快速的发展,一批智能化的高级饭店、宾馆、商贸中心、金融大厦相继兴建落成,此后又不断出现了智能化的火车站、飞机场、博物馆、图书馆、学校、医院、住宅小区等,其中以住宅小区的智能化建设发展最为快速。随着一批智能化建筑和小区的出现,对物业管理企业的要求有了新的发展,即要求物业管理企业在传统基础上在采用传统的物业管理方式的同时,结合智能化的要求提升自己的物业管理水平与能力,适应网络智能化物业管理的发展。

一、网络智能化物业管理的概念

网络智能化物业管理是指物业管理企业运用现代化的网络技术,针对不同的物业管理项目,采用各种集成自动化管理和控制系统、现代化的通信设施等手段,对物业内的保安、消防、维修、保洁等物业管理项目进行自动监控和管理,并通过网络技术将不同的物业项目进行联网,由物业管理企业统一进行物业管理资源配置和物业管理企业内部管理的活动。

网络智能化物业管理不同于传统的物业管理,其主要是由两部分所组成的,即物业管理的网络化和物业管理的智能化,网络智能化物业管理是网络与智能的统一。物业管理企业要实现网络智能化物业管理,对其自身与其所管理的物业项目也有一定的特殊要求。物业管理企业要完成网络智能化物业管理的目标,一般该物业管理企业的组织形式应为集团形式的物业管理企业,即一个物业管理企业同时拥有多家控股的子物业管理企业,而各个物业管理企业包括母企业与子企业均有一定数量的物业管理项目,或者虽然物业管理母企业没有具体的物业管理项目,但其子企业均有一定的物业管理项目。在这种情形下,物业管理企业实现网络智能化物业管理就有了物质基础的保障。另一个情况是,虽然物业管理企业不是集团形式,也没有其他的控股或由其投资设立的物业管理企业的存在,只是一个单独的物业管理企业,但只要其拥有不同的物业管理项目,也可开展网络智能化物业管理。

二、网络智能化物业管理特征

1. 网络智能化物业管理是网络技术与物业管理智能技术的结合体在物业管理活动中的体现。

确切地说,网络智能化物业管理是由三个方面的支持点共同组成的,即网络系统的支持、智能化系统的支持和传统的物业管理活动的支持。网络智能化物业管理其实就是网络系统、智能系统与物业管理的结合,是一种依托于网络技术与智能技术而存在的现代化的物业管理模式。

2. 网络智能化物业管理依托于网络技术和智能技术。

网络智能化物业管理是网络技术与智能技术应用在物业管理活动中的体现,其最终目的是为了实现为业主和物业使用人提供最优质的物业管理服务。网络智能化物业管理是将网络技术和智能技术具体地应用于传统的物业管理活动中,并利用网络技术与智能技术对物业管理活动的某一方面进行改进,从而提高物业管理活动的质量和物业管理企业的工作效率。网络智能化物业管理并不是一成不变的,会因为网络技术与智能技术的不断发展和提高而有所改变和发展。

3. 网络智能化物业管理是传统物业管理模式的进步。

物业管理企业在物业管理活动中采用网络技术与智能化技术,最根本的目的是为了提高物业管理的水平,实践和事实证明在物业管理活动中,采用网络技术与智能技术确实能够在很大程度上提高传统物业管理的水平,使物业管理发展到一个崭新的阶段,极大地促进物业管理行业的发展。虽然物业管理活动中采用了先进的网络技术与智能技术,但其实质并没有脱离物业管理这一最终目标,因此网络智能技术在物业管理活动中的应用,对传统的物业管理有着极大的促进作用。

4. 网络智能化物业管理对物业管理企业及其工作人员有较高的要求。

由于在物业管理活动中采用了网络先进技术与智能先进技术,要求物业管理企业的工作人员不但要熟悉和掌握物业管理方面的专业知识,同时还要熟悉和掌握有关网络技术和智能技术方面的专业知识。特别是物业管理企业中相关部门的负责人,如负责网站管理人员、负责智能系统维护的人员等部门的工作人员,对网络技术和智能技术的掌握程度应当达到一定的专业水平,否则难以胜任其工作的要求。

5. 网络智能化物业管理不单单包含物业管理,同时也包含物业管理企业行政管理的内容。

网络智能化物业管理不单单是物业管理企业对物业项目所进行的管理服务,同时还包含着物业管理企业在日常管理及办公活动中的网络和智能化管理。母物业管理企业与子物业管理企业之间通过网络智能手段实现即时的信息沟通,同一物业管理企业所管理的不同物业项目之间的信息共享与交流及该物业管理企业对不同物业项目管理情况的监控与督导等,都体现着在物业管理企业日常内部管理活动中网络与智能技术的应用。

6. 对物业的基础要求较高。

网络智能化物业管理依赖于整套的网络系统和智能设施设备的存在,因此网络智能化物业管理活动要求有较高和较为完善的网络系统和智能设施设备的存在。网络智能化物业管理对物业项目自身有一定的物质要求,即要求物业项目在建设时就应当考虑有关与网络智能管理相配套的设施设备的建设。事实上一个物业管理项目的网络智能化管理所依据的是该物业项目所建设的网络智能设施设备和系统的情况,如果没有网络智能系统的建设,物业管理企业也就不可能实现网络智能化的物业管理目标。

三、网络智能化物业管理的意义

物业管理企业在物业管理活动中实现网络智能化管理对整个物业管理行业有着深远的重要意义。

1. 网络智能化物业管理可以为业主和物业使用人提供更为安全、舒适的物业管理服务。

网络智能化物业管理活动中有全套的保安自动监控系统、消防报警系统、环境自动监控系统、自动消毒系统、停车场自动管理系统等多种网络智能化系统,这些系统的存在极大地提高了业主和物业使用人的工作、生活的安全舒适程度,同时也使物业管理活动对业主和物业使用人的干扰降到了最低限度,切实地为业主和物业使用人提供了安全、舒适的工作和生活环境。

2. 网络智能化物业管理极大地促进了物业管理有序化。

物业管理企业在进行物业管理活动中,需要处理大量的文件、资料和业主、物业使用人的投诉、意见、建议等。虽然每一个物业管理企业均会有专门的部门或者人员负责相应的工作项目,但就单单一个业务活动来讲,其工作量和需要处理的活动也很多,特别是在一个物业管理企业同时管理着众多的物业项目的情况下,这种问题尤为突出。物业管理企业采用网络智能化管理模式,建立文件及事务管理和处理系统模式,可以有效地避免因所管理或需要处理的文件、事务过多而造成的无序和混乱。

3. 利用网络和智能技术可以为业主和物业使用人提供多种

增值服务,提高生活品味。

现代社会是网络的时代,网络购物等行为已经十分普遍,物业管理企业可以通过网络的优势,为业主和物业使用人提供诸如网上购物等依托于网络的增值服务。通过这些服务不但可以使业主和物业使用人享受到多种的服务,还可以提高物业管理企业的经济效益。同时由于网络技术的使用,一个物业管理企业或多个关联物业管理企业可以建立一个统一的有关增值服务的中心,来集中为业主和物业使用人提供服务,以价格上的优势提高业主和物业使用人的积极性。

4. 网络智能化物业管理可以降低管理成本。

物业管理企业实现网络智能化物业管理服务,可以做到一个物业管理企业在对一个物业管理项目提供物业管理服务的同时,还可以通过网络和智能技术为其他物业管理项目提供相应的物业管理服务或者指导。当然这种物业管理服务的存在也依赖于被管理的物业管理项目内存在一定的专职的物业管理人员,只不过在一些部门和岗位上两个物业项目或多个物业项目可以共享一个物业管理者,从而节约了人力资源,降低了管理成本。另外,通过网络技术和智能技术可以减少物业项目对能源的消耗,如供暖、制冷等方面。从这一方面来讲又减少了物业管理所消耗的能源,降低了管理成本。

5. 网络智能化物业管理是社会发展的必然趋势,进一步推动了社会经济的发展。

随着我国改革开放的不断深入,人们的物质生活水平不断提高。人们在生活水平提高之后,就希望有一个更安全舒适的工作或者生活环境,网络智能化物业管理就可以满足人们的需求。网络智能化物业管理是社会经济发展到一定程度的结果,其存在需要有一定的经济基础,反过来网络智能化物业管理的发展也必将推动社会经济的发展。

物业管理企业采用网络和智能技术对物业进行网络智能化的管理,已经被广大的物业管理企业所应用。虽然我国在物业管理行业中应用网络和智能技术的时间不长,但实践证明,网络智能化的物业管理对物业管理行业的整个发展来说是一个巨大的促进力。

第二节　网络智能化物业管理的主要内容

网络智能化物业管理的前提条件是在某个物业项目内,必须建有符合网络智能化物业管理的相应的网络和智能设施设备,因此房地产开发企业在进行房地产开发、设计、建设的同时,必须全面考虑到在房地产项目建设竣工后的网络智能化管理,为了使所开发的房地产成为优秀项目进行网络和智能化的投资。房地产开发企业通过在开发的房地产项目中建设网络和智能化的设施设备,不但可以提高房地产的品牌和使用功能,同时也为物业管理企业实现网络智能化物业管理提供了物质保障和打下了良好的基础。事实上物业管理企业所提供的网络智能化物业管理的内容,均是受到房地产开发企业在开发建设房地产时所进行的网络和智能设施设备建设的情况制约的。物业管理企业不可能脱离网络和智能化设施设备的存在而实现网络智能化物业管理。因此物业管理企业所提供的网络智能化物业管理是与物业项目自身的网络和智能化水平相对应的。就目前我国的国情和物业管理的实际情况及世界其他地区网络智能化的发展水平来看,网络智能化物业管理的主要内容有以下几个方面。

一、网络智能化供给系统

网络智能化供给系统主要是指"三表远传"系统,具体的讲就是水、电和燃气的网络智能化供给与计量。"三表远传"的使用极大地提高了业主和物业使用人的工作和生活质量,最大限度地减少了供水、供电和供气等专业部门因计量、收费等行为对业主和物业使用人的影响。"三表远传"系统还包括对供水、供电和供气的安全监控。

网络智能化供给系统主要可以包括如下几个内容:

1. 计量。"三表远传"中的计量是指相关专业部门对业主、物业使用人用水、用电和用气数量的计算工作。网络智能化供给系统可以实现专业部门的工作人员通过计算机终端即可掌握业主、物业使用人用水、用电和用气的数量,避免到业主和物业使用人房屋内查表的麻烦。

2. 安全监控。业主和物业使用人在使用水、电和燃气时出现如燃气泄露、电起火等事故发生,网络智能供给系统会自动向有关部门进行报警,避免事故的进一步发展。

3. 计费。网络智能供给系统不但可以对水、电和燃气使用的数量进行计量,同时还可以对这些供给进行计费。业主和物业使用人使用水、电和气应交的费用通过计算机系统传输至费用结算系统,进行结算。

二、网络智能化消防系统

网络智能化物业管理一个非常重要的系统就是网络智能化消防系统,《中华人民共和国消防法》明确规定消防工作应当贯彻以防为主、防消结合的方针。一个物业区域如果发生火灾,物业管理企业及时发现并将火情准确地向消防机关报告,对灭火工作是十分重要的,有利于控制火情的进一步发展,从而确保物业区域内人身和财产安全,并将因火灾造成的损失降到最低点。物业管理企业为了能够做到及时发现火情,利用网络智能化消防系统是重要的手段。近几年来,世界各国的科技水平不断提高,我国网络智能化消防系统的科技水平也有了长足的进步,网络智能化消防系统所依赖的微电子技术、检测技术、自动控制技术和计算机技术的发展已经能够满足网络智能化消防系统的要求。

网络智能化消防系统主要包括以下主要内容:

1. 火灾自动监控报警系统;
2. 消防栓自动控制系统;
3. 建筑物内自动喷淋系统;
4. 防火卷帘、防火门、防烟垂壁控制系统;
5. 高压送风、排风控制系统;

6. 应急通信系统;
7. 应急电梯系统;
8. 应急电源和疏散照明系统;
9. 其他相关系统。

网络智能化消防系统的运行及其基本工作方式是:把一个物业管理区域划分为若干个子区域,并在若干个子区域内分别建立火灾报警装置。建立中央计算机系统,如果火灾发生,区域报警装置发出报警信息,计算机收到信息后自动启动计算机系统。从计算机建一通道把若干个子区域的火灾报警控制装置连接在这条通道上,火警发生后自动启动有关出入口通道、消防电梯,进行人员疏散,并向消防机关报警,达到迅速灭火的目的。

三、网络智能化保安监控系统

网络智能化保安监控系统是一个自动化程度较高的系统,物业管理企业可以通过网络智能化保安监控系统完成对物业区域外部人员进入物业内部的管理、对物业区域内的保安管理和特定目标的保安监控管理。一个完整的网络智能化保安监控系统主要包括以下几个部分:

1. 出入口控制系统。物业区域出入口控制以前均为人工把守,网络智能化保安监控系统要求物业区域出入口采用电子出入口的管理方式,即采用磁卡或IC卡系统。拥有磁卡或IC卡的人员进出物业区域凭磁卡或IC卡就可开大门,从而进入物业区域内。外来人员则必须通过外来人员专用通道才能进入物业区域内。

2. 门禁系统。门禁系统主要是在物业内单个业主或物业使用人的门口使用,业主、物业使用人可以通过其所拥有的磁卡或IC卡及相应的密码开启门禁系统。外来人员非法闯入门禁系统时,门禁系统会发出报警信号。

3. 巡更系统。网络智能化巡更系统可以保证保安工作人员按照事先确定的路线、顺序、次数、时间来完成巡视任务。同时通过不同观测点的监控,还可以保证进行巡更任务的保安工作人员的安全,从而保证物业区域的整体安全。

4．边界监控系统。边界监控主要包括物业项目的外围边界与业主和物业管理人所有或使用的单体建筑的边界监控，边界监控可以通过录像装置对边界情况进行监控，同时对重要的监控内容通过计算机进行存贮。物业项目的外围边界监控可以有效地防止外来人员通过非正常手段进入物业区域内，保证物业的整体安全。业主和物业使用人所有或使用的单体建筑的边界监控可以有效防止外来人员（可能是物业内其他业主或使用人）非正常情况下进入其房屋，从而真正的保障业主和物业使用人的安全。

5．报警系统。报警系统是在物业区域内的各个部分发生紧急情况时，通过该系统将报警信息有效及时地反馈到物业管理企业保安部门和有关其他部门。报警系统管理包括物业内部共用部位与共用设施设备紧急情况的报警，也包括业主和物业使用人房屋内部出现紧急情况的报警。

四、网络智能化信息管理系统

物业管理企业对物业管理项目要实现网络智能化管理，必须依赖于信息收集与管理，通过信息的收集、分析、处理来实现物业管理水平的目标。实际上网络智能化信息管理系统就是物业管理服务的支持系统。这套系统是专用于物业管理企业处理物业管理活动中所产生的各种事务的专门信息管理系统，它是由一整套的计算机硬件设备和基础应用软件系统与物业管理信息事务处理专业软件共同组成的。物业管理中的网络智能化信息管理系统，就是实现网络智能化物业管理活动中其他网络系统和智能系统的支持平台。物业项目内的各个网络智能化系统的存在、运行及物业管理企业工作人员对这些网络智能化系统的操作等，都依赖于网络智能信息管理系统的存在。网络智能化信息管理系统可以整合网络智能化物业管理活动中所存在的不同的网络智能系统的资源，并且充分利用这些资源，更好地实现物业管理的目的。

网络智能化信息管理系统除了支持其他网络智能化系统的功能外，还包括一些独立的信息提供和服务功能，如卫星通信系统、卫星电视及有线电视系统、公共广播系统等等。

五、设施设备维修网络智能化管理系统

对于物业管理企业来讲,完成物业管理项目内的共用设施设备和共用部位的维修养护工作是物业管理活动的主要内容。如何使共同设施设备和共用部位在发生紧急情况下物业管理企业能够迅速地得到信息,并立即组织维修工作,是关系到物业管理企业所提供的物业管理服务目标能否达到的关键。通过设施设备维修网络智能化管理系统的使用,物业管理企业的维修工作人员可以按照该系统的正常提示进行例行的养护工作,同时通过对设施设备和共用部位所设立的监控系统的报警,可以及时发现共用设施设备和共用部位发生的紧急情况,并且还可以根据该系统的报警做出紧急维修的处理,以保证物业区域内共用设施设备和共用部位的正常运转与使用,减少不必要的损失。

六、网络智能化管理结算系统

物业管理企业所收取物业管理费用的情况,直接影响着物业管理企业的发展,物业管理收费率低也一直是困扰物业管理企业的一项重要问题。网络智能化管理结算系统就是要实现物业管理收费的自动化,通过物业管理企业同银行之间的协议和业主、物业使用人对这套系统的有效使用,实现业主、物业使用人缴费的自动化。当然这套网络智能化结算系统不仅仅只收取物业管理费用,同时还收取应由物业管理企业收取或代收的其他相关费用。使用这套网络智能化管理结算系统与传统的手工收费不同的是,该系统可以自动生成业主、物业使用人欠费情况的报告,并及时向系统的操作者发出报告,使物业管理企业全面了解和掌握各项收费的情况和业主、物业使用人的欠费情况。

七、网络智能化停车场管理系统

网络智能化停车场管理系统也可以是网络智能化保安系统的一部分,但随着人们生活水平的不断提高,汽车的数量不断增多,房地产开发企业均非常重视物业项目停车场的建设和管理。利用传统的人工管理方式来进行停车场的管理,不但成本高而且对车辆的管理难度很大,如管理人员要逐一地识别本停车场内车辆的

出入情况及停放车辆的完好情况等,这样很难保证管理人员在识别上不会发生错误。使用网络智能化停车场管理系统可以通过磁卡或IC卡来进行出入车辆的识别,并通过监控系统对在停车场内停放的车辆的完好程度和发生损害情况进行监控,提高了停车场的管理水平,还可以有效地减少车辆损害和丢失情况的发生。

八、网络智能化增值服务系统

网络智能化增值服务系统也可以叫做电子商务服务系统,其是运用网络资源实现为业主和物业使用人提供多种商业性服务的活动,如通过网络系统或其他电子系统进行购物、接受某些服务等。物业管理企业为业主和物业使用人提供网络智能化的增值服务依赖两个资源,一是物业管理企业所具有的广泛的客户资源,即业主和物业使用人,二是物业区域内和物业区域间发达的网络系统。这两个资源使物业管理企业能够有能力为业主和物业使用人提供广泛的、优质的、全方位的增值服务。

九、物业管理企业办公自动化系统

物业管理企业办公自动化并不是与网络智能化物业管理无关的内容,物业管理企业实现办公自动化,正是网络智能化物业管理的重要体现。现代的物业管理企业正向着集团化、大型化的发展趋势前进。如何使这些物业管理企业和物业管理企业所管理的物业项目能够实现在管理上的统一,如何协调不同控股企业之间和同一物业管理企业所管理的不同物业项目之间的信息沟通,办公自动化就是实现这些目标的有效办法和途径。物业管理企业办公自动化所依赖的是计算机技术、网络通信技术和智能技术三个主要内容。要真正的实现办公自动化,还必须有一系列支持办公自动化的软件系统,而这些办公自动化软件系统又可分为支持计算机的基本软件、支持办公自动化的通用软件和支持物业管理企业的办公专用软件。

物业管理企业的办公自动化管理主要分为如下几个方面:

1. 财务管理。物业管理企业财务办公自动化管理,可以实现物业管理企业财务账目的电子化管理,通过财务办公自动化软件系统将物业管理企业的财务部门与其他各个专业部门之间相连接,并同其所控股的不同的物业管理企业的财务部门或其他部门相连接,实现财务的实时管理,避免物业管理企业因规模较大或所管理的物业项目过多而造成的财务管理混乱。物业管理企业通过与银行之间的合作,将其财务办公自动化管理系统与银行的金融管理系统相连接,从而实现一些财务资金通过计算机系统的直接划拨。

2．人事管理。人事办公自动化管理是物业管理企业通过网络和智能化技术实现对物业管理企业人力资源进行合理有序的配置工作。物业管理企业人事办公自动化管理主要可以分为如下几个方面：

(1) 人事档案管理
(2) 劳动合同管理
(3) 考勤管理
(4) 工资管理

3．办公用品管理。物业管理企业每年均会消耗和使用大量的办公用品,办公用品的采购需要大量的经费,对于一个大型的物业管理企业来讲,这笔费用更为庞大,而且不同办公用品使用情况又很难掌握和统计,因此办公用品需要合理的采购和管理。通过办公自动化系统来管理办公用品的采购和使用,可以实现办公用品的集团采购,降低成本,并便于掌握和统计每一种办公用品的使用情况。

4．房地产资料管理。物业管理企业对外接管物业项目,需要有大量的房地产资料进行保管和管理。通过计算机技术实现自动化管理房地产资料,有利于各项房地产资料的合理使用和保存,并可节约管理成本,便于查找。物业管理企业所管理的房地产资料主要有：

(1) 房地产档案管理：
① 房地产产权管理；
② 其他房地产档案管理。

(2) 图纸管理：
① 房地产工程建设图纸管理；
② 管网图纸管理；
③ 电气土建图纸管理；
④ 其他有关图纸管理。

各个不同的网络智能化管理系统，在应用到物业管理服务中时，就可以形成一整套完整的网络智能化物业管理系统，各个不同的系统之间互有连接，相互融合，并又单独形成独立的工作系统，完成不同的工作任务。因此物业管理网络智能化系统是一套较为复杂但非常实用的系统。

第三节　网络智能化物业管理规则的建立

物业管理活动需要有一定的规则，物业管理企业和与物业管理活动有关的其他主体均应严格按照物业管理活动的规则履行义务和享受权利。在物业管理活动中，网络智能化物业管理规则的建立主要依靠国家对网络智能化物业管理活动的立法活动来实现；在国家立法没有进行专门规定之前，网络智能化物业管理活动规则的建立，主要依赖于物业管理行业的自治，在国家基本法律规定的基础上，通过当事人之间的约定来建立符合特定项目的网络智能化物业管理规则。

一、网络智能化物业管理行为的法律确认

在我国网络智能化物业管理行为已经较为普遍地应用于不同物业管理项目中，而且在建立适应网络智能化物业管理服务的硬件设施设备时，房地产开发企业也肯花费大量资金，因为对于房地产开发企业来讲，其所投入的用于建设网络智能化设施设备的资金，是与房地产销售情况成正比的。在选择物业时，物业项目的网络智能化建设水平已成为选择物业的一个非常重要的考虑因素，人们愿意选择拥有较高科技含量的物业项目。房地产开发项目的网络智能化水平越高，其房地产在竣工后的销售情况也会越好。

建设部于 1999 年 4 月 14 日颁布了《全国住宅小区智能化技术示范工程建设工作大纲》,对住宅小区的智能化建设的技术、建设要求等进行了规定,《全国住宅小区智能化技术示范工程建设工作大纲》的部分规定对房地产建设市场中智能化配置和建设均起到一定的规范和指导作用。《全国住宅小区智能化技术示范工程建设大纲》具体规定了智能化技术示范工程建设的目标、选择示范工程的条件、组织领导和建设、申报与审批、检查验收、技术标准等内容。

（一）目标

住宅小区智能化技术示范工程建设要在合理控制造价和执行国家建设标准的基础上,采用现代信息技术、网络技术和信息集成技术,通过精密设计、择优集成、精密施工,达到提高住宅使用功能、推进住宅质量换代、促进住宅产业现代化。

（二）技术标准

示范工程的技术标准,按技术的全面性、先进性分为三个类别。

1. 普及型。应用现代信息技术实现以下功能要求:

（1）住宅小区设立计算机自动化管理中心;

（2）水、电、气、热等自动计量、收费;

（3）住宅小区封闭,实行安全防范系统自动化监控管理;

（4）住宅的火灾、有害气体泄漏等实行自动报警;

（5）住宅设置紧急呼叫系统;

（6）对住宅小区的关键设备、设施实行集中管理,对其运行状态实施远程监控。

2. 先进型。应用现代信息技术和网络技术实现以下功能要求:

（1）实现普及型的全部功能要求;

（2）实行住宅小区与城市区域联网,互通信息、资源共享;

（3）住户通过网络终端实现医疗、文娱、商业等公共服务和费用自动结算(或具备实施条件);

(4) 住户通过家庭电脑实现阅读电子书籍和出版物等(或具备实施条件)。

3. 领先型。应用现代信息技术、网络技术和信息集成技术实现以下功能要求：

(1) 实现先进型的全部功能要求；

(2) 实现住宅小区开发建设应用 HI-CIMS 技术。实施住宅小区开发生命周期的现代信息集成系统，达到住宅小区建设提高质量、降低成本、缩短工期、有效管理、改善环境的目标。增强推进住宅产业现代化力度，保障有效供应，加速住宅建设，使其成为国民经济新的增长点。

《全国住宅小区智能化技术示范工程建设工作大纲》中规定的均为住宅小区的智能化建设问题，但其对我国境内非住宅的房地产和物业项目同样存在一定的指导作用。但《全国住宅小区智能化技术示范工程建设工作大纲》中的规定只是对智能化技术的一般要求，而没有具体的技术指标性的规定，因此如何确定网络智能化物业管理技术指标，是物业管理企业与房地产开发企业等物业管理活动主体必须明确的。网络智能化物业管理技术指标的内容涉及网络和智能方面的专业知识，并与物业管理项目的自身情况和前期网络化设施与智能化设备的布置与建设情况有关。从全国范围来看，对网络智能化管理形成一个统一的技术标准有一定的难度，因为我国幅员辽阔，不同地区的生活水平与习惯不同，不同地区的科学水平和人们对网络智能化的认识水平与接受能力不同，因此全国统一的网络智能化的技术指示很难形成。

目前虽然没有一个统一的有关网络智能化物业管理技术指示的规范，但在经济和科技发展较为先进的地区，已经制定出了关于网络智能物业建设与管理的技术规范。我国有些物业管理企业也已经开始制定适合于自己物业管理特点、水平与能力的有关网络智能化的物业管理技术指标性的规范，并在物业管理企业对外投标中要求房地产开发企业按照其所制定的规范完成物业项目内网络智能化设施设备的配置与建设。某些房地产开发企业为了提高自己所建设的房地产的品牌与销售率,在选择物业管理企业时也非常愿意选择有能力实施网络智能化物业管理的企业。

(三) 网络智能化物业管理企业技术指标的制定应当遵循的原则

1. 控制建设工程造价,即要求房地产开发企业所投资建设的网络智能设施设备的成本不宜过高,以提高房地产开发企业的建设积极性。

2. 遵循所建设的网络智能设施设备应当适合物业管理项目的需求的原则。

3. 遵循实施物业管理后能够充分利用网络智能设施设备完成物业管理的原则。

4. 遵循在实施网络智能化物业管理时能够减少与物业管理活动中的其他主体纠纷的原则。

5. 遵循网络智能化设施设备科技含量高、运行成本低的原则。

6. 其他为了适应物业管理项目的自身特点而应当遵循的网络智能化建设与运行的原则。

二、网络智能化物业管理法律事实的确认

在我国物业管理行业中对网络智能化物业管理有着不同的看法,认识上也有着许多差别,但无论怎样,这些不同的看法和差别不能阻止我国网络智能化物业管理的前进步伐。在网络智能化物业管理不断前进和发展的同时,我国网络智能化物业管理也亟须有相应的法律规范或技术标准规范的指导。对于在实施网络智能化物业管理活动中,物业管理企业与业主、物业使用人或其他相关主体的一些具体行为的确认问题上,可以通过一定的技术手段来进行规范,从而达到此行为被我国法律所确认的目的。由于物业实现网络智能化的管理,会比采用传统的物业管理方式节省大量的人员,在某些岗位上可以采用网络智能的技术来实现监控与管理,而不需要人工工作的存在。如果在这些区域内或岗位范围内发生特殊事件,可能影响到物业管理企业的正常物业管理活动,物业管理企业应当将网络智能化设施设备对该区域实施监控的信息或数据进行存贮,并通过有关部门对所存贮的信息或数据的分析、检验等方式对所发生的法律事实进行确认。在物业管理活动中一件事实的确认,必须有一定的证据的支持,这与其他活动事实的确认没有什么区别,但在证明某件事实的证据掌握上有一定的难度,特别是实施网络智能化物业管理的物业管理企业如何能够认清哪些行为和事件可能会影响到物业管理活动,需要保存信息或数据,是一个比较专业的问题,因此在认定物业管理活动中的法律事实时还必须提高物业管理工作人员的管理水平。能够认清监控所得的信息是否需要保存是物业管理企业工作人员应当掌握的工作技能的一部分,物业管理企业还应当制定出不同的信息和数据保存的时间、方法等方面的规定,便于工作人员的工作。

三、网络智能化物业管理增值服务的法律确认

物业管理企业在实施物业管理服务中,通过其所拥有的广泛的客户资源进行有关商务方面的服务,充分反映出物业管理企业的服务种类的多样化和经营的多元化。物业管理企业提供商务服务时可以利用先进的网络智能化技术,实现业主和物业使用人的网上购物、网上提出服务需求等多方位的功能。物业管理企业通过先进的网络智能技术为业主、物业使用人提供的增值服务不同于传统的面对面的服务,这种服务方式是否被我国的法律所确认及如何确认是一个非常重要的问题。任何商务活动事实上都是一种合同关系的体现,无论是面对面的交易方式,还是通过电话、网络、传真等方式来完成的商务活动均是如此。《中华人民共和国合同法》第十条规定:"当事人订立合同,有书面形式、口头形式和其他形式。法律、行政法规规定采用书面形式的,应当采用书面形式。当事人约定采用书面形式的,应当采用书面形式。"第十一条规定:"书面形式是指合同书、信件和数据电文(包括电报、电传、传真、电子数据交换和电子邮件)等可以有形地表现所载内容的形式。"通过合同法律的规定,业主和物业使用人通过网络智能化的手段来接受物业管理企业所提供的商务服务属于书面订立合同的

方式,而业主、物主使用人与物业管理企业之间的信息与数据的交换,是物业管理企业应当留存的内容,并且这些信息与数据也是可以通过技术手段进行保存和查阅的。如果业主、物业使用人采用电话的方式与物业管理企业完成商务活动,则属于口头合同形式,采用这种方式需要通过合理的方式对必要的证据进行保存。网络技术已被广泛的采用,网络购物或通过其他非面对面交易的方式完成商务活动在社会生活中也被普遍采用,《中华人民共和国合同法》的规定对这些行为进行了法律上的确认。

法律对广义上采用网络或相关非面对面的方式所进行的商务活动进行了确认,但在一定范围区域内的商务活动还没有明确的规范和法律适用上的确认。

网络智能化物业管理虽然在我国只有十几年的发展历史,但其发展速度却特别快,许多新建的物业管理项目内网络智能化的程度十分高,在改建的物业管理项目中网络智能化的建设水平也有所提高,网络智能化的建设和改建极大地提高了物业的使用功能和物业管理的质量。目前我国正处在房地产建设的高潮时期,各种类型的房地产项目建设数量很大,在这些新建的房地产项目中,网络智能化设施设备的同步建设均达到了非常高的水平,这反映出房地产开发企业对网络智能化的重视,房地产开发企业已经认识到业主和物业使用人在选择物业时对网络智能化管理的需求。为了能够达到良好的房地产出售或出租率,房地产开发企业不断加大网络智能化的建设。业主和物业使用人对网络智能化的需求以及房地产开发企业对网络智能化的重视,使网络智能化的物业管理有着光明的发展前途。

第四节 网络智能化物业管理的运作

网络智能化物业管理的最终实现要依赖于物业内所建设的网络智能化设施设备的存在,也就是说网络智能化物业管理的物质基础,是物业项目的网络智能化物业管理硬件建设。物业管理企业要实现网络智能化物业管理,只有一整套网络智能化物业管理软件系统是不行的,软件系统必须有一定的工作载体,否则物业管理企业不可能实现网络智能化物业管理的目标。在网络智能化物业管理硬件与软件均具备的条件下,只能说是进行网络智能化物业管理有了一定的基础,离最终的实施还是有一定的差距,因为要完成实施网络智能化物业管理系统,还必须有能够操作相关设施设备和软件系统的人员。因此要保障网络智能化物业管理运作,就必须有完整的网络智能化设施设备和相应的软件系统的存在,同时有能够操作这些设施设备和系统的人员的存在。

一、网络智能化物业的建设

网络智能化物业的建设,包括两个方面:一方面是网络智能化硬件设施设备的建设;另一方面是保障网络智能化物业运行的软件系统的设置。关于保障网络智能化物业运行的软件系统的有关运行方式与工作原理的问题,在前面的内容中有简单的介绍,因此在本节重点讲述网络智能化物业的硬件建设的基本内容。

(一) 综合布线系统

综合布线系统是在 20 世纪 80 年代中期由美国电话电报公司贝尔实验室首先推出的,1986 年通过美国电子工业协会和通信工业协会的认证。可以说综合布线系统的出现彻底地改变了传统的每一信息单独布线的状况,综合布线系统是采用非屏蔽双胶线和光纤混合的集成布线系统来实现将语言、数据、图像的传输线路组合在一起,从而达到数据与语言等信号的同一线路传输。

综合布线系统分别由六个不同的子系统构成,各个不同的子系统构成一个有机的整体,而不是像传统的布线系统那样自成体系,互不相干。综合布线系统的六个子系统分别是:

1. 工作区子系统。工作区子系统又称为服务区子系统,它是由终端设备或工作站设备连接到信息插座之间的设备组成。

2. 水平干线子系统。水平干线子系统又称为水平子系统,它是从信息插座的一端连接管理间子系统的酵母架,一般为星形结构。它的主要功能是将干线子系统线路延伸到用户的工作区内。

3．管理间子系统。管理间子系统为连接其他子系统提供手段，它是干线子系统和水平干线子系统之间的纽带。

4．干线子系统。干线子系统也称骨干子系统，它通常由设备间连到各区域管理间，两端分别接在设备间和管理间。

5．建筑群子系统。建筑群子系统也称校园子系统，它是将一个区域的电缆延伸到另一个区域的通信设备和装置的布线系统。

6．设备间子系统。设备间子系统也称设备子系统，它把各种公共系统设备的多种不同的设施设备相互连接起来，而这些公共系统包括邮电部门的光缆、电信部门的光缆等等。

上述六个综合布线系统的子系统有机的结合共同构成了综合布线系统。

(二) 业主、物业使用人房屋智能化系统

业主、物业使用人房屋智能化系统是指业主和物业使用人所有或使用的房屋内部的网络智能化系统的硬件配置。而这些硬件的配置也是依赖于综合布线系统的存在完成其使用功能的。业主和物业使用人房屋智能化系统主要包括：门禁设施配置、窗禁设施配置、"三表远传"设施配置、紧急报警系统配置、火灾报警系统配置等。

(三) 区域网络智能化综合管理中心和网络智能化综合管理中心

区域网络智能化综合管理中心是指在某个物业管理项目内所建设的网络智能化综合管理中心。其主要负责一个物业管理项目内的网络智能化管理，具体包括安防系统的运行、管理系统的运行和信息收集与管理系统的运行等。

网络智能化综合管理中心则主要是指一个物业管理企业所管理的不同的物业管理项目(包括物业管理企业子公司所管理的不同的物业管理项目)共同使用的网络智能化管理中心，其主要功能是信息的收集和对不同的物业管理项目所实施的物业管理活动的督导。

根据物业管理中各物业管理企业的不同，还存在介于区域网络智能化综合管理中心与网络智能化综合管理中心之间的城域网络智能化综合管理中心。城域网络智能化综合管理中心可以将区域网络智能化综合管理中心与网络智能化综合管理中心连接,将区域网络智能化综合管理中心的信息进行分析处理后再与网络智能化综合管理中心连接,减少网络智能化综合管理中心的工作量。

不论是区域网络智能化综合管理中心,还是网络智能化综合管理中心或是城域网络智能化综合管理中心,均有相应的设备配置,如计算机、服务器等相关的其他设备。

在进行网络智能化物业管理硬件建设时应当遵循如下的原则:

1. 综合布线系统及其使用的设备的先进性与实用性

综合布线系统及其使用的设备应当具有先进性,应为在世界上最新的通用的布线系统与设备,但在实际工作中又不可以只求先进,而不与物业项目的具体实际情况相结合,盲目采用脱离物业使用功能的综合布线系统配置及设备。在保持先进的同时注重实用性,也就是说在能够满足物业项目使用功能的基础上,采用世界先进的综合布线系统与设备配置。

2. 综合布线系统及其使用的设备的安全性

为了达到综合布线系统使用的功能,所采用的综合布线系统方案和设备应当满足对物业及使用者的安全性的要求,应绝对避免综合布线系统对业主、物业使用人或其他人员人身或财产存在不安全的因素。同时坚决不得使用不符合技术与安全标准的综合布线系统设备。

3. 综合布线系统的兼容性

综合布线系统的兼容性是指综合布线系统能够保证不同的程序可以在不同的系统中运行,而且互相之间不能干扰。综合布线系统的这种兼容性并不是完全的融合,同时还要使各个子布线系统相互独立,在运行上保证安全。

二、网络智能化物业管理的组织与实施

在网络智能化物业管理中不论硬件设施设备与软件系统的构

成多么的完善与先进,如果没有能够操作的人员,再好的网络智能化配置也不可能对物业管理活动起到好的作用,甚至由于工作人员对网络智能化运行操作不当会影响物业管理企业对物业项目的管理质量,产生不必要的纠纷。

(一) 物业管理企业专业人员参与网络智能化的建设

物业管理企业专业人员参与网络智能化的建设主要是指物业管理企业中有关网络智能化管理方面的专业人员能够参与到房地产开发建设的活动中,对房地产项目的网络智能化方面建设从物业管理的角度提出合理化的建议与意见,从而保障房地产开发企业所投资建设的网络智能化设施设备及系统能够最为有效地同物业管理活动结合,最为全面地为物业管理服务。

另外,仅仅有网络智能化系统还不能够满足物业管理企业对其实现网络智能化物业管理,网络智能化硬件设备必须能够非常适合于网络智能化物业管理软件系统的运行。而谁会对网络智能化物业管理软件系统最为了解,当然是物业管理企业,物业管理企业工作人员参与到建设工作中去,可以掌握、收集、分析一些专业的技术资料和数据,所以物业管理企业派人参与网络智能化建设是实现网络智能化物业管理硬件设备与软件系统良好结合的重要保证。

(二) 制定网络智能化设施设备运行的规范性文件

网络智能化设施设备运行的规范性文件是指网络智能化硬件运行的规范性文件和网络智能化软件运行的规范性文件。具体可以分为两个部分,一部分为网络智能化设施设备及其系统的操作规程,另一部分是网络智能化物业管理的制度。

1. 网络智能化设施设备及其系统的操作规程。

由于网络智能化设施设备是由专业的供应商提供的,特别是一些设施设备是由国外进口的,因此对这些设施设备的操作规程一定要有全面的认识和掌握,否则不能操作。如何使物业管理人员能够掌握这些操作规程,首先应当根据设施设备的说明书编制一套操作性强的操作规程手册,让物业管理企业有一定基础的工作人员通过阅读手册的方式可以达到操作这些设施设备的水平。

对于软件系统的操作规程也是一样,必须编制出网络智能化物业管理软件操作手册。在软件操作规程中应当明确每一种软件系统的具体使用说明,出现不同的情况采取什么样的方式进行处理。

有了以上两个操作规程后,物业管理企业还应当制定针对硬件与软件的日常维护及发生故障时的处理工作规程,以便进行日常维护的需要和在特殊情况下发生硬件设施设备或软件系统故障后的处理依据。

2. 网络智能化物业管理的制度。

网络智能化物业管理制度实质上就是物业管理制度或者更为准确一点说是适合于网络智能化特点的物业管理制度。这些制度可以包括对安防网络智能系统、消防监控系统、办公自动化管理系统等系统进行监控的制度及出现紧急情况的处理制度等。

(三) 根据不同岗位做好物业管理人员上岗前的培训工作

网络智能化物业管理的运行、维护需要大量的多层次、多专业的技术人员,物业管理企业可以根据物业管理项目的不同特点,通过对外招聘、内部选聘等方式选择各类的管理人员,并对这些人员进行系统的培训,使其能够全面地了解设施设备和系统的情况。培训没有达到规定标准的,坚决不能上岗,防止责任事故的发生。物业管理企业通过对其员工的培训工作,可以提高物业管理企业工作人员整体的工作水平与能力,提高物业管理企业的形象,促进物业管理企业的发展。

第五节 网络智能化物业管理目前的障碍及解决

网络智能化物业管理活动作为物业管理活动的延伸,在其发展与生存过程中有着众多的障碍,这种障碍比传统的物业管理活动所遇到的障碍还要多。网络智能化物业管理活动的障碍,主要来源于法律上对网络智能化物业管理所特有的法律事实上的确认规定的不明确,来源于物业管理企业对网络智能化物业管理的能力与水平,来源于接受网络智能化物业管理活动的房地产开发企业、业主和物业使用人对网络智能化物业管理的认识水平和程度的不同等众多方面。物业管理企业要实现网络智能化的物业管理活动,除了要能够很好地解决因传统模式下的物业管理活动所产生或存在的障碍带来的问题外,还要解决网络智能化物业管理活动因网络和智能化所引起的新的问题。

一、网络智能化物业管理缺少统一的管理技术标准

网络智能化物业管理活动与传统的物业管理不同的一个重要因素就是其所拥有和使用的技术含量非常高,而传统的物业管理活动很少或基本上不使用这些高技术含量设施设备。如今在我国物业管理行业市场上自称实行网络智能化物业管理的物业管理企业很多,但究竟网络和智能化的技术标准达到一个什么样的程度,才能称之为网络智能化的物业管理服务,现在我国还缺少统一的技术标准和规范。没有一个统一的技术标准与规范的存在,非常直接地造成了我国物业管理行业中有些自称为网络智能化物业管理的企业,事实上其所提供的物业管理服务活动并不是真正意义上的网络智能化的物业管理活动,只不过比传统的物业管理服务活动的技术含量稍高,还根本不可能达到网络智能化物业管理的要求。因此导致了物业管理市场的不正当竞争,也使业主和物业使用人对网络智能化物业管理不能真正地认识,制约了网络智能化物业管理企业的发展,也制约了我国物业管理行业向现代化方向的发展。

另外,由于缺少统一的网络智能化物业管理技术标准,即便是能够有技术水平来实现网络智能化物业管理的物业管理企业,由于管理难度与成本的问题,会在最终实施时不去充分利用网络智能化设施设备进行管理服务,将网络智能化设施设备的存在作为宣传工具,而业主和物业使用人没有享受到真正的网络智能化的物业管理服务。

解决以上问题的最好方法就是由物业管理企业的主管部门会

同有关专业技术部门制定出一套统一的网络智能化物业管理技术标准,凡是能够实现网络智能化物业管理的物业管理企业,其在具体进行物业管理服务时,必须达到这一套统一的技术规范要求。同时这套统一的网络智能化物业管理技术标准准许物业管理企业提供在此标准之上的网络智能化的物业管理,从而从技术上规范网络智能化物业管理活动。

二、网络智能化物业在设计、施工和验收等环节还不规范

由于网络智能化物业管理活动没有统一的技术标准与规范,所以房地产开发企业在规划设计其房地产所需网络智能化设施设备时,没有一个具体的标准来指导,造成在设计上的超前、滞后或使用功能上不合理等问题的存在。同时在施工和竣工验收上由于没有技术标准,造成网络智能化设施设备很难达到使用功能。特别是目前有些房地产开发企业在设计、开发房地产时,虽然考虑到网络智能化物业管理的问题,但并不真正重视网络智能化设施设备的设计与建设,只是从房地产销售或出租的角度去设计与规划网络智能化物业管理所需的设施设备的建设,也就难免造成设计与建设上的不合理、达不到使用功能等现象的存在,使房地产项目竣工并物业管理企业接管后根本不能按照原设计的标准和目标完成网络智能化的物业管理服务,给物业管理企业实行网络智能化物业管理造成困难。由于网络智能化物业管理设计、施工和验收等环节的问题,物业管理企业接管物业后极易造成与业主、物业使用人之间的矛盾,造成业主和物业使用人因网络智能化设施设备的使用或其未达到开发企业所承诺的标准等问题的投诉,从而影响物业管理企业的正常物业管理服务。

解决网络智能化物业在设计、施工和验收等环节上不规范的方法,除了要制定一套统一的网络智能化物业技术标准外,房地产行政主管部门及物业管理行政主管部门还要加强对房地产开发企业的约束,从设计、施工、验收和管理等方面全面进行监管,保障网络智能化物业管理标准的真正执行。

三、网络智能化物业管理专业人员缺乏,管理素质不高

网络智能化设施设备具有高科技技术含量,其运行需要大量的专业技术人员或懂得网络与智能技术的工作人员的存在。而目前的实际情况是懂得网络与智能化技术的科技人员少,特别是在物业管理企业中既懂得物业管理又懂得网络与智能化技术的人员更少。因此由于网络智能化物业管理专业人员缺乏、专业素质不高而产生的物业管理问题时有发生,严重地制约和影响了我国网络智能化物业管理服务的发展。由于物业管理企业缺乏专业的网络智能化物业管理人员,会使物业管理服务难以到位,同时也使网络智能化设施设备的维护难以保证,给网络智能化物业管理造成诸多的问题。

对物业管理企业工作人员开展网络技术与智能技术的专业培训,开展网络智能化与物业管理相结合的专业培训,增加物业管理企业工作人员操作网络智能化设施设备和利用网络智能化技术进行物业管理的水平是解决物业管理企业缺乏专业人员、管理素质不高的根本方法。

四、网络智能化物业管理受客观因素的影响严重

网络智能化物业管理需要大量的设施设备,而这些设施设备的工作状态会受到客观环境因素的影响。一些不可抗力的因素会造成网络智能化设施设备的损坏,而网络智能化设施设备的损坏则直接影响到物业管理企业所提供的物业管理服务的质量。另外物业管理企业实施网络智能化物业管理还要依靠支持物业管理的软件系统的运行,由于客观原因或造成软件系统工作不正常或由于难以克服的技术原因造成软件存在瑕疵,会影响物业管理质量。

要避免因客观原因对网络智能化物业管理的影响,就要依法律的规定制定严格的维修、更换、检测等规范,保证设备的正常运行;要加强对网络智能化设施设备软件运行系统的维护,注意对各种客观情况的分析,减少因客观情况的发生对物业管理活动的影响。

五、网络智能化物业管理存在的主要法律障碍

网络智能化物业管理在我国出现和发展的时间很短,物业管理企业在网络智能化物业管理活动上的经验少,因此难免造成物业管理企业在实施网络智能化物业管理活动中产生各种各样的问题和纠纷。

1. 网络智能化物业管理的结算问题。

在网络智能化物业管理活动中如何处理网络智能化物业管理的结算是非常重要的。结算主要可以包括两个方面,一种是物业管理费的结算,即业主和物业使用人交纳物业管理费的方式,另一种是商务活动的结算,即业主和物业使用人接受物业管理企业或者相关企业提供的商务服务后如何支付费用。由于目前我国法律的限制,网络智能化物业管理项目内物业管理企业尚不能自行进行网络结算。我们认为可以通过以下的几种方式实现网络智能化物业管理活动中的结算。

(1) 通过物业管理结算系统与银行金融系统的连接使业主、物业使用人与物业管理企业之间通过该系统完成商务结算;

(2) 商务结算的,货到付款;

(3) 定期统一结算付款;

(4) 物业管理企业与业主、物业使用人约定的其他结算方式。

2. 通过法律确认网络智能化物业管理的电子商务活动。

前面已经谈到,国家通过《合同法》的规定对互联网上的电子商务活动进行了明确的认可。但在一个物业区域内的,由物业管理企业通过局域网络来进行电子商务的活动是否准许,并没有法律上明确的规定。因此我们认为在物业管理专项法律法规中对物业管理企业在物业管理局域网络中进行的电子商务活动应当给予认可,确认区域电子商务的合法性。

由于我国物业管理制度还不完善,网络智能化物业管理发展的时间短,人们对因网络智能化物业管理所引发的问题,特别是纠纷问题如何界定还缺乏统一的认识和标准。因此通过有关法律的规定对这些问题进行明确是非常必要的。通过法律手段确认网络

智能化物业管理活动中有关行为的性质和纠纷的解决方式及网络智能化物业管理纠纷或证据如何保存与认定等问题,有利于保证网络智能化物业管理的健康的发展。

第九章 物业管理活动中的诉讼和非诉讼

第一节 物业管理诉讼的法律特征

一、物业管理活动中的诉讼

物业管理活动中的诉讼,主要是指物业管理企业与房地产开发企业或者业主委员会(业主)之间,在履行《物业管理委托合同》的过程中,因管理服务不完善、履行合同不当或者拒绝履行义务,使当事人的合法权益受到侵害,造成财产、人身或者公共利益损失,产生纠纷,不能协商解决,诉至人民法院或者仲裁机关,人民法院或者仲裁机关依据案件事实和相关法律、法规的规定及合同约定,对案件进行审理并做出裁决的过程。

二、《物业管理委托合同》诉讼案件的法律特征

因履行《物业管理委托合同》,当事人之间产生纠纷引起诉讼具有如下特征:

1.《物业管理委托合同》纠纷的产生必须是基于物业管理的客观因素。

物业管理实质是房地产开发业的一种延续,随着住房政策的改革,旧的房屋管理体制已不能适应新的形势,社会化的物业管理模式得到了发展和普及。业主们把自己的大家和小家交给了有专业管理技能和管理手段的物业管理企业来管理,并将相互间的这种委托与被委托、管理与被管理、权利与义务的民事法律关系用书面合同的形式确定下来。因合同的履行,双方当事人可能会发生矛盾、产生纠纷,也就是说这种纠纷的产生是以《物业管理委托合同》的确立和履行为前置条件的,是以物业管理民事法律关系的存

在为基础的。像同一住宅小区内的邻里纠纷、相邻权纠纷、物业管理企业在履行《物业管理委托合同》时与合同以外当事人产生的纠纷等,均不属于《物业管理委托合同》纠纷。

2.《物业管理委托合同》纠纷案件诉讼主体是特定的。

《物业管理委托合同》纠纷案件的诉讼主体,只能是达成协议、设立了权利与义务关系的物业管理企业与房地产开发企业或者业主委员会(业主)及合同担保人,其同《物业管理委托合同》主体是一致的,不可能是签约人以外的什么单位或者自然人。但《物业管理委托合同》一方当事人解体注销企业登记的,作为自然人死亡的其诉讼主体相应发生变化。已解体成立有清算组织的,应由清算组织作为诉讼主体;独资企业解体的应由出资人作为诉讼主体;股份制企业解体的应由出资股东作为诉讼主体。居民住宅小区实行物业管理的,其业主为众多房屋所有权人所形成的群体。如纠纷是基于这个群体的物质和经济利益而产生,属集团诉讼的应派代表参加诉讼活动;组建业主委员会的,以业主委员会为诉讼一方当事人。如房屋的某一所有权人同物业管理企业发生纠纷,促成诉讼,只能由该房屋所有权人作为案件的对应诉讼主体。对案件诉讼主体的确定是任何一起诉讼活动首先应考虑的问题,也是一个比较复杂的问题。总的看来,应以双方已经设立的民事法律关系,从《物业管理委托合同》合同的主体、案件事实及民事行为的因果关系等方面来衡量和审查案件当事人是否具备诉讼主体资格,以便正确地确定案件的诉讼主体。

3.《物业管理委托合同》纠纷诉讼经常伴有双重过错。

因物业管理引发的民事诉讼,可以是因一方当事人履行合同违约或者不完全、不正确履行合同而产生,这属于直接因合同关系而产生的诉讼,是所有经济合同纠纷的普遍特征。

案例1:某市长城物业管理公司于2000年8月同该市梅花园居民小区签订了一份《物业管理委托合同》。合同中明确规定,由物业管理企业负责小区的冬季供暖,并负责对供暖设施的养护和维修。可2001~20002年度的供暖期却因设备故障有20天的时间而没有供暖,造成室内供暖设备冻裂及部分老人、小孩生病住院,维修更换材料款及治疗费计30余万元。业主要求物业管理公司赔偿,物业管理企业却强调所交付使用的供暖设备质量不合格,应由供货安装单位负责,因而业主将其告到法院。

这即是因直接合同因素而产生的诉讼。除此之外,业主与物业管理企业之间,也会因非合同因素而发生纠纷,促成诉讼。这是由《物业管理委托合同》的特殊性、合同条款的原则性及物业管理企业的管理地位所决定的。《物业管理委托合同》不可能像其他经济合同那样,把当事人之间所有的权利与义务、责任与利益都明细地写在合同里。当合同未约定的损害结果发生,或者受害方认为对方负有责任,以及双方的认识相悖时,便产生了纠纷。这种纠纷具有突发性和偶然性的特点,这种损害事故的发生是人们始料不及的。

案例2:某物业管理企业的保洁人员,在用水抹布擦过大理石地面后,一位70多岁的老人路经时滑倒摔伤。经医疗鉴定部门鉴定,结论为腿骨骨折,住院治疗花医疗费2.3万元。双方协商未果后起诉到法院。老人要求物业管理企业赔偿医疗费及护理费,物业管理企业则强调保洁员是正确地履行保洁义务,不同意赔偿。法院按混合过错判决物业管理企业承担50%的治疗及护理费用。

就这一案例而言,双方的纠纷并非居于合同约定的内容而产生的,签约时也不可能把这项内容写进合同里,但与《物业管理委托合同》的履行确有着内在的联系。《物业管理委托合同》纠纷的这一特征,是其独有的特征,审判机关在审判活动中应注意把握。保洁人员按正常的操作规程对地面实施保洁,在短时间内地面有些滑润是自然的。老人应该预料路面滑润可能造成的危害结果,而没有采取措施,放任了这种结果的发生。也可以判老人承担主要责任,物业管理企业承担次要责任。这种纠纷对法院审理来说是有一定难度的案件。难就难在取证难,不易查清案件事实。合同中没有约定,不易区分各自相应的责任,但同时也给审判人员较大的自由裁量权。这就要求审判人员有较高的业务素质,客观公正、实事求是的去审理这种类型的纠纷案件。

4.《物业管理委托合同》纠纷案件的属性有所不同。

这一特征是由其合同性质所决定的。物业管理活动诉讼有非直接合同因素所引起的诉讼。正是由于《物业管理委托合同》与其他合同的不同点，促成《物业管理委托合同》纠纷的各案属性有所不同，同是《物业管理委托合同》纠纷案件，其诉讼请求及纠纷的性质可能存在根本的不同，其案由的确定、法律的适用也应该有所区别，不像其他同一种类的合同纠纷案件那样单一和近似。

以上为《物业管理委托合同》纠纷案件所独有的法律特征。在审判活动中应注意了解和认识，正确适用法律，使《物业管理委托合同》纠纷案件得到公正、公平合理的处理，使审判工作能确实保护当事人的合法权益。

第二节　物业管理诉讼的程序与实体问题

一、物业管理诉讼的程序问题

《物业管理委托合同》是一种新类型的，体现当事人双方权利义务关系的民事合同，因这种合同关系所产生的诉讼，是一种新合同种类的诉讼，也是一种相对复杂的诉讼。从审判实践看，这种诉讼所占比例并不高，但随着时间的推移，房管体制的改革和物业管理的发展，这类案件会逐年增加，而且现已呈现出上升的趋势。可我们国家尚无物业管理活动的专门法律，物业管理活动尚处于不规范、待完善的发展阶段，这就给当事人如何打官司，法院如何公正裁决提出了新的课题。从现实来看，《物业管理委托合同》纠纷的产生大多是因物业管理企业管理不善或者违约履行合同，给业主的财产或者人身造成损害，业主作为原告向法院提起诉讼。如沈阳市吴某某，因居室内水管爆裂，致使新装修的地板及冰箱、彩电等家用电器被水浸泡，损失近三万余元。在协商不成的情况下，此住户将物业管理公司告上法庭，要求支付维修管理不善造成的实际经济损失及违约金。还有的纠纷是因相关费用的支付产生的，有两种情况：一是因业主无故拒绝或者迟延支付物业管理费及其他合理费用;二是因物业管理公司巧立名目,收取不合理费用。从审判实践来看,前一种情况的诉讼要相对多一些。如《物业管理委托合同》规定,由物业管理企业负责冬季供暖并征收供暖费。可王某某一家却拒绝支付采暖费,无奈物业管理企业将其告至法院,要求给付采暖费及违约金。还有的纠纷是因物业管理企业某些内部的管理规定引发的。如一物业管理企业的安全措施规定,非业主的自有汽车不得开进小区院内,而一业主非要出租车开进院内,因此双方矛盾激化,促成诉讼。以上几种纠纷和诉讼,在物业合同纠纷案件中是比较常见的,也有其他与合同文字所表达意思没有直接关系的诉讼。当以上这些纠纷发生,且协商未果,诉讼到法院时,即进入相应的法律诉讼程序。

（一）立案前的准备

双方产生纠纷,一方当事人向法院提起告诉,法院审查材料,决定是否予以受理的法律行为谓之立案。起诉前,作为原告的当事人要做好一些必要的准备,可称作立案前的准备。主要有以下几方面的内容:

1. 有明确的被告

因《物业管理委托合同》纠纷的诉讼主体与合同主体应是一致的,无需过多加以论述。

2. 确定诉讼请求

它是原告通过诉讼所要达到的目的,也是一种主张。作为诉讼请求应具有客观性,要符合实际。给付之诉的请求赔偿数额要同实际发生的损失额相一致。违约金的赔偿额要依合同约定。要有计算方法,不能是估计出的数字。确认之诉,这里要说明的一个问题是,现在尚无因履行《物业管理委托合同》而引起确认之诉的判例。但在合同履行期满后可能会出现这种纠纷,而促成诉讼。如物业管理企业出于工作需要,在管理区内增建了两间平房,合同期满后就可能会因主张房屋产权而诉诸法律。确认之诉要有明确的请求和依法确认的实物,而且要有符合物质各有的特征属性,不能将社会共有的公益性设施,因使用占有的时间长而主张其权属。

诉讼请求要求有合法性,法律有明确规定的要符合法律所规定的原则精神,当约定数额小于或者等于法定数额时应按约定的数额计算,当约定数额大于法定数额时应按法定数额计算。如在要求对方当事人支付精神损失时,就应按最高人民法院规定的精神来确定。当违约金数额是以补偿实际经济损失时,也不能再请求支付实际损失。确认之数的诉争物质,也同样应符合法律规定的精神,要有诉讼的实际意义。诉讼请求要有具体的数额概念及有形体的实物,不能概念化、原则化,不能只写要求对方赔偿实际损失及承担违约责任,要有量的表述。要求确认某种实物的权属时,要写明具体的实物,如不动产还要写明不动产的所在地。

3. 要有具体的案件事实及证明案件事实的相关证据

案件事实是指已经发生的某种事件,是支持诉讼、赢得诉讼的事实基础。对其事件的发生、发展和终结要有清晰明确的认识。有的人可能会说,事件已经发生了,还有什么可以认识的,其实不然,在审判实践中有许多原告败诉是因不能客观地认识案件事实造成的。特别是有利害关系的案件事实,一定要正确把握,要有符合客观实际的认识,不允许有丝毫的虚假和捏造。明确案件事实后,还要收集和准备足以证明案件事实的证据,这是至关重要的议题,没有证据来证明案件事实,没有证据来证明已发生的损害结果,没有证据来支持自己的主张,要负举证不能导致败诉的法律后果。法理与情理在诉讼中的界限就是证据。因此必须及时做好收集证据的工作,因为有些证据不及时提取可能会灭失,有些人因时间久远可能会淡化记忆。对于应由法院调取的证据或者对方当事人举证的应在诉状中写明。这里还应强调的一点是,所谓的证据是指凡是能证明案件事实的一切物品、书面材料、音像制品、电子数据等材料。

4. 以上准备工作完成后,应着手准备起诉状

有代理律师的可由律师代笔,起诉状的要求大体有五项内容,即诉讼当事人、诉讼请求、案件事实、证明案件事实的证据及相关法律依据。起诉状的文字组织应该条理清楚、简洁明了、意思表达准确。这里摘录一份《物业管理委托合同》纠纷诉状中的一段话,

以供借鉴和引起注意。

张某某系一位35岁的下岗女工,家住花园小区45号楼5-3-2号。2001年1月15日,家里来了五位客人,有两位是高中同学,另三位是同事。为了招待客人,她到附近农贸市场买了三斤肉、二斤鱼。在回来的路上,因物业管理企业没有及时清除小区内积水,造成其摔伤骨折,经住院治疗,花医药费两万余元,请求物业管理企业赔偿医疗费及误工费。这里不说其能否胜诉,就其诉状的这段文字而言,有多处应重新斟酌和修改,以便重点明确,意思表达清晰。完成诉状后即可向人民法院申请立案,使用法律手段保护自己的合法权益。

(二) 立案审查

当事人将准备好的起诉状等材料提交法院后,人民法院职能部门首先是按程序法的有关规定,进行程序性立案审查,以便确定是否应予立案,并在七日内通知诉讼当事人。对材料不全或者书写不符合要求的,应通知当事人进行补充和完善。当事人拒绝按要求办理的,不予立案审查。法院立案审查的内容有:

1. 当事人诉讼主体资格的审查

这是对当事人民事权利能力的审查,这里的民事权利主要是指国家法律强制性规定的,当事人所享有的司法诉讼权。企事业单位应是经国家工商机关登记注册,并领取营业执照的法人单位。国家机关、社会团体应是经国家职能部门核准并颁发证书的机关及社团法人。个人应是按《民法通则》规定依法具有民事权利能力和民事行为能力的自然人。对于无民事行为能力、限制民事行为能力的自然人应由其法定代理人代理诉讼。对符合以上条件的应视为符合诉讼主体资格,不符合条件的应要求其更换。举一个例子:因《物业管理委托合同》纠纷,某市一家机关的办公室将物业管理企业告至法院。在立案审查过程中发现,其办公室只是这一机关的一个组成部分,不具有法人资格证明书,不具有诉讼主体资格,法院亦不能受理作为该办公室起诉的这起民事纠纷案件。

2. 诉讼时效的审查

诉讼时效是指合同违约行为或者民事损害行为发生后,当事人向人民法院提起诉讼的有效期间,如超过诉讼的有效期间,就丧失了胜诉权。当事人硬性告诉,法院将下判决驳回诉讼请求。诉讼时效期间《民事诉讼法》里有明确规定,因合同纠纷提起诉讼的时效期间为两年,因人身伤害提起诉讼的为一年。还有其他的一些具体规定,如不服仲裁机关仲裁决定向法院起诉的时间为15天等。还应注意了解的是,因合同纠纷提起诉讼要从当事人知道或者应当知道自己的权益受到侵害时起计算至两年止,而不是从侵害行为发生时起计算诉讼时效期间。

某花园小区物业管理企业于1999年8月份维修业主室内采暖设备时,依合同约定向业主收取了材料款计5万余元,两年后物业管理企业更换领导,在离任审计时发现,有一万余元并没有用在购买原材料上,而是被挪作它用。业主提起集团诉讼,要求退回余款并支付占用期间的利息损失。

本案原告当时是无法知道部分款额被占用的事实,因此,两年后提起诉讼应予允许,其诉讼时效也应从审计后计算起止时间。还有因合同纠纷引起的诉讼,在诉讼时效期间内,如有证据证明债权人曾向债务人主张过权利,当事人向法院起诉的有效期间应从主张权利之日起重新进行计算。

某花园小区业主张某按合同约定应于每年度的12月来交纳下一年度的物业管理费,可其从1998年12月份以来,虽物业管理企业每年都向其送达催收单,却一直没有给付。2002年6月份物业管理企业起诉,请求张某给付所欠费用及利息。

因物业管理企业每年都主张权利,所以2002年6月份起诉请求支付1998年12月份应交的费用应是允许的,也就是说其两年的诉讼时效期间应从最后一次催收的时间起算。还有,如果双方当事人就原有的源于履行合同而产生的债权债务关系达成了新的协议,应视为设立了新的法律关系,其诉讼时效期间亦应重新计算。另外,人身伤害案件一年的诉讼时效期间不适用诉讼时效中断的法律规定。

3. 对案件管辖的审查

案件管辖是指上下级人民法院之间和同级人民法院之间受理一审民事、经济纠纷案件的分工和权限。管辖分为级别管辖和地域管辖。级别管辖是指按照人民法院组织系统划分上下级人民法院之间受理第一审民事案件的分工和权限,也就是确定上下级法院的案件管辖权。《民事诉讼法》对四级人民法院各自应管辖案件的范围都做了原则规定,各省市法院也都根据法律规定的精神,依据地方经济的发展状况,经上一级法院批准,制定了各自对民事案件的管辖规定。

地域管辖是在级别管辖的基础上划分的。地域管辖又分为普通地域管辖、特别地域管辖及专属管辖等。专属管辖是根据案件的特定性质,法律规定必须由一定地区的法院管辖,专属管辖具有排他性,即只能由法律规定的法院管辖。如依据《民事诉讼法》的有关规定,因不动产提起的诉讼,由不动产所在地人民法院管辖。这种法律明文规定的管辖即是专属管辖。就《物业管理委托合同》纠纷案件来说,审判实践还不多,法律上也没有特别的规定,应如何参照上边的法律规定精神来确定其管辖法院呢?从《物业管理委托合同》的内容上看,它具有劳务合同的属性,委托者与被委托者,履行合同与享受权利的双方当事人均在同一场所内按合同约定从事各种活动。这种互为关系的作用点都指向所管理的标的物,即楼房及附属设施。它具有委托管理合同的属性,其委托管理的实物为楼房或者固定的机械设施,属不动产。据以上的分析及对《物业管理委托合同》标的物的认识,《物业管理委托合同》纠纷案件的地域管辖应适用法律所规定的专属管辖,即《民事诉讼法》所规定的"因不动产提起的诉讼,由不动产所在地人民法院管辖"。

4. 对同一案件事实是否已经过处理或者重复收案的审查

按法律的相关规定,如果就同一案件事实提起诉讼的案件,审判机关已经做过审理裁决或者法院已经收案并正在审理过程中,法院就不能再行收案。当事人已协商一致到仲裁机关申请仲裁的,人民法院也不能受理。

人民法院立案部门经上述审查之后，认为符合立案条件的，应当收案并通知提起诉讼的单位或者自然人办理相关立案手续、预交诉讼费用。法院应向双方当事人送达受理案件通知书和应诉通知书，在被告递交答辩及相关证据材料后，法院立案部门将所立案件按法院内部分工移交审判庭进行审理。认为不符合立案条件的，应及时通知当事人不予受理。如当事人非要告诉的应当收案，属于程序不合法的应裁定驳回起诉，属于实体存在问题的，应经审理后下判决驳回当事人的诉讼请求。

（三）对《物业管理委托合同》纠纷案件的审理

人民法院审理民商事案件应坚持以事实为根据、以法律为准绳的办案原则。这是保护当事人合法权益、维护经济秩序、正确调整民事法律关系的根本要求，是公开、公正审理民商事案件，依法维护社会稳定，促进经济发展的保证。

人民法院受理案件的同时，即设立了民事诉讼法律关系，这一法律关系是指人民法院和当事人以及其他诉讼参与人之间发生的诉讼权利义务关系。这种权利义务关系是由民事诉讼法律规范调整的，以权利义务为内容的，以人民法院为主导的具体社会关系。民事诉讼法律关系是基于当事人行使诉权和人民法院行使审判权而发生的，没有当事人提起诉讼，没有人民法院受理并审理案件，都不会发生民事诉讼法律关系。

民事诉讼法律关系以诉讼权利义务为内容。这种权利义务关系，就人民法院来说具有权力的性质，在民事诉讼法律关系中，不仅始终为一方，而且一直起着主导作用。因为人民法院既要查明案件事实，正确做出裁判，又要切实保障当事人和其他诉讼参与人行使诉讼权利、履行诉讼义务。因此，人民法院同当事人及其他诉讼参与人行使诉讼权利、履行诉讼义务是不完全相同的。也就是说，人民法院的诉讼权利义务，体现了审判权的职能，在整个诉讼过程中起着指挥、组织的作用，对当事人和其他诉讼参与人行使诉讼权利和履行诉讼义务，起着保证和监督作用。诚然，无论是当事人起诉、应诉，还是进行其他诉讼活动，也不论是人民法院受理案件,还是进行其他诉讼活动,都要按照法律规定的程序制度进行,都要受民事诉讼法律规范的调整。

人民法院通过审查原告的起诉,认为符合法律规定的起诉条件,决定立案审理,从而引起诉讼程序的开始。首先应依法向被告送达起诉状副本,并告之被告在法定期限内提出答辩状。根据《民事诉讼法》的规定,适用普通程序审理的案件,应当在立案后5日内将与正本一致的起诉状副本送达报告。被告收到起诉状副本后应在15日内提出答辩。其次,依法组成合议庭。因《物业管理委托合同》纠纷案系新类型的合同纠纷案件,在适用法律、查明事实、区分责任等方面均有一定的难度,因此不论基层法院还是上一级法院,对《物业管理委托合同》纠纷案件的审理均应适用普通程序,不宜适用简易程序。从开庭前的各项准备工作到案件审结,都应当在合议庭所有成员的参加下进行。合议庭成员自始至终应对全案的审理负责,以充分发挥合议庭的作用,保证案件的审理质量。

依《民事诉讼法》的规定,开庭审理的方式有两种,即公开审理和不公开审理。公开审理案件有两方面的含义:一是对当事人公开,二是对社会公开。对当事人公开,即案件的审理必须在当事人参加下进行;对社会公开,就是在开庭审理的全过程,允许群众旁听、记者报道。公开审理的案件,应在开庭前3日公告当事人的姓名、案由和开庭的时间、地点。《物业管理委托合同》纠纷案件一般公开开庭审理,具有法律明文规定不公开审理的事由除外。开庭审理案件,应于3日前传唤、通知当事人和其他诉讼参与人。届时应有书记员查明当事人和其他诉讼参与人是否到庭。对于一方当事人无正当理由拒不到庭的可以缺席开庭。开庭时由审判长分别查明原告、被告或者法定代理人的身份情况及诉讼代理人的授权委托和代理权限,并宣布案由,宣布合议庭组成人员及书记员名单,告之当事人的诉讼权利和义务。对当事人主要的诉讼权利和义务必须交代清楚,使当事人知道,并正确地行使诉讼权利和自觉地履行诉讼义务。按程序法的规定,经法庭调查、法庭辩论后,人民法院还可以组织诉讼当事人对案件进行调解。这有利于化解当事人之间的矛盾,解决纠纷;有利于保护当事人的合法权益,调动当事人履行合同的积极性,对增进团结、促进经济发展、加强双方当事人的协作都有益无害。但调解也要遵循依法调解的规定精神,要在事实清楚、责任明确的基础上进行。调解过程中要充分体现当事人自愿原则,合法原则,不损害国家、集体、案外人及案件当事人利益原则。对于有违法犯罪行为的案件、被告反诉的案件,不能经调解达成协议的案件,不能调解解决。对于调解达不成协议的,就要依法作出判决。开庭审理的最后阶段,即评议宣判阶段,主要的任务是通过合议庭评议,认定案件事实,确定案件性质,分清是非责任,正确适用法律,依法制作并宣布判决,以解决双方争议。根据《民事诉讼法》规定,无论案件的审理是否公开进行,宣告判决一律公开进行。当庭宣判的,应在10日内向当事人送达判决书。定期宣判的,应告之双方当事人定期宣判的时间和地点,定期宣判后,要立即发给判决书。宣告判决后,应当向当事人交待上诉权、上诉的法定期间及上诉的有关注意事项。

人民法院受理案件后至作出判决前,原告申请撤回起诉的,经审查符合法律规定的,应予允许。在开庭审理过程中,原告无正当理由拒不到庭或者中途退庭的,符合撤诉条件的,可按撤回起诉处理。被告提出反诉的,可以缺席判决。原告撤诉,未经人民法院允许而拒不到庭的,可以缺席判决。被告无正当理由拒不到庭或者未经法庭许可中途退庭的,可以缺席判决。被告法定代理人无正当理由拒不到庭,又不委托诉讼代理人的,可以缺席判决。无独立请求权的第三人无正当理由拒不到庭的,可以缺席判决。缺席判决可以在查清案件事实的情况下作出,同时要认真考虑缺席一方当事人的合法权益。

二、实体审理《物业管理委托合同》纠纷案应注意的几个问题

1. 关于案由的确定

案由即案件的名称,案件的名称不仅仅是个代号,它具有高度概括性,是将整体案件概念化的一种提炼,好像一篇文章的题目,所反映和表达的应是文章的核心主题。它具有可识别性,使人一

看案由便能了解争议及产生纠纷的事件。一起案件的案由同对整个案件的认识,同调查审理的取向,与审理结果正确与否是有密切关系的,因此在拟定案由时要力争准确无误。这里举两个例子,一起案件的案由确定为"《物业管理委托合同》赔偿纠纷",还有一起案件的案由确定为"《物业管理委托合同》取暖设施纠纷",这两起案件的案由都是不规范不符合要求的。

2. 关于《物业管理委托合同》纠纷案件举证责任的问题

民商事案件诉讼中的证据,是证明案件当事人之间存在民事法律关系,有违约或者损害事实发生,并产生损害结果的依据。作为诉讼证据具有客观性、关联性、合法性三个特征。需要当事人举证的范围有以下几个方面:一是对当事人之间存在必然民事法律关系的举证。在工作生活及其他各项社会活动中,各个单位之间、单位与自然人之间、自然人与自然人之间为了达到各自的目的,要相互接触,并在协商一致的基础上设立各种各样的反映各自权利义务、规范各自行为的民事合同。还有的是法律和国家政策规定限制下的、不以人们意志而转移的相互间权利义务关系,也有的是因为双方不作为的行为导致双方间发生必然的权利义务关系。这种民事法律关系的存在,是负责举证责任人首先应向法庭出示的证据,是案件的前置证据、基础证据。如果举证不能、不能用证据来证明诉讼的前置条件,就要承担举证不能的法律后果。

其次要负对案件事实的举证责任,也就是说对事实的发生、发展和终结的全过程,要向法院出示相应的证据,用以证明案件事实的客观存在。如果举证不能或者所提供的证据无法证明所发生的案件事实,同样要承担败诉的后果。

再次要证明有损害后果的发生。如果仅有事件发生,并没有损害后果或者构不成约定的违约责任或者证明不了所发生事实与损害后果的因果关系,执行机关也将无法判令案件的另一方当事人承担民事责任。

综上所述,需要举证的范围主要有三个方面:一是对于当事人之间存在必然民事法律关系的举证;二是对案件事实客观存在的举证;三是对损害后果的存在及其与所发生事件因果关系的举证。

3.《物业管理委托合同》纠纷案件举证责任划分

《物业管理委托合同》是一种综合性的民事合同,因履行《物业管理委托合同》所产生的各种纠纷及其纠纷的性质各不相同。有些纠纷应适用谁主张谁举证的举证原则,有的纠纷应适用举证责任倒置的规定。由物业管理企业负责设备的坏损,造成业主人身、财产的损害,只要原告人能够举出有事故发生并因此而造成其损失的证据就可以了。如物业管理企业强调设备损坏系业主的责任,并拒绝予以赔偿的,其损坏原因的举证责任应由被告物业管理企业承担。这是因为物业管理企业对设施具有监管和维修的义务,且设有专门的技术管理人员,而业主并不了解和掌握专门的技能,无法对坏损的原因进行解释。如果该案被告举证不能,就应承担败诉的法律责任。在《物业管理委托合同》纠纷案件中对部分人身伤害赔偿案件亦应适用举证责任倒置的原则。如一业主在乘用电梯时,因电梯内的照明设备突然损坏,致使该业主在下电梯时被自动门夹破头部,造成皮外伤和轻微脑震荡,起诉至法院要求赔偿医疗费5000元。这起案件的原告只要举证证明照明设备损坏与致伤的因果关系就可以了,同样无需证明照明设备突然损坏的原因。如果损坏的原因系原告的行为所致,被告将不予赔偿。法院在处理上述案件过程中,有时因对适用举证责任的规定精神理解认识不清,应由被告举证的却要求原告举证,可其又举不出证,造成案件久拖不结。在审判实践中应很好地把握举证责任的转换,不能一味强调原告举证或谁主张谁举证。

对于《物业管理委托合同》纠纷案件的举证责任主要应注意以下几方面的问题:一、被告反诉成立的,对其反诉的主张应由被告负责举证。二、因设施突然坏损造成业主财产损失、人身伤害的,如果被告强调坏损原因,不予赔偿的应由被告举证。合同中没有约定管理维修责任的除外。三、因设备维修质量不合格造成财产损失或者人身伤害的应由被告举证。原告只要提供其具有与设备坏损产生因果关系的证据即可。

4. 关于《物业管理委托合同》纠纷案件法律的适用

随着物业管理的普及、《物业管理委托合同》纠纷案件的增加，对于如何在审理此类纠纷案件中适用法律，使案件得到正确的处理，也在审判实践中显露出来。可现在我们国家并没有这方面的专门法律，那么在审判实践中应如何运用法律呢？作者认为，《物业管理委托合同》纠纷属于民事法律法规及其司法解释规范调整的范畴，在运用法律时应注意以下几个方面的问题：(1)属于诉讼程序的问题，应适用《中华人民共和国民事诉讼法》及最高人民法院对适用《民事诉讼法的若干解释的规定》，其他单行法规有特别规定的除外。但在案件管辖上应运用法律对管辖问题的特别规定来处理，由不动产所在地人民法院管辖。(2)关于实体法的适用问题，按照一般的适用法律的原则，国家有法律和法规规定的，应首先适用国家的法律、法规的规定；国家法律、法规无规定的，适用地方法规的规定。有专门法律规定的应首先适用专门的法律规定。(3)另外，应以案件事实及其纠纷的属性来考虑法律的适用。从审判实践看，因拖欠缴纳或者拒绝缴纳各种费用所引起的纠纷，系完全地履行《物业管理委托合同》纠纷，是对合同约定条款的违约行为，在审理查清案件事实的基础上，应引用《中华人民共和国合同法》进行裁决。因对房屋或者室内外设施修缮而引起质量纠纷，亦属合同责任，是对工作不负责任所致，也属违约行为。从其违反合同约定来认识，在实体裁决时引用《中华人民共和国合同法》是应当的，但从修缮的角度看，又有建筑安装合同的特征。因此应依案件的具体事实，在实体判决时，亦可引用有关建设工程方面的单行法规或者相关的行政规定。因设备损坏引发的其他财产损害赔偿纠纷是比较复杂的，有的是因直接违反合同条款造成的，有的是间接原因造成的，即由于一方当事人的违约行为牵连了相邻财产的损失。

如一住宅小区的业主在装修房屋时，未经有关部门批准擅自改变室内房屋结构，造成楼上业主墙体裂缝，经与物业管理企业协商未果，后诉至法院。这个案例有两个问题需要说清楚，一是此纠纷是《物业管理委托合同》纠纷还是一般的民事赔偿纠纷，二是这个案子的被告人应是物业管理企业还是相邻的住户,或是把这两方列为共同被告。法院在审理此案时定性为《物业管理委托合同》纠纷,并增列装修房屋的业主为本案第三人。从本案被告系物业管理企业来看这个案子,物业管理企业系本案的责任人,应承担管理不善的民事赔偿责任,因此应定性为合同纠纷。损失发生系第三人擅自改动室内结构造成的,其应承担相应的民事责任。(4)实体判决应适用《中华人民共和国合同法》及《民法通则》。因人身伤害损失所引起的民事诉讼和《物业管理委托合同》一方当事人违约,直接造成他人人身伤害的案件,其审判实践中的案例是非常少的。这类案件是一方当事人在从事生产、施工、维修等活动时,因违反操作规程或者有关规定所造成的。如物业管理企业在修建小区内喷水池时,将圆木放置在路中央,致人走路经过时摔伤,造成腿骨骨折的民事案,该案就不能确认为《物业管理委托合同》纠纷,也不能按合同纠纷来审理此案,应按民事赔偿的有关规定来处理。虽然该案与物业管理企业及履行《物业管理委托合同》有一定的关系,但在适用法律时应依据《民法通则》的有关规定来判决,而不能适用《合同法》来处理。

总之,《物业管理委托合同》是一种综合性的比较复杂的经济合同,如何正确适用法律也是较为复杂的,在审理案件时应注意查清案件事实、正确认定案件属性;注意区分违约与违反相关法律、法规规定的区别以及《物业管理委托合同》纠纷与其他民事纠纷的区别,以便正确地适用法律。

5. 关于《物业管理委托合同》的法律效力

由于双方当事人在签约前进行了大量的可行性调查,且是在平等自愿基础上达成的协议,因此除违反国家法律、法规明确规定的和出现《合同法》明确界定关于合同无效条款的事由外,要尊重当事人的意志,不能轻易地认定合同无效。但合同中的个别条款如违反合同公平、公正的原则,违反了法律的相关规定可以认定该条款无效。基于《物业管理委托合同》的法律特征,合同一旦履行,双方当事人就设立了多种的民事法律关系。为了完成合同约定的义务,物业管理企业要进行人力、财力及机械设备的投入。在合同履行过程中,物业管理企业的管理人员、技术人员在对各种设备、设施及其附属配套设施的维护、维修过程中逐渐掌握了其原始设计及其性能,因此也不宜在合同尚未到期时轻易地确认、中止或解除《物业管理委托合同》。应从有利于解决实质的争议,有利于双方的合法权益,有利于合同履行等因素来审理和确认《物业管理委托合同》的效力。

随着我国法制建设的发展,社会分工的细化,以及人们对《物业管理委托合同》的普遍认识和这种管理方式的广泛适用,《物业管理委托合同》纠纷案件也会大量增加。因缺乏审判实践,且尚无处理《物业管理委托合同》纠纷案件的专门法律、法规,同时由于各地区的经济发展不平衡,今后还会遇到许多新的实际问题,应注意总结经验、充分地运用现行的法律、法规,依法处理好物业管理合同纠纷案件。

第三节 物业管理的非诉讼

在物业管理活动中,纠纷的种类很多,产生的原因各不相同,决定了解决纠纷的方式也不相同。物业管理活动的主体可以采取诉讼的方式解决物业管理活动中产生的纠纷,也可以通过非诉讼的方式解决纠纷。在物业管理实践中调解的方式是非诉讼解决物业管理活动纠纷的主要方式和重要手段。物业管理活动中的非诉讼是指物业管理活动的有关主体之间,通过调解的方式达成一致意见,解决因物业管理活动而产生的纠纷。

一、物业管理非诉讼调解的主要原则

采用非诉讼调解方式解决物业管理活动中的纠纷,必须坚持一定的原则,不能只求当事人之间达成一致而违反法律或者当事人的意愿。坚持非诉讼调解的原则,有利于当事人之间达成调解协议和所达成的调解协议的顺利履行。

在物业管理非诉讼调解活动中主要应坚持如下几项重要原则:

1. 合法性原则

所谓合法性原则是指在调解物业纠纷时,其调解手段和程序必须合法。同时,当事人之间所达成的调解协议的内容也必须符合法律的规定。在调解活动中,不能只为了达成调解协议,而不顾调解协议内容是否违法。如果违反合法性原则,即使当事人之间达成调解协议,其协议也是没有法律效力的。

2. 自愿原则

自愿原则是当事人之间必须自愿参加调解,并达成调解协议,当事人之间所达成的调解协议的内容也必须是自愿的。物业管理活动纠纷发生后,任何单位和个人不得强迫当事人必须进行调解或强迫当事人必须就调解达成协议。物业管理活动纠纷当事人有权选择采取调解的方式解决纠纷,也有权采取其他方式解决纠纷,参加调解后有权达成协议,也有权不达成协议,任何人不得强迫当事人违反自愿原则达成协议。

3. 诚信原则

诚信原则是物业管理活动纠纷当事人必须采取诚实、守信的态度解决纠纷,并对达成的协议诚实地进行履行。纠纷当事人不得采取欺骗、欺诈等手段造成某种假象,使对方当事人产生错误的认识,从而达成违背当事人真实意思表示的协议。如果因一方当事人违反诚信原则而达成的协议,是无效的协议。

4. 尊重当事人合法权益的原则

在调解的过程中和调解所达成的协议中,必须充分尊重当事人的合法权益,不得侵犯和非法干涉当事人的合法权益。尊重当事人合法权益原则的重要体现是尊重当事人的诉讼权利,即当事人无论是否参加了调解,其都有权起诉,要求人民法院对物业管理活动中的纠纷作出裁决。在解决物业管理纠纷实践中,由于当事人参加了调解活动,而非法干涉或者限制当事人向人民法院起诉的事件时有发生,因此,尊重当事人合法权益的原则必须认真得到贯彻。

5. 协商一致原则

协商一致原则即物业管理活动中的各方当事人,必须就是否进行调解达成一致。如果进行调解并达成协议的,还必须对所达成的协议的内容一致同意。如果在物业纠纷发生后,只有部分当事人同意进行调解,而其他当事人拒绝调解的,就不能进行调解。如果在调解过程中,对调解的内容只有部分当事人同意的,则调解协议不能生效,即未达成一致。

二、物业管理非诉讼调解的主要方式

物业管理活动中,非诉讼调解的方式很多,根据其调解主体的不同,法律效力的不同可以有不同的划分方式。按照调解主体的不同,调解可以分为:

1. 当事人之间自行和解

当事人之间自行和解是指纠纷当事人按照合法、自愿、诚信的原则,就如何解决纠纷达成一致,从而使纠纷得以解决的方式。当事人之间自行和解达成协议,只须当事人双方的存在,而不存在其他第三方的参与。对于当事人之间的自行和解达成协议的,当事人应当自觉履行,当事人一方拒不履行和解协议的,对方当事人可依法向人民法院起诉。

2. 物业管理企业调解

对业主之间产生的纠纷、业主与物业使用人之间产生的纠纷、业主与专业化专营公司之间的纠纷等,当事人可以请求物业管理企业进行调解。物业管理企业进行调解,当事人之间达成协议的,应当自觉履行,一方拒不履行调解协议的,对方当事人可以向人民法院起诉,要求人民法院审理。

3. 业主委员会调解

业主之间、业主与物业使用人之间、业主与物业管理企业之间、业主与专业化专营公司之间等产生纠纷的,可以请求业主委员会进行调解。经业主委员会调解达成调解协议的,当事人之间应当自觉履行,当事人一方拒不履行的,对方当事人可向人民法院起诉。

4. 有关行政机关调解

因物业管理活动产生的纠纷,当事人可以请求有关行政管理机关进行调解,如物业内发生的治安纠纷,可以请求公安机关进行调解;物业内发生的经营或者服务纠纷,可以请求工商行政管理机关进行调解等等。对于有关行政机关调解达成一致的,当事人之间应当自觉履行;对一方当事人拒不履行的,对方当事人可向人民法院起诉,要求人民法院进行审理。

5. 人民调解委员会调解

人民调解委员会是村民委员会和居民委员会下设的调解民间纠纷的群众性组织,在基层人民政府和基层人民政府派出机构指导下进行工作。人民调解委员会根据当事人的申请及时调解纠纷,当事人未提出申请的,人民调解委员会也可以主动调解。人民调解委员会调解达成协议的,可以制作调解协议书,调解协议书应当有双方当事人和调解人员的签名,并加盖人民调解委员会印章。

调解委员会调解达成调解协议,只要符合下列条件即为有效:

(1) 当事人具有完全民事行为能力;

(2) 意思表示真实;

(3) 不违反法律、行政法规的强制性规定或者社会公共利益。

如果调解协议有下列情形之一的,调解协议无效:

(1) 损害国家、集体或者第三人利益;

(2) 以合法形式掩盖非法目的;

(3) 损害社会公共利益;

(4) 违反法律、行政法规的强制性规定。

另外,人民调解委员会强迫调解的,调解协议无效。对于因重大误解订立的调解协议或者在设立调解协议时显失公平的调解协议,当事人可以向人民法院起诉要求撤销或者变更调解协议。

当事人对经人民调解委员会调解达成的调解协议应当认真履行,对于具有债权内容的调解协议,债权人可以向被执行人住所地或者被执行人财产所在地人民法院申请强制执行。

6. 其他主体的调解

除了上述的主体对物业管理活动纠纷进行调解外,当事人还可以请求其他单位或者人员对纠纷进行调解,调解达成协议的,当事人应当自觉履行。

第十章　物业管理主要法律文件的分类与制作

在物业管理活动中各类法律文件的广泛应用是维系物业管理法律关系的基本保障,物业管理行为的确定和物业管理目标的实施等内容都要依靠各类法律文件的应用来实现。

本章中将各类法律文件按其性质的不同分为五类:

1．组建实体类法律文件,重点包括《组建物业管理企业合同》和《物业管理企业章程》;

2．委托类合同法律文件,重点包括《物业管理委托合同》和《前期物业管理委托合同》;

3．商务类合同法律文件,重点包括《居间合同》和《购销合同》等;

4．公契类法律文件,主要介绍《物业管理公共契约》;

5．其他法律文件,主要介绍《住户手册》、《业主委员会章程》和各类管理文件。

物业管理活动中的法律文件除了按照性质不同进行分类外,还可以按照其他的分类方式进行分类,如按照法律文件使用用途可分为合同类法律文件与非合同类法律文件等。在法律文件制作过程中,依据法律关系的特性合理区分法律文件的种类,有着重要的意义。合同类法律文件制作过程中,法律顾问律师应注意如下几个问题:

1．确定合同性质

根据我国《合同法》的规定,合同有不同的种类和性质。确定合同的性质,对明确合同的原则、基本内容等均有十分重要。法律顾问律师应当通过专业法律知识,根据物业管理企业工作人员所表述的拟签订合同所要约定的事项进行分析,确定合同性质。因为合同性质不同,国家法律规定相应不同。法律顾问律师在确定了合同的性质之后,应当要求物业管理企业工作人员提供能够满足起草合同所需的进一步的资料。

2. 明确合同约定的法律行为

通过明确合同性质,要求物业管理企业工作人员提供相关合同要约定的某项或某类事实的资料后,法律顾问律师应当认真分析合同要约定的事实,并就其中不明确的地方向物业管理企业的相关工作人员进行了解,以达到全面掌握拟签订的合同所要约定的法律行为的基本原则,为起草和制作合同建立事实基础。

3. 找出合同约定事实的法律规定

法律顾问律师在明确了合同的性质和约定的法律行为后,要运用法律专业知识对合同所要约定的事项进行全面系统的分析,根据合同性质找出与合同要约定的法律行为有关的法律法规的规定,从而明确法律对合同将要约定的法律行为是如何规定的,为起草和制作合同建立法律基础。

4. 确定各方当事人之间的权利义务

确定各方当事人之间的权利义务是涉及合同最基本的内容,合同实际上就是对当事人之间的权利与义务进行规定的法律性的文件。法律顾问律师必须通过法律法规的规定和各方当事人的约定,合理确定出当事人之间的权利义务,从而为起草和制作的合同建立内容基础。

5. 评估合同履行风险,界定违约行为,明确违约责任

法律顾问律师在明确了合同的性质、约定的法律行为、法律规定和当事人之间的基本权利义务之后,应当针对各方当事人在合同履行过程中所处的地位和作用不同,评估合同风险,预测各方当事人可能出现的违约行为和确定在违约行为出现后所应承担的法律责任。法律顾问律师通过对合同各方当事人违约责任的确定,为起草和制作合同建立保障履行的责任基础。

6. 遵守合同制作程序规范

法律顾问律师在确定了上述五点内容后,就应当开始正式起草和制作合同文本,确定合同所应采用的形式、合同条款的设置、各条款的具体内容等,从而形成文本式的合同草案。法律顾问律师将所形成的合同草案文本送交物业管理企业的相关工作人员,让具体业务人员就律师所起草的合同草案提出业务上的意见,以便法律顾问律师进一步的修改、完善,从而正式形成合同文本。形成的合同文本如需使用则应履行相应的使用程序后方可正式使用。

第一节 组建实体类法律文件的制作

组建实体类的法律文件主要是指组建物业管理企业所需的法律文件。组建物业管理企业的形式有多样,如独资物业管理企业的组建、中外合资物业管理企业的组建、中外合作管理合资的组建、按照《公司法》的规定组建有限责任物业管理公司和股份制物业管理公司等多种形式。各种形式的物业管理企业的组建均有一定的不同特点,但又有很多的共同点。组建实体类的法律文件除了组建物业管理企业各方出资者或股东的合同外,还包括所组建物业管理企业的章程。

一、组建物业管理企业的合同

本节重点介绍按照我国《公司法》的规定,组建物业管理有限责任公司所需的合同,同时也对中外合资物业管理企业、中外合作物业管理企业等物业管理企业形式进行简单的介绍。

(一)法律依据

组建物业管理企业的主要法律依据是《中华人民共和国合同法》、《中华人民共和国公司法》、《中华人民共和国中外合资企业法》、《中华人民共和国中外合作经营企业法》和《中华人民共和国私营企业法》等法律法规。除了这些企业管理法律法规外,组建物业管理企业还应当遵守《物业管理企业资质管理试行办法》的有关规定。

《中华人民共和国公司法》第二条规定:"本法所称公司是指依

照本法在中国境内设立的有限责任公司和股份有限公司。"《中华人民共和国中外合资经营企业法》第一条规定:"中华人民共和国为了扩大国际经济合作和技术交流,允许外国公司、企业和其他经济组织或个人(以下简称外国合营者),按照平等互利的原则,经中国政府批准,在中华人民共和国境内,同中国的公司、企业或其他经济组织(以下简称中国合营者)共同举办合营企业。"《中华人民共和国中外合作经营企业法》第一条规定:"为了扩大对外经济合作和技术交流,促进外国的企业和其他经济组织或者个人(以下简称外国合作者)按照平等互利的原则,同中华人民共和国的企业或者其他经济组织(以下简称中国合作者)在中国境内共同举办中外合作经营企业(以下简称合作企业),特制定本法。"《中华人民共和国外资企业法》第一条规定:"为了扩大对外经济合作和技术交流,促进中国国民经济的发展,中华人民共和国允许外国的企业和其他经济组织或者个人(以下简称外国投资者)在中国境内举办外资企业,保护外资企业的合法权益。"

随着我国改革开放和社会主义市场经济的不断深入和发展,各出资者和股东均依据《中华人民共和国公司法》的有关规定组建物业管理公司。

(二) 制作合同的目的

《组建物业管理企业合同》的制作目的是为了规范组建物业管理企业各方股东的行为,为物业管理企业的成立、经营管理及运作打下良好的基础。根据我国《公司法》的有关规定,组建有限责任公司的股东最少为两个以上,因此各方股东在企业出资、注册、经营场所的确定及公司成立后组织机构的设置、管理等方面必须通过合同的形式进行约定,减少组建公司过程中的纠纷及公司在经营管理过程中的纠纷。

(三) 合同制作的原则

《组建物业管理企业合同》制作的原则主要有:合法性原则、自愿原则、平等原则、诚实信用原则及公序良俗原则。

1. 合法性原则。即各方股东在组建物业管理企业的过程中,必须严格依照中华人民共和国的法律法规进行,合同所规定的内容等不违反国家法律法规的规定。

2. 自愿原则。即各方股东在组建物业管理企业的过程中,必须自愿,股东组建物业管理企业的活动不受其他股东或者有关组织及人员的干涉。

3. 平等原则。即各方股东在组建物业管理企业过程中的法律地位平等,拥有平等的权利义务。

4. 诚实信用原则。即股东在组建物业管理企业的过程中必须诚实、守信,不得对其他股东进行欺骗,也不得欺骗其他利益相关者。

5. 公序良俗原则。即股东所签订的合同在不得违反法律法规规定的同时,还不得违反公共道德和社会利益。

(四)《组建物业管理企业合同》的形式

《组建物业管理企业合同》必须以书面的形式出现,股东各方应当依法对合同进行签署,《组建物业管理企业合同》不得以口头形式进行约定。由于物业管理企业成立后,其经营时间会很长,在物业管理企业经营过程中各方股东难免会因企业的经营、管理等问题发生纠纷,解决纠纷的重要依据就是股东之间所签署的《组建物业管理企业合同》。因此《组建物业管理企业合同》必须以书面形式进行签署。

(五)《组建物业管理企业合同》的主体

《组建物业管理企业合同》的主体即合同的各方股东,必须是依法拥有民事行为能力、能够独立承担民事责任的自然人或者是依法成立并能独立承担民事责任的企业法人或企业法人授权的分支机构。不具有民事行为能力的自然人、未依法成立的机构,或者是未经企业法人授权的企业分支机构等不得作为《组建物业管理企业合同》的主体。

(六)《组建物业管理企业合同》的主要内容

1. 股东的名称、住所

股东的名称和住所是合同的重要内容,《组建物业管理企业合同》中必须写明组建企业的各方股东的名称与住所及联系方式等内容。《组建物业管理企业合同》中载明的股东名称是确定合同权利义务主体的依据。

2. 股东的出资额、出资方式和出资日期

股东的出资额、出资方式和出资日期是合同的主要内容,合同中应明确各方股东出资数额是以货币出资还是以实物出资及缴付出资的具体期限等内容。这部分内容的明确规定可以有效地减少因股东出资等问题造成的纠纷。

3. 组建企业的名称、住所、经营范围

这部分内容主要是约定所组建的物业管理企业的内容,企业的名称、住所和经营范围等问题对企业的登记注册有重要的意义。

4. 组建物业管理企业的经营期限

组建物业管理企业的经营期限即是《组建物业管理企业合同》的履行期限。

5. 利润分配与债务承担

《组建物业管理企业合同》中约定利润分配与债务承担是合同的重要组成部分,可以有效避免物业管理企业成立后,在经营活动中因利润如何分配或者是企业出现债务后的债务承担问题产生的纠纷。在合同的制定过程中,各方股东利润的分配与债务的承担通常同股东对物业管理企业的投资多少有直接的关系,即股东出资多的,分配的利润就多,同时承担的债务责任就相对的要大。

6. 股东的权利义务

股东的权利义务,主要约定各股东之间在合同的履行过程中即物业管理企业的经营运作中,所享有的诸如企业资产的所有权、经营管理决策权等和所承担的按约定出资、对企业的债务承担责任等内容。权利与义务的内容是《组建物业管理企业合同》的最基本内容,虽然这部分内容规定的都很原则,但其对各方股东却至关重要。

7. 物业管理企业的清算与终止

物业管理企业的清算与终止,主要是规定物业管理企业在经营期限届满时或者因其他原因的出现不能继续经营时,所进行的法律行为。在合同中应明确规定物业管理企业终止的条件与原则和具体的清算规则等内容。

8. 违约责任

违约责任条款是合同中的重要条款,其主要约定组建物业管理企业的各方股东未能按照《组建物业管理企业合同》的约定履行应尽的义务时,所应当承担的责任。如股东未按照合同约定的数额、时间、方式出资,造成合同无法履行,物业管理企业无法组建或者正常运作,因此给其他股东造成的损失如何处理等内容。违约责任条款对规范合同当事人严格依法履行合同有着重要的作用和意义,股东应在《组建物业管理企业合同》中明确地规定违约责任。

9. 股东认为通过合同约定的其他事项

股东认为应当通过合同的方式约定的其他事项,主要指股东认为某些事项与合同的履行有着密切的关系,应当通过合同的方式进行约定的事项。一般这些事项可以包括如所成立企业的筹建由哪一方股东负责、关于合同有关条款的保密事项和合同中所涉及的有关名词的解释等。这些内容虽然不是合同的必备条款,但其是否约定会对合同的履行产生一定的影响,因此股东之间应当在合同中予以明确。

(七)《组建物业管理企业合同》制作中的注意事项

1. 在制作《组建物业管理企业合同》时,必须注意组建物业管理企业各方股东的构成情况,如股东数额是否达到法定的数量,有无境外股东,各股东的出资总额是否达到组建物业管理企业的标准等问题。

《中华人民共和国公司法》第二十条规定:"有限责任公司由两个以上五十个以下股东共同出资设立。

国家授权投资的机构或者国家授权的部门可以单独投资设立国有独资的有限责任公司。"第七十五条规定:"设立股份有限公司,应当有五人以上为发起人,其中须有过半数的发起人在中国境内有住所。国有企业改建为股份有限公司的,发起人可以少于五人,但应当采取募集设立方式。"

2. 如果组建物业管理企业的股东有境外的自然人或法人的,还要注意组建的物业管理企业的外方股东的出资是否达到外经贸管理部门所管理的外资企业的规定,如达到规定的标准,所组建的物业管理企业为外资企业,应当遵守外资企业法的有关规定。同时外资物业管理企业的组建应当报请有关外贸主管部门批准。《中华人民共和国中外合资经营企业法》第三条规定:"合营各方签订的合营协议、合同、章程,应报国家对外经济贸易主管部门(以下称审查批准机关)审查批准。审查批准机关应在三个月内决定批准或不批准。合营企业经批准后,向国家工商行政管理主管部门登记,领取营业执照,开始营业。"第四条规定:"合营企业的形式为有限责任公司。在合营企业的注册资本中,外国合营者的投资比例一般不低于百分之二十五。合营各方按注册资本比例分享利润和分担风险及亏损。合营者的注册资本如果转让必须经合营各方同意。"

3. 在股东各方出资额和出资方式上要特别注意,股东间的出资额是否达到法定的比例,如股东以实物出资或无形资产出资的,其所占比例也应在法律法规规定的范围之内。《中华人民共和国公司法》第二十四条规定:"股东可以用货币出资,也可以用实物、工业产权、非专利技术、土地使用权作价出资。对作为出资的实物、工业产权、非专利技术或者土地使用权,必须进行评估作价,核实财产,不得高估或者低估作价。土地使用权的评估作价,依照法律、行政法规的规定办理。以工业产权、非专利技术作价出资的金额不得超过有限责任公司注册资本的百分之二十,国家对采用高新技术成果有特别规定的除外。"

4. 在对物业管理企业出资时要特别注意,各方股东的出资总额除了要符合《中华人民共和国公司法》等有关法律的规定外,还要符合专业管理方面的法律法规,如《物业管理企业资质管理试行办法》中物业管理企业注册资金的规定。

二、物业管理企业章程

物业管理企业的章程应当由发起设立物业管理企业的各方股东共同制定。区分所设立的物业管理企业的性质不同,物业管理企业的章程的内容也有所不同。物业管理企业章程是物业管理企业进行经营管理活动的基本准则,应当非常明确和系统地规定物业管理企业的经营管理方式、组织形式、议事规则等重要事项。

(一)制作《物业管理企业章程》法律依据

《物业管理企业章程》制作的法律依据,根据物业管理企业设立时所依据的法律不同而有所不同,如物业管理企业是按照《公司法》的规定设立的,其章程应当按照《公司法》的有关规定进行制定;如物业管理企业是按照有关外商投资企业法设立的,其章程应当符合外资企业法的规定。《物业管理企业章程》的主要法律依据有:

1. 《中华人民共和国公司法》有关公司章程的规定;

2. 《中华人民共和国中外合作经营企业法》中有关企业章程的规定;

3. 《中华人民共和国中外合资经营企业法》中有关企业章程的规定;

4. 《中华人民共和国外商独资企业法》中有关企业章程的规定;

5. 其他有关法律法规中对企业章程的规定。

(二)制作章程的目的

制作《物业管理企业章程》的主要目的,是规范物业管理企业的经营运作,确定物业管理企业的组织形式、内部经营管理机构的设置和议事方式等与物业管理企业的生存与发展有着重要关系的内容。通过《物业管理企业章程》达到使物业管理企业依法经营管理、维护各方股东合法利益的目的。

(三)制作章程的原则

1. 合法性原则,是指各方股东所制定的《物业管理企业章程》

必须符合法律法规的规定,不得有违反法律法规规定的内容。同时法律法规有明确规定的,《物业管理企业章程》必须与其相符。

2. 自治性原则,是指物业管理企业股东,可以就物业管理企业的经营与管理等方面的内容,在法律法规没有规定的情况下,在《物业管理企业章程》中进行自愿约定。但约定不应当违反法律法规的基本原则和损害社会公共利益。

(四)《物业管理企业章程》的形式

《物业管理企业章程》必须采用书面的形式,并由组建物业管理企业的各方股东共同签署。

(五)《物业管理企业章程》的主要内容

一般情况下《物业管理企业章程》包含以下主要内容:

1. 企业名称和住所,这部分内容是明确物业管理企业的名称和经营场所。

2. 经营范围,即物业管理企业进行工商登记时,所确定的企业经营范围。

3. 注册资本,即物业管理企业的总注册资金。

4. 股东的姓名或名称,在《物业管理企业章程》中应明确股东的自然情况。

5. 股东的权利义务,即按照《组建物业管理企业合同》的内容所确定的股东的权利与义务。

6. 股东的出资方式与出资额,即在《组建物业管理企业合同》中约定的股东出资方式与出资额。

7. 股东转让出资的条件,即部分股东或者全部股东转让出资的条件与方式等内容。

8. 企业的机构及其产生办法、职权、议事规则。此部分重点规定物业管理企业的股东会的召开,董事会、监事会、经理的产生、职权及议事规则等内容。物业管理企业机构的确定及其产生办法、职权和议事规则等内容对物业管理企业是非常重要的,一套与物业管理企业经营管理模式相应的企业机构及职权和议事规则,有利于物业管理企业的经营与发展。

9. 企业的法定代表人,如果是有限责任公司制的物业管理企业,其法定代表人即为企业董事长。

10. 企业的解散事由与清算办法,即在《组建物业管理企业合同》中约定的企业终止与清算的办法。

11. 其他认为需要规定的事项。

(六) 制作《物业管理企业章程》的注意事项

1. 制作《物业管理企业章程》时应特别注意,物业管理企业对企业董事会、监事会的设立及其组成人员的资格规定。我国有关法律法规对企业的董事、监事的资格有明确的规定。《中华人民共和国公司法》第五十七条规定:"有下列情形之一的,不得担任公司的董事、监事、经理:

(1) 无民事行为能力或者限制民事行为能力者;

(2) 因犯有贪污、贿赂、侵占财产、挪用财产罪或者破坏社会经济秩序罪,被判处刑罚,执行期满未逾五年,或者因犯罪被剥夺政治权利,执行期满未逾五年;

(3) 担任因经营不善破产清算的公司、企业的董事或者厂长、经理,并对该公司、企业的破产负有个人责任的,自该公司、企业破产清算完结之日起未逾三年;

(4) 担任因违法被吊销营业执照的公司、企业的法定代表人,并负有个人责任的,自该公司、企业被吊销营业执照之日起未逾三年;

(5) 个人所负数额较大的债务到期未清偿。

公司违反前款规定选举、委派董事、监事或者聘任经理的,该选举、委派或者聘任无效。"第五十八条规定:"国家公务员不得兼任公司的董事、监事、经理。"

2. 物业管理企业对组织形式、议事规则等管理方面的内容的确定,对管理人员的聘任、解聘、待遇、职责、处罚和奖励等内容的规定,也应具体明确。

3. 企业增资、扩建、终止和清算等问题的具体措施,也应在章程中予以明确。

第二节 委托类合同的制作

委托类合同是在物业管理活动中使用最多的也是最重要的合同。物业管理企业要取得合法的物业管理资格,必须依靠房地产开发企业或业主委员会的委托。物业管理企业对物业进行管理活动时,还会接受房地产开发企业或业主委员会及业主、物业使用人的委托,进行相关项目或事项的服务,如业主委托将其房屋代为出售或出租、房地产开发企业委托将未售出的房屋出售或出租、房地产开发企业委托物业管理企业管理物业区域内所设置的相关经营项目的经营活动等。在整个物业管理活动中,委托关系是产生物业管理行为的主要依据,因此委托类合同对物业管理活动有着重要的作用。

一、委托类合同概念

所谓委托合同是指委托人和受托人约定,由受托人处理委托人事务的合同。

委托人可以特别委托受托人处理一项或数项事务,也可以概括委托受托人处理一切事务。《物业管理委托合同》就是委托人(房地产开发企业或业主委员会)概括委托受托人(物业管理企业)处理因物业管理活动产生的一切事务。《停车场委托经营合同》则是房地产开发企业委托受托人(物业管理企业)处理某项专项事务。

二、委托合同的法律依据

委托类合同的法律依据主要是《中华人民共和国合同法》、《中华人民共和国城市新建住宅小区管理办法》及有关物业管理活动的地方性法规和规章。《中华人民共和国合同法》第二十一章具体地对委托合同进行了规定。《城市新建住宅小区管理办法》第五条规定:"房地产开发企业在出售住宅小区房屋前,应当选聘物业管理公司承担住宅小区的管理,并与其签订物业管理合同。"地方性的法规如《辽宁省城市住宅区物业管理条例》第十二条物业管理委员会的职责第(二)规定:业主委员会"通过招标选聘、续聘符合条件的物业管理企业,并与物业管理企业订立、变更或者解除物业管理合同。"

三、委托合同制作的原则

委托合同制作的原则主要有以下几个:

1. 合法性原则。不论是《物业管理委托合同》还是《前期物业管理委托合同》,或者是《配套项目经营委托合同》等委托合同,最基本的一条原则就是合法性的原则。委托合同的制作和履行均不得违反法律法规的规定。如果委托合同的内容有违反法律法规的,则委托合同中这部分内容无效,如果是委托合同的基本原则或者是委托的事项违法,则整个委托合同均无效。委托合同无效所产生的法律后果,依据责任方的过错进行承担。

2. 自愿、平等性原则。即委托合同的各方当事人之间在签订委托合同的过程中必须完全自愿,任何人不得强迫他人委托或者接受委托。另外,委托合同的当事人之间是平等主体,当事人之间的法律地位平等,在委托合同中不能够存在不平等或者歧视性的条款。

3. 诚实信用原则。委托合同的当事人在签订和履行合同的过程中,必须严格遵守诚实信用的原则,不得制造假象或者有使对方当事人产生其他误解的行为。

4. 意思自治原则。由于我国物业管理制度还不健全,而物业管理活动中的委托合同与其他委托合同相比存在着一定的特殊性,因此在制作物业管理的委托合同时,不可能将所要委托的内容均找出法律法规相对应的规定,这部分内容必须主要依靠当事人之间的意思自治,即当事人之间在不违背法律法规规定的基本原则和社会公共利益的条件下,可以对委托合同的内容进行自由约定。

四、委托合同的法律特征

1. 委托合同是受托人以委托人的名义完成委托人委托的事务,办理委托事务所需费用由委托人承担的合同委托合同的这一特征,是委托合同最为重要的特征之一,在物业管理活动中,不论是《前期物业管理委托合同》还是《物业管理委托合同》或者是所涉及到的其他委托合同均符合委托合同的这一法律特征。

在《物业管理委托合同》中,物业管理企业进行物业管理的法律依据是房地产开发企业或业主委员会的委托授权,虽然其在具体进行物业管理活动中使用其物业管理企业的名称,这只是具体的受托人的体现,而并不代表其在完成委托事务的全部过程中是以自己的名义来完成的。

物业管理企业在完成委托事务的同时,应由委托者支付委托报酬即物业管理费。在《物业管理委托合同》中约定委托费用由业主或物业使用人支付,而并不是《物业管理委托合同》的一方当事人支付。《物业管理委托合同》的一方当事人即委托方,不论其为业主委员会还是房地产开发企业,在法律规定上其都是业主和物业使用人的代表,物业管理费用由业主和物业使用人来缴纳也是符合法律规定的。

2. 委托合同可以是有偿合同,也可以是无偿合同

委托合同可以是有偿合同,也可以是无偿合同,在物业管理活动中的委托合同,大部分是有偿合同。因为物业管理企业是专业的进行物业管理活动的企业,是以营利为目的的,并且要依靠物业管理活动所产生的收益来维系生存,因此在物业管理活动中所涉及到的委托合同大多均为有偿合同。

3. 委托合同具有人身性质或身份性

委托合同订立的当事人是依赖于相互信任的前提签订合同的,即委托人委托了受托人完成某项事务或某类事务时,除因委托人许可或特殊情况外,受托人必须亲自完成委托事务,不得将委托的事务随意转委托。在《前期物业管理委托合同》或《物业管理委托合同》中,业主委员会或房地产开发企业选聘物业管理企业作为物业的管理者,也是依赖于其对物业管理企业的信任,认为将物业管理事务交由该物业管理企业来完成,能够更好的使物业达到使

用功能,使业主和物业使用人能够最为优质的享受物业。而物业管理企业去竞标某一物业项目的物业管理权,也是依赖于其对该物业项目的信任和对该物业全体业主和物业使用人的信任,认为能为这样的物业项目提供物业管理服务可以充分体现物业管理企业的管理价值和服务水平。不但《物业管理委托合同》是这样的,在物业管理活动中的其他委托合同也是依据当事人的人身性质或者身份性的,如《停车场委托经营合同》中,房地产开发企业在物业项目内开发建设停车场,通常是委托该物业项目的物业管理企业为停车场的管理者,这就是基于物业管理企业特殊的身份。因此物业管理活动中的委托合同同其他方面的委托合同一样均具有人身性质。

4. 委托合同是诺成合同、双务合同

所谓诺成合同是指合同当事人只要对合同的内容达成协议,合同即告成立,而无需合同实际履行才能使合同成立的合同。所谓双务合同是指双方当事人均对合同的履行负有一定义务的合同。物业管理活动中的委托合同如《物业管理委托合同》就是诺成、双务合同,只要委托人(业主委员会或房地产开发企业)与受托人(物业管理企业)签订了《物业管理委托合同》,合同即为成立,无需物业管理企业必须实际履行了物业管理行为才能认为合同成立。在《物业管理委托合同》所约定的事务中,不仅仅只对物业管理企业的义务进行规定,同时对业主委员会或房地产开发企业的义务也进行了明确的规定,如在《物业管理委托合同》中规定业主委员会或房地产开发企业有义务协助物业管理企业追缴业主或物业使用人所拖欠的物业管理费等义务性规定,因此《物业管理委托合同》是双务合同。不但《物业管理委托合同》是诺成、双务合同,其他的委托合同如《配套项目经营委托合同》、《业主委托出售房屋合同》等也是诺成、双务合同。

五、物业管理活动中委托合同的形式

物业管理活动中的委托合同应采用书面形式,有些必须采取书面形式,不得采用口头形式。物业管理活动中的委托合同均有

一定的履行期限,有些委托合同如《物业管理委托合同》的履行期限甚至可能长达几年或者十几年,因此,要对物业管理行为有全面的约束,必须签订书面的《物业管理委托合同》。

六、物业管理活动中委托合同的主体

物业管理活动中委托合同的主体是多样的,会因委托项目的不同而不同。如《前期物业管理委托合同》的主体:委托方是房地产开发企业,受托方是物业管理企业;《物业管理委托合同》的主体:委托方是业主委员会,受托方是物业管理企业;《专项委托管理合同》的主体:委托方是物业管理企业,受托方是专业化公司(如保安、保洁、绿化、维修等专业公司);《委托代收水、电、燃气费合同》主体:委托方是水、电、燃气等社会化公司,受托方是物业管理企业;《业主委托出租或出售房屋合同》主体:委托方是业主,受托方是物业管理企业;《配套项目经营委托合同》主体:委托方是配套项目所有者,通常为房地产开发企业,受托方是物业管理企业。

七、委托类合同的基本内容

根据《中华人民共和国合同法》和有关物业管理法律法规的规定,物业管理活动中委托合同的基本内容应主要包括如下几个方面:

1. 委托合同各方当事人的名称、住所等自然情况。

2. 委托事项、权限,是委托合同的主要条款,重点写明委托合同约定的委托事项的具体内容及完成委托事项的措施、在处理委托事项中的权利范围等内容。委托事项、权限是委托合同中最重要的内容,律师在制作这部分内容时,必须清晰地写明委托内容和注意事项。

3. 委托期限,即委托合同的履行期限,可以以一段时间为委托期限,也可以以完成一件事物或一类事物为委托期限。

4. 委托报酬及支付。

5. 违约责任,委托合同中的违约责任,主要是针对受托人没有按照委托合同的约定完成委托事项所产生的法律后果和所应当承担的法律责任。同时应当对委托人未能按照合同规定的期限、方式支付委托报酬,给受托人造成的损害应当承担的法律责任进行约定。

6. 争议的解决,即委托合同的当事人因履行合同而产生纠纷时如何进行处理的条款,委托合同当事人可以约定进行仲裁或者向法院起诉,依法进行诉讼等方式解决争议。

7. 合同的生效,委托合同的生效必须经过一定的程序,如《物业管理委托合同》,当事人达成了协议后,还必须由双方当事人的代表进行签字才能使合同正式生效。

8. 当事人认为应当约定的其他事项,物业管理活动中委托合同的种类很多,造成了因不同的委托合同而要约定的委托内容也会有所不同,委托合同的当事人必须根据其所签署的合同的目的不同,确定合同应当约定的其他事项。

八、委托合同制作中的注意事项

(一)《前期物业管理委托合同》和《物业管理委托合同》应当注意的事项

1. 业主委员会或房地产开发企业所选聘的物业管理企业是否具有物业管理企业资质。

我国物业管理企业实行专业资质管理制度,对没有取得物业管理企业资质证书的物业管理企业不许可从事物业管理活动。因此业主委员会或房地产开发企业在对外进行物业管理招标时,一定要选聘具有物业管理企业资质的物业管理企业承担物业管理服务。

2. 物业管理企业在选择物业项目时,应重点考察物业项目是否完全竣工,如没有竣工的,其施工进度情况如何;已经竣工的有无其他遗留问题。

对没有竣工的项目或已经竣工但有一定遗留问题的,应当在《前期物业管理委托合同》和《物业管理委托合同》中明确记载,并对相关的问题及处理方式进行明确的规定,避免纠纷的产生。

3. 在《物业管理委托合同》中应注意物业管理内容、标准和如何考评方面的约定。

物业管理的内容、标准和考评方式等应规定的具体、明确,并具有可操作性,避免只规定内容、标准的原则,而对内容和标准无具体的规定,也无可操作性的考评方法,从而造成物业管理企业的管理服务行为无法考评,产生纠纷。

4.《前期物业管理委托合同》和《物业管理委托合同》中在对物业管理费的规定上应当明确,对不交纳管理费的行为如何处理也应明确规定。同时应就业主委员会或房地产开发企业与物业管理企业所约定的管理费效力如何及于业主和物业使用人进行规定,并对物业管理费的调整等事项进行规定。

5.在《前期物业管理委托合同》和《物业管理委托合同》中应特别注意双方权利义务的平等。有些物业管理企业为了接管物业,对业主委员会或房地产开发企业所提出的不平等的条件进行认可,盲目地增加自己的义务,给《前期物业管理委托合同》和《物业管理委托合同》的实际履行造成困难,也使物业管理企业因为约定没有履行而造成违约,承担违约责任。

6.在《前期物业管理委托合同》和《物业管理委托合同》中还要特别注意约定,是否准许物业管理企业将某专项物业管理服务转委托给其他的专业公司。

(二)《配套项目经营委托合同》制作中应当注意的问题

配套项目经营委托合同的种类很多,这主要是因为物业管理活动中,物业管理企业可以接受房地产开发企业委托从事多种的活动,如房地产开发企业可以委托物业管理企业经营物业内配套的停车场、超市、餐厅等。规范这些委托行为,均需要委托合同的存在。

在配套项目经营委托合同的制作和履行过程中应特别注意如下问题:

1.物业管理企业接受委托是否具有某项委托事务的经营权,如《餐厅的委托合同》,就要注意物业管理企业是否有合法的资格经营餐厅。

2.在诸如《停车场委托管理合同》中要特别注意物业管理企

业的责任和职权的规定,要在合同中明确物业管理企业应当承担的法律责任和不承担的法律责任,避免因规定不明确而产生纠纷。

3.注意约定配套项目的经营方式,物业管理企业接受委托管理经营某一项目,其可以采取什么样的经营方式,经营所产生的责任的承担,是否许可物业管理企业将配套项目转委托给他人或企业等,这些均需要明确约定。

(三)《房屋委托代租代售合同》在制作过程中应当注意的问题

房屋委托代租代售合同是一类合同,其中主要包括:《业主委托房屋代租合同》、《业主委托房屋代售合同》、《房地产开发企业委托房屋代租合同》、《房地产开发企业委托房屋代售合同》等几等。

这些合同在制作和签订时应特别注意如下事项:

1.物业管理企业接受委托内容的明确。即是委托出租还是委托出售,如是委托出租的,对承租者有无特殊要求等。

2.对房屋的出租或出售的价款等事项必须明确规定。委托人对房屋出租或者出售是否有价款上的明确规定,其范围是多少,均应通过合同的形式进行约定。

3.对房屋的保管与质量问题进行明确规定。如在委托合同有效期限内,房屋是否特别委托物业管理企业进行全面的管理。

第三节 公契的制作

公契即《公共管理契约》,由于物业管理制度发展时间不长,所以我国物业管理制度中关于《公共管理契约》的规定不是很规范,甚至在物业管理实际工作当中《公共管理契约》应当包含哪些内容,应当以什么样的方式和程序制定、签署、履行都存在一定的争议。要合理解决这些问题,就必须明确《公共管理契约》的性质、内容、制定等方面的问题。

一、《公共管理契约》的概念

所谓《公共管理契约》,是指经物业管理行政主管部门核准的,由房地产开发企业或者业主委员会制定的对物业区域内全体业主和物业使用人及物业管理企业均具有约束力的法律文件。其主要内容包括物业的管理、使用和维护等方面。

《公共管理契约》概念主要包含以下几层含义：

1.《公共管理契约》是由房地产开发企业或业主委员会制定的文件；

2.《公共管理契约》是经当地基层物业管理行政主管部门核准登记的文件；

3.《公共管理契约》是对物业区域内全体业主、物业使用人和物业管理企业均具有约束力的文件；

4.《公共管理契约》是各方主体在物业管理活动中的基本行为准则。

二、《公共管理契约》的目的

《公共管理契约》的目的是为了规范业主、物业使用人和物业管理企业在物业区域内的行为，维护物业的使用功能和整体价值，保持物业的增值与有序发展。

业主购买物业的目的是希望物业能够保值与增值，同时希望享受到最为优质的物业管理服务，由于业主或者是物业使用人及物业管理企业的原因，会使物业受到不同程序的损害，这种损害物业的行为，根本上损害了业主的利益，也为物业管理企业完成物业管理活动造成困难。如何维护物业的功能，保护物业的发展，是物业区域内全体业主和物业管理企业共同关心的重要问题。业主、物业使用人及物业管理企业之间如何共同保护物业，如何避免业主和物业使用人对物业的人为破坏，如何减少物业管理企业因其管理行为不当，造成的对物业的损害等，都需要《公共管理契约》的规范。因此《公共管理契约》的根本目的就是维护物业的利益，并通过对物业利益的维护，达到维护业主根本利益和物业管理企业利益的目的。

三、制作《公共管理契约》的基本原则

制作《公共管理契约》的基本原则很多，如合法性原则，平等性

原则,公平的原则等等,但最应当体现的重要原则是维护业主合法利益的原则。

业主是物业的真正所有者,也最关心物业的情况。物业管理企业与业主不同,如果物业不能够满足物业管理企业的经营需要,其可以通过解除合同的方式终止对物业的管理权。而业主一旦选择了物业,就必须享有物业,业主不会轻易对购置物业进行处分,即使业主要处分物业,也会因物业的使用功能受到损坏等因素而受到影响,制约业主处分物业权利的行使。因此制作《公共管理契约》最重要的原则是维护业主利益的原则。

为了切实落实维护业主利益这条基本原则,在制作《公共管理契约》过程中,必须注意对业主基本权利的约定和对业主行为限制性的规定。特别是对业主行为的限制性的规定,不得有违反法律法规的内容,如有的《公共管理契约》中规定业主转让其拥有的物业时,应得到物业管理企业的同意。很明显,这种规定严重侵犯了业主的利益,因此,这一条款不应写入《公共管理契约》。

四、《公共管理契约》的制定

《公共管理契约》的制定可以分为两种情况,一种是《公共管理契约》的首次订立,另一种是《公共管理契约》的修订。公共契约的首次订立又可以分为两种情况,一种是新建物业的《公共管理契约》的首次制定,另一种是原有物业没有进行物业管理,在改制后实行物业管理,制定首次物业管理公共契约。

(一) 首次《公共管理契约》的制定

1. 新建物业首次《公共管理契约》的制定。

新建成的物业,房地产开发企业必须在物业出售之前,制定所售物业的《公共管理契约》,并在《公共管理契约》制定完成后,报当地物业管理行政主管部门进行核准,经物业管理行政主管部门核准登记后的《公共管理契约》才能实施。

2. 原有改制物业首次《公共管理契约》的制定。

原有物业由于没有实行现代化的物业管理模式,没有《公共管理契约》的存在,在其改制实施物业管理后,应当制定《公共管理契约》。这种情况下首次《公共管理契约》应当由物业内全体业主和物业使用人或者是全体业主和物业使用人的代表共同制定。制定后报当地物业管理行政主管部门审核,经物业管理行政主管部门核准登记后,方可实施。

(二)《公共管理契约》的修订程序

新建物业首次制定的《公共管理契约》在物业开始出售后至业主委员会成立之前,经物业管理行政主管部门核准的《公共管理契约》是不能修订的。在业主委员会成立后,业主委员会可以根据业主大会或业主代表大会的决议,对《公共管理契约》进行修订,并将经修订后的《公共管理契约》报当地物业管理行政主管部门重新核准。

原有改制的物业《公共管理契约》的修订,由业主委员会根据业主大会或业主代表大会的决议进行修订。

五、《公共管理契约》的效力

《公共管理契约》依一定程序制订后,由物业管理行政主管部门核准后生效。新建物业的房地产开发企业在其出售物业时必须向购房者出示经核准的《公共管理契约》,购房人在签订物业买卖合同时,应当书面承诺遵守《公共管理契约》。同时业主转让或出租其物业时,必须保证受让人或承租人书面承诺遵守《公共管理契约》。业主和物业使用人承若遵守《公共管理契约》后,就应当严格地履行《公共管理契约》的各项内容。

原有改制的物业的《公共管理契约》或经业主委员会修订的《公共管理契约》,在业主大会或业主代表大会上经过法定程序通过,并报物业管理行政主管部门核准后即为生效,无须经业主或物业使用人书面承诺。

六、《公共管理契约》的主要内容

《公共管理契约》应当包括如下内容:

1. 物业的基本情况,包括物业的名称、位置、总建筑面积、物业用途、物业公共场所等。

这部分介绍的是物业的自然情况,可以全面地概括物业的基本情况,使业主对物业的总体情况有所了解。

2. 业主、物业使用人和物业管理企业在物业管理中各自的权利义务,包括业主、物业使用人参与物业管理的权利,业主、物业使用人在物业区域内应当遵守的行为准则等。

这部分内容的重点是对业主的权利与义务的规定和对物业管理企业权利与义务的规定。公共管理契约中的这部分内容应当写明物业区域内对业主行为的限制和业主的注意事项,但对业主行为的限制不得违反法律法规的规定。

3. 业主大会的召集和业主委员会的选举和运作。

公共管理契约中规定业主大会的召开与业主委员会的选举、运作等事项,可以充分保护业主在物业管理活动的基本权益,保障业主依法行使对物业的管理权。

4. 物业的管理、使用和维修、维护的具体规定。

这部分内容重点规定物业内共用部位与共用设施的管理、使用方面的注意事项和共用部位与共用设施设备的维修养护职责。

5. 物业管理的服务内容、服务标准和费用以及维修基金的筹集、使用办法。

这部分内容重点规定物业管理企业所提供的物业管理服务的内容和标准,物业管理费用的标准及收取方式。同时还应当规定,有关维修基金的筹集办法、使用范围及权限等内容。

6. 物业及其配套设施的产权公摊、收益归属说明。

针对物业共用部位与共用设施设备的产权如何进行分摊、因经营和使用共用部位与共用设施设备所产生的收益归属及如何分配等问题在这部分内容中进行规定。

7. 违反《公共管理契约》行为的处理。

针对业主、物业使用人和物业管理企业违反《公共管理契约》的行为如何进行处理,在《公共管理契约》中必须明确地规定。但制作《公共管理契约》必须注意,对业主和物业管理企业违反《公共管理契约》的处罚行为,必须符合法律法规的规定,即不得超越法律法规的规定。

8. 其他有关事项。

在《公共管理契约》中可以针对物业项目的不同特点确定不同的内容进行规定。通常其他有关事项中可以规定如修改《公共管理契约》的条件、权限及修改后的《公共管理契约》的公布与执行等内容。

七、《公共管理契约》的重要意义

在物业管理实践中,《公共管理契约》起到非常重要的作用,特别是在我国物业管理法律制度还不健全的情况下,《公共管理契约》的作用就更为明显。由于物业管理法律法规中对物业管理活动中出现和发生某些具体的行为没有明确的界定和规定,对这些行为的处理没有法律上的依据,所以《公共管理契约》的存在,就使这些问题的处理有了约定的依据。虽然这种依据不是法律法规中的规定,而只是契约的约定,但其完全可以使物业管理纠纷减少,可以解决物业管理活动中的实际问题。我国同世界绝大多数国家一样,实行的是契约自由制度,即在没有违反法律强制性规定的情况下,许可当事人之间自由订立契约。《公共管理契约》是契约的一种形式,其内容在没有违反法律禁止性规定的情况下,对承诺履行的全体业主和物业使用人有着普遍的法律效力和约束力。《公共管理契约》当中广泛地约定了物业管理活动中可能出现的问题,如对业主及物业使用人不正当使用物业的限制和禁止等规定,同时《公共管理契约》还对物业管理活动中的一些具体管理行为进行了明确,对完成物业管理活动有着重要的意义。

第四节 购销、居间类合同的制作

物业管理活动中《居间合同》与《购销合同》是经常涉及到的法律文件。利用《居间合同》与《购销合同》,物业管理企业可以从事多种经营活动。我国《城市新建住宅小区管理办法》中明确规定,物业管理企业可以从事多种经营活动,而《居间合同》与《购销合同》就是为了满足物业管理企业这一需求出现的。居间类合同主要适用于物业管理企业针对业主和物业使用人与相关的商品供应商或服务商之间所产生的交易行为,购销类合同主要适用于物业管理企业内部所需设施设备的采购或为了业主和物业使用人的利益,购买某些商品的活动。

一、居间类合同的制作

(一) 居间类合同的概念

居间类合同是指居间人向委托人报告订立合同的机会或者提供订立合同的媒介服务,并由委托人向居间人支付报酬的合同。

居间类合同是合同的一种,我国《合同法》中对居间合同有专门的一章进行规定。居间行为在我国的社会经济生活领域被广泛使用。在居间合同关系中一方为他方报告订立合同的机会,为订立合同提供媒介服务,此一方为居间方,在物业管理活动中物业管理企业通常为居间方或称为居间人。

(二) 居间合同的法律依据

《中华人民共和国合同法》第二十三章中对居间合同的主要内容进行了非常明确的规定,这也是居间合同的法律依据。《中华人民共和国合同法》第四百二十四条规定:"居间合同是居间人向委托人报告订立合同的机会或者提供订立合同的媒介服务,委托人支付报酬的合同。"我国的合同分类中分为有名合同与无名合同,由于居间合同被我国《合同法》所明确规定,所以居间合同为有名合同。

(三) 居间合同的法律特征

1. 居间合同是劳务合同。居间合同是居间人接受委托人的委托,为委托人报告订立合同的机会或提供订立合同的媒介服务。在整个居间过程中,居间人提供的是服务或者说是劳务,而不涉及商品的直接交易。

2. 居间合同是实践合同。居间合同订立后即为依法成立,居间人应当积极地为委托人提供服务,但只有居间人为委托人提供了订立合同的机会或订立合同的媒介服务后,居间人才能向委托人主张报酬。如果居间人没有向委托人提供订立合同的机会或媒介服务,则无权向委托人主张报酬。

3. 在委托人与第三人订立合同时,居间人并不参与,只给予相应协助。也就是说,居间人不是委托人与第三人订立有关合同的当事人,也不应当是订立合同的任何一方的代理人。

4. 居间合同是有偿合同。当委托人因居间人的劳动而同第三人订立了合同时,居间人有权从委托人处取得居间报酬,如果居间人没有促成委托人与第三人订立合同或提供媒介服务的,则无权向委托人主张报酬,但可以依法请求委托人支付从事居间活动所支出的必要的费用。

(四) 居间合同的形式

物业管理活动中的居间合同应当采用书面的形式,居间合同的当事人之间应当订立书面合同。物业管理活动中的居间合同不宜采用口头形式,因为物业管理活动中的居间合同,会涉及业主和物业使用人的利益,如果物业管理企业未采用书面形式订立居间合同,即使其与商品供应商或者服务提供商之间有很好的维护业主和物业使用人利益的约定,也不能得到真正的落实,因此以书面形式订立居间合同也是维护业主和物业使用人利益的保障。

(五) 居间合同的基本内容

物业管理活动中居间合同的基本内容主要包括:

1. 合同各方当事人的基本情况。

2. 居间事项。居间事项是居间合同的最基本的条款和主要内容,在居间合同中居间事项必须明确约定委托人的委托事项、居间人的任务,特别是委托人对居间人完成居间事项有无对第三人主体上的特殊要求。居间事项的明确约定,可以最大限度地减少居间合同在履行过程中的纠纷,维护居间合同当事人及居间合同第三人的合法权益。

3. 居间合同的期限。居间合同期限应当具体载明居间合同的履行期限或者以履行某一项事物为居间合同的履行期限。

4. 居间报酬的标准及其支付方式。居间合同中必须明确委托人向居间人支付居间报酬的条件、标准和方式等内容,便于居间合同的实际履行。

5. 居间人完成居间活动所产生费用的负担。居间合同中应明确居间人完成居间活动过程中所发生的费用由谁承担和承担的方式。如果居间人没有完成居间事务的,不得取得居间报酬,但可以要求委托人支付因居间活动所产生的实际费用。《中华人民共和国合同法》第四百二十七条规定:"居间人未促成合同成立的,不得要求支付报酬,但可以要求委托人支付从事居间活动支出的必要费用。"

6. 居间合同的解除与终止。居间合同中应明确何种情况的出现委托人可以解除居间合同,同时也应当规定何种情况的出现居间人可以解除居间合同。

7. 违约责任。违约责任条款的内容是保障居间合同顺利履行的重要措施。违约责任中应重点明确约定居间合同的当事人违反合同的约定应当承担的法律责任或者当事人之间约定的责任。

8. 认为应当约定的其他事项。居间合同的内容很丰富,也是多种多样的,因此居间合同的当事人可以依据合同自治的原则,在不违反国家法律法规的规定和社会公共利益的前提下,对合同的内容进行约定。

(六) 各类居间合同制作过程中的注意事项

在物业管理活动中,居间合同可以分为两类,一类是商品类居间合同,另一类是服务类居间合同。无论是哪一类的居间合同均是居间法律关系,因此其在制作中有很多的共同点。

1. 合同当事人主体资格的确认,居间人应当依法取得可以开展居间服务活动的资格,即应当有工商部门的许可,并至少有法律规定的可以从事居间服务的具有经纪人资格的专业人员。对于商品供应商或服务提供商,则要考查他们是否是依法经营,其委托居间的事务是否超过经营范围。

2. 居间人在选择商品供应商或服务提供商时,应重点考查其经营能力。居间人不但要考查供应商或服务商的经营范围,更重要的是考查其供应与服务能力是否能满足业主和物业使用人的需求。如果业主和物业使用人没有需求,物业管理企业即使与供应商和服务商订立居间合同,也不会有很好的经济回报。

3. 在物业管理企业与供应商和服务商订立的居间合同中,特别要注意双方权利义务关系或者是供应商所供应的商品或服务商所提供的服务产生瑕疵时的责任承担。由于居间人是物业管理企业,往往会给业主和物业使用人造成商品或服务是由物业管理企业提供的错觉,在商品或服务出现问题后会找物业管理企业要求解决,甚至会因此影响物业管理企业的正常物业管理活动。因此在居间合同中,对这一问题的约定非常必要,可以极大地减少物业管理企业在进行居间活动中与业主、物业使用人及供应商或服务商之间的纠纷。

二、购销类合同的制作

购销合同是现代商品经济社会中最为普遍应用的合同,由于其具有广泛的适用性,因此,物业管理活动中也不可能离开购销合同。物业管理企业为了物业管理的正常进行,必须采购一定的设施设备作为基本的物质保障,这种采购行为就是购销合同的一种体现。另外有些业主或物业使用人会向物业管理企业提出由物业管理企业代为购买商品的要求,物业管理企业为了满足业主和物业使用人的要求,必然进行对外购买的行为,在这种情况下也会使用到购销合同。

(一) 购销合同的概念

根据《中华人民共和国合同法》第一百三十条的规定,购销合同是"出卖人转移标的物的所有权于买受人,买受人支付价款的合同"。由于购销合同在我国社会经济生活中被广泛地应用,因此,我国《合同法》对购销合同的内容进行了非常明确的规定。物业管理活动中所涉及到的购销合同应当严格按照我国《合同法》的有关规定进行签订与履行。

(二) 购销合同的法律依据

购销合同的法律依据主要是《中华人民共和国合同法》第九章的规定。

（三）购销合同的法律特征

购销合同的法律特征主要有以下几点：

1. 购销合同是双务、有偿、诺成性的合同，即购销合同中买方与卖方均应承担相应的法律责任和义务，同时买方在取得标的物的所有权后应当向卖方支付相应的价款。购销合同一经双方当事人签订即为成立、生效。

2. 出卖人必须转移标的物的所有权于买受人，即购销合同必须转让标的物的所有权。这是购销合同的重要法律特征，也是区分购销合同与其他合同的关键。转让所有权必须是转让全部的占有、使用、收益、处分的权利。

3. 买受人必须向出卖人支付约定的价款。这也是购销合同的一个重要法律特征，如果虽然转移标的物的所有权，但受让人并不支付价款的是赠与合同，如果是以物易物的，是易货合同。

（四）物业管理活动中购销合同的形式

在物业管理活动中购销合同的形式可以是书面形式的，也可以是口头形式的。通常情况下，如果购销行为能够即时履行，则在购销当事人之间可以不签订书面的购销合同，如果购销行为不能即时履行，而需要一段时间才能履行的，则在购销行为当事人之间应当签订书面的购销合同。

（五）购销合同的基本内容

根据《中华人民共和国合同法》中的关于购销合同的有关规定，购销合同的主要内容有：

1. 当事人的名称等基本情况。

2. 标的。合同的标的是购销合同的最主要条款，标的条款中应当写明买方购买商品的种类、名称、标的物的产地等情况有无特殊的要求等内容。

3. 数量。

4. 质量。当事人应当约定标的物的质量标准，如果有国家标准的，当事人之间的约定必须符合国家规定的标准。当然，在合同实际签订过程中，当事人之间所约定的标的物的质量标准，可以高于国家规定的质量标准。

5．价款及结算。价款及结算是指标的物的单价和总价款及买方支付价款的方式和期限。

6．标的物的包装方式。购销合同的当事人应当在购销合同中约定标的物的包装方式,在确定标的物的包装方式时,要依据最为有利于标的物的运输和不损害标的物的价值为标准确定包装方式。

7．标的检验标准与方法。在购销合同中不但要约定标的物的质量标准,同时还必须明确约定标的物的检验标准与方式,即依据什么方式和标准对标的物进行验收。

8．履行期限、地点和方式。

9．违约责任。

10．其他应当规定的内容。

(六) 购销合同的制作中的注意事项

在购销合同中当事人应当注意的事项很多,在这里不能一一的介绍,只对几项较为重点的注意事项进行简单的介绍。

1．出卖方是否有标的物的合法所有权。这是在购销合同中买受方必须注意的,如果出卖方不是标的物的所有权者,除非有所有权人的明确授权,出卖方无权处理该标的物。

2．标的物是否是禁止或者限制流通的物品,在我国购销合同的标的物是受到一定的限制的,有些商品是限制和禁止流通的。因此购销合同的双方当事人均应重视合同标的物是否是禁止或者限制流通的物品。

3．在购销合同中对标的物的质量及检验标准方式等必须明确规定,避免因这些问题没有规定而在标的物的质量验收等问题上产生纠纷。

4．对标的物的交付方式、地点、运输费用的承担等的约定也是购销合同中的重要部分,应当注意约定明确。

5．购销合同中应当约定对出现纠纷时诉讼管辖问题。

第五节 其他法律文件的制作

在物业管理活动中对业主、物业使用人和物业管理企业的行为进行约束和管理的文件,除了有《公共管理契约》之外,还有大量的规范性文件,可以保障物业管理行为的正常进行。这些带有一定规范性的文件可以弥补各类法律文件的不足,在物业管理活动中也起着相当重要的作用。以下对部分法律文件进行介绍。

一、《住户手册》的制作

（一）《住户手册》的概念

《住户手册》是指由物业管理企业制作的,对物业管理企业的服务内容与标准、物业区域内共用设施设备和共用部位的使用、物业附属配套设施的使用及物业管理活动中业主和物业使用人的注意事项进行介绍和说明的文件。

《住户手册》的特征有：

1.《住户手册》是由物业管理企业制作的。

《住户手册》是由物业管理企业在接管物业时,根据《物业管理委托合同》及物业自身特点和物业管理企业的管理模式而制定的。物业管理企业在制作《住户手册》时,需要房地产开发企业及业主委员会的大力配合。《住户手册》的有些内容涉及到物业管理活动中的一些行为规范。物业管理企业制作完毕《住户手册》后,应当征求房地产开发企业或业主委员会的意见,并应重点征得业主委员会对《住户手册》的同意。之所以《住户手册》要征得业主委员会的同意,是因为业主委员会是物业内全体业主和物业使用人的代表机构,其所认可的事项,可以认为是物业内全体业主和物业使用人认可的,这样也便于《住户手册》的实施。

2.《住户手册》的内容是对物业使用及物业管理活动进行说明介绍。

《住户手册》主要介绍物业管理企业对物业进行管理的内容、项目、标准等以及业主、物业使用人在享受物业时,诸如共用部位、共用设施设备和物业附属配套设施的使用规则,同时在《住户手册》中最为重要的内容就是对业主和物业使用人在使用物业时的注意事项进行全面的介绍。

3．物业管理企业应当严格遵守《住户手册》中关于物业管理企业的义务性规定。

《住户手册》是由物业管理企业制定的,从法律效力上来讲,《住户手册》对业主和物业使用人义务的规定和禁止性内容的规定,只是物业管理企业单方面的行为,不应对业主和物业使用人产生约束力。但《住户手册》中关于物业管理企业自身的义务性规定和限制性规定,物业管理企业必须严格地全面遵守,因为从法律理论上讲,物业管理企业在《住户手册》中所规定的对自身义务性和限制性的规定,可以作为物业管理企业对物业区域内全体业主和物业使用人的承诺,只要业主和物业使用人对物业管理企业的这种承诺没有明确反对,承诺即发生法律效力,即物业管理企业必须遵守和履行其所做出的承诺。如果物业管理企业没有履行其承诺,即应当受到相应的法律制裁。

当然物业管理企业通过《住户手册》所做出的承诺是有一定的法律基础和约定的基础的,如物业管理企业对物业管理服务内容和服务项目的承诺,应与《物业管理委托合同》中所约定的物业管理服务内容和服务项目相对应,如果物业管理企业违反了对物业服务内容和服务项目的规定,即违反了《物业管理委托合同》的约定和违反《住户手册》的承诺,业主和物业使用人可以依据《物业管理委托合同》的规定追究物业管理管理企业的法律责任。

4．《住户手册》的内容全体业主和物业使用人均应自觉遵守。《住户手册》中有对业主和物业使用人义务性和限制性的规定,这些规定均是出于维护物业的整体利益及维护业主与物业使用人的利益考虑的,并会对物业管理产生积极的影响。因此业主和物业使用人应当自觉遵守《住户手册》的有关内容。

(二)《住户手册》制作的目的

《住户手册》制作的目的,是为了向物业区域内的业主和物业使用人全面介绍和说明物业管理企业的物业管理模式与理念,及物业管理企业可以为物业区域内全体业主和物业使用人提供的具体物业管理服务项目、内容及标准等,使物业区域内全体业主和物业使用人能够全面地了解物业和物业管理企业的基本情况,以及正确使用物业管理活动中的相关设施设备。

(三)《住户手册》的内容

1.物业管理企业的介绍,这部分内容是物业管理企业的自身宣传,让业主和物业使用人全面了解物业管理企业的基本情况。

2.物业项目的介绍,这部分内容是物业项目的基本情况的介绍。

3.物业使用规则,这部分内容重点介绍物业共用部位、共用设施设备的使用情况和规则。

4.物业管理服务内容,这部分内容重点介绍物业管理企业对物业进行管理的内容、目标和管理方式等。

5.物业附属配套设施的介绍、使用情况和规则,这部分内容介绍诸如业主会所、停车场等物业内附属配套设施的情况。

6.物业管理企业所提供的有偿服务内容介绍,这部分内容主要是介绍物业管理企业对业主和物业使用人所提供的有关商务服务。

7.物业管理企业认为应当向业主和物业使用人介绍的其他内容。

(四)《住户手册》制作的注意事项

物业管理企业在制作《住户手册》时应注意如下事项:

1.《住户手册》不是管理规定,更不是合同,而是一种介绍性的文件,所以物业管理企业在制作时重点是对各种内容的介绍,而不是制约。

2.物业管理企业不得通过《住户手册》限制业主和物业使用人享受物业的权利,有些物业管理企业在制作的《住户手册》中限制了业主和物业使用人使用、享受物业的权利,侵犯了业主和物业使用人的权利。

3. 物业管理企业在制作《住户手册》时要特别注意不要对业主和物业使用人盲目地做出不切合实际的承诺。有些物业管理企业为了表现其物业管理的水平,在《住户手册》中做出本物业管理活动中不可能做到的承诺,欺骗业主和物业使用人。

二、《业主委员会章程》的制作

(一)《业主委员会章程》的概念

《业主委员会章程》是指由业主大会或者业主代表大会审议通过的,具体规定业主委员会的宗旨、组成机构、议事规则、工作范围和经费来源等业主委员会工作基本原则的文件。

《业主委员会章程》的概念包含如下几层含义:

1.《业主委员会章程》是由业主大会或者业主代表大会审议通过的。

2.《业主委员会章程》是业主委员会工作的基本原则,业主委员会委员必须严格遵守《业主委员会章程》的规定。

3.《业主委员会章程》主要规定业主委员会的工作宗旨、组成机构、议事规则、工作范围及经费来源等事项。

(二)制作《业主委员会章程》的法律依据

《业主委员会章程》的法律依据是建设部颁布的《城市新建住宅小区管理办法》和地方性的物业管理条例、规章中对《业主委员会章程》规定。

(三)《业主委员会章程》制作的目的

制作《业主委员会章程》可以有效地保证业主委员会正常和有序的工作,切实维护业主委员会和业主委员会委员的权利,从而全面保护业主和物业使用人的合法权益。业主委员会是业主和使用人的代表机构,其存在的根本目的就是维护物业的安全与使用功能,从而维护业主的根本利益。为了让业主委员会能够正确有效地履行职责,必须通过《业主委员会章程》来规范和保障业主委员会依法行使职权。

(四)《业主委员会章程》制作

《业主委员会章程》应由业主大会或业主代表大会通过,在首次业主大会或业主代表大会召开前,应由业主大会筹备委员会起草,在首次业主大会或者业主代表大会上由出席会议的全体业主或业主代表三分之二多数同意通过。

《业主委员会章程》的修订应由业主委员会将修订草案报业主大会或业主代表大会,并经出席会议的全体业主或业主代表三分之二多数同意通过。

经业主大会或者业主代表大会审议通过的《业主委员会章程》,应当报当地物业管理行政主管部门备案。

(五)《业主委员会章程》的内容

《业主委员会章程》的主要内容有:

1. 业主委员会的组织名称、办公地址。业主委员会的组织名称应当与物业名称相对应,其办公地点应在物业区域内。

2. 业主委员会的目的、宗旨。

3. 业主委员会的组织机构及职责。根据物业项目的规模和物业的使用功能不同,业主委员会可以设置不同的机构来完成物业管理职责,在《业主委员会章程》中对业主委员会的组织机构和工作职责必须明确规定。

4. 业主委员会的权利与义务。业主委员会的权利与义务通常均是法律法规规定的权利与义务,同时业主大会也可以以决议的方式授权或要求业主委员会行使某些权利或者承担某些义务。

5. 业主委员会的议事规则。业主委员会的议事规则除法律法规有明确规定的外,均可以在《业主委员会章程》中进行具体的规定。

6. 业主委员会委员的产生、任职条件等事项的规定。《业主委员会章程》中应当对业主委员会委员的名额、构成、任期等事项进行规定。

7. 业主委员会的经费与办公用房。《业主委员会章程》中应当明确业主委员会的经费来源与办公用房的提供、面积等事项。

8. 《业主委员会章程》应当规定的其他内容。

(六)制作《业主委员会章程》时的注意事项

1.《业主委员会章程》应明确业主委员会的职权和承担责任的方式,严防业主委员会委员滥用权利侵犯业主和物业使用人的权利。

2. 制定明确的业主委员会的工作方式,使业主委员会在行使职权时具有可操作性。

3.《业主委员会章程》的内容应当严格遵守法律法规的规定,不得违反法律法规的规定。

三、管理性规范文件的制作

在物业管理活动中管理性规范文件很多,如《业主和物业使用人装饰装修管理规定》、《治安防范管理规定》、《消防管理规定》等。这些管理规定应当遵循的原则是什么、内容应当包括哪些等,目前还存在很多的争议和不同的观点,如有些观点认为管理规定的制定没有法律上的依据,是对业主和物业使用人权利的限制,有些人认为管理规定的制定是依据《物业管理委托合同》而来的,而且对物业管理活动有规范作用,主张制定管理规定。我们认为,管理性规范文件的制定应在遵守国家法律法规的基础上,根据《公共管理契约》和《物业管理委托合同》的约定来制定。这样的管理性规范文件弥补了《公共管理契约》和《物业管理委托合同》中遗漏的一些具体规则,对物业管理活动和物业管理行为均有一定的益处,在物业管理活动中应当存在且是必要的。

(一) 各类物业管理文件的制定程序和效力

各类物业文件均应由业主委员会制定,或者由业主委员会授权物业管理企业制定,由物业管理企业接受业主委员会的委托而制定的物业管理规定,应当报业主委员会审核后方可执行。在这里要特别强调一点,物业管理企业没有权利制定物业管理规定,只有在业主委员会授权的情况下,才可以制定物业管理规定,而且所制定的管理规定必须经业主委员会审核后方可实施。

经业主委员会制定或由业主委员会审核的物业管理规定,物业区域内的全体业主和物业使用人均应遵守,也可说是业主委员会制定或审核的物业管理规定对全体业主和物业使用人均具有法律效力。

(二) 制作规范性管理文件时的注意事项

1. 管理规定的内容不得违反法律法规的规定。

在制作各类管理规定时,出现问题最多的是内容违反法律法规的规定,如通过某些规定限制业主和物业使用人的权利,而且有些规定的内容严重地侵犯了业主的基本权利,如《物业出入管理办法》中有关规定:"业主或者物业使用人出入物业区域时,物业管理企业保安工作人员有权检查业主和物业使用人携带的物品。"我们认为,这一规定虽然会在很大程度上保证物业的安全,但却是对业主和物业使用人人身权利的严重侵犯。

2. 管理规定的内容不得妨碍业主和物业使用人的正常生活。

所制作的各种管理规定,不得影响业主和物业使用人的正常生活,不得干涉业主对物业的享有,否则即构成对业主权利的侵害。

3. 物业管理企业经授权制定的管理规定必须报业主委员会审核后实施。

物业管理企业必须摆正自己的定位,其只是接受委托完成物业管理的服务者,而不是物业的主人。物业的真正主人是业主,所以物业管理企业没有权利制作对业主和物业使用人进行管理的规定,只有业主委员会作为业主的代表才有这样做的权利,因此物业管理企业在没有业主委员会授权的情况下,不应擅自制作规范性管理文件。

第十一章 案例分析

一、追缴物业管理费案(A)

案情： 2000年4月，李女士将其所有的房屋出租与王某，租期为1年。在房屋租赁合同中，双方明确约定李女士与王某在房屋租赁期间所应交纳的物业管理费由王某承担。但在租赁期间，王某未能及时交纳该房屋物业管理费4000元。物业公司经多次向王某催要，王某拒不交纳。物业公司又找到李女士，要求李女士交纳物业管理费。但李女士以其不在该住所居住、且在与王某签订的租赁协议中已明确约定由王某交纳为由，也拒绝支付物业管理费。物业公司在催交无效的情况下将李女士起诉至法院，要求其交纳拖欠的物业管理费4000元并支付滞纳金。

案件审理结果： 一审法院判决李女士败诉，在判决生效后10日内将所欠缴的物业管理费一并交齐，并向物业管理公司支付滞纳金1200元，诉讼费由李女士承担。李女士表示服判未上诉。

评析： 本案涉及两个法律关系，一是李女士与物业管理公司的委托物业管理关系，二是李女士与王某的房屋租赁关系。在本案中，由于房屋所有权属于李女士，且《物业管理委托合同》是其与物业管理公司签订的，物业公司便与李女士形成了一种受法律保护的合同关系。相对于李女士与王某签订的房屋租赁协议来说，虽然双方在协议中明确约定了在租赁期间物业管理费由王某来承担，但李女士与王某及与物业管理公司签订的协议不属同一法律关系，李女士不能以此为由对抗第三人(物业管理公司)，所以该房屋在租赁期间的管理费用应由李女士承担。李女士承担此费用后，可根据与王某签订的租房协议，向王某进行追偿。

二、追缴物业管理费案(B)

案情: 张先生居住在沈阳市某花园小区。在入住时,张先生与该小区的物业公司签订了物业管理协议,期限为3年,张先生以每月每平方米1.5元向物业公司按月交纳物业管理费。物业公司负责对整个小区进行管理,其中包括保安、保洁等方面的服务工作。1999年6月,张先生开车回到小区,将车停放在楼下的停车位上并锁好车门后上楼。第二天清晨,张先生下楼取车时,却发现车窗玻璃被打破,车内贵重物品丢失。张先生于是向物业公司反映,物业公司派人员到现场查看了情况后向公安机关报案。同年物业公司多次向张先生催交7~10月的物业管理费计1200元,张先生以物业公司管理疏漏、未尽到管理职责为由,拒不交纳物业管理费。物业公司无奈,将张先生起诉至法院,要求张先生交纳所欠物业管理费并承担违约责任。物业公司诉称,物业公司履行了双方签订的物业管理协议,张某亦应履行协议约定的义务,支付物业管理费,同时要求张某承担相应的违约责任。张某辩称,物业公司未能履行安全职责,由于其管理不善,才导致自己财产受到损失,因此不同意交纳物业管理费。

案件审理结果: 法院认为,张先生拒交物业管理费的行为已经构成违约,依法判决张先生在判决生效后3日内将所欠物业管理费1200元交予物业管理公司,并向物业管理公司支付滞纳金200元。张先生不服一审法院判决,上诉至二审法院,二审法院认为一审法院认定事实清楚,证据确凿充分,适用法律得当,依法维持一审判决。

评析: 对于此案,应明确在此案中双方都涉及哪些方面的问题。

首先,张先生与物业公司所达成的物业管理协议是一个具有法律约束力的合同,合同的内容是经过双方在平等条件下协商自愿达成一致意见的结合。

其次,作为物业公司在进行物业管理活动中,其所实施的行为是在法律规定和与当事人达成的物业管理合同约定的范围内进行的。

　　张先生丢失贵重物品的情况,相对于绝大多数业主来说,往往会产生一个误区,就是"既然你没有尽到义务,就不应享有权利,业主就可以不再给付你物业管理费"。这就是业主与物业公司意见分歧的所在。张先生拒不交纳物业管理费的行为,依据《中华人民共和国合同法》第四十四条之规定:"依法成立的合同自成立时生效。"第六十条:"当事人应当按照约定全面履行自己的义务。"其行为已经构成违约,应按合同约定交纳物业管理费。对于张先生丢失财物后,认为物业管理公司没有尽到管理义务的抗辩理由,因其不能提供丢失贵重物品的事实证据和物业管理公司存在过错的证据,故法院没有采纳其意见。

三、人身损害赔偿案

　　案情:2000年7月,张某(14岁)放学回家,行至其家楼下,被一块本单元4楼居住的王某家脱落的玻璃击中头部,缝28针,伤残定为十级,花费医疗费共计16000余元。事后张某的监护人找到王某要求其赔偿医疗费等费用,而王某辩解称"我家玻璃从入住以来一直都是松动的,两天前曾向物业管理公司反映过,要求物业公司进行维修,物业公司说人手不够过两天给修。再说我家在玻璃脱落时家中没人,是由于风力太大的原因和物业公司的不负责任,才造成损害结果发生的,我们没有过错,所以不应该由我们来赔偿。"张某及其监护人见无法解决此事,便于2000年8月将王某诉至法院,要求王某赔偿医疗费等项费用。

　　案件审理结果:一审法院判决王某向张某支付医疗费16000元,赔偿金5000元。王不服一审法院判决,以在此事件中并非自己的主观过错造成损害结果的发生为由,向二审人民法院提出上诉,二审法院经审理后,依法维持一审法院的判决。

　　评析:首先,作为被告,王某是该建筑物玻璃脱落房屋的所有者,依据《中华人民共和国民法通则》第一百二十六条之规定:"建筑物或者其他设施以及建筑物上的搁置物、悬挂物发生倒塌、脱落,造成他人损害的,它的所有人或者管理人应当承担民事责任,但能够证明自己没有过错的除外。"虽然王某称其事先早已向物业公司反映过该玻璃松动的问题,而且发生损害时没有过错,但其作为该房屋的所有人,明知在其入住时钢窗松动,有事故隐患,没有采取积极措施避免危害结果的发生,而是采取了一种放任的态度,正是由于王先生放任的行为,才导致了损害结果的发生。因此被告王某抗辩的理由是不成立的,应当承担赔偿的民事责任。

其次,在物业管理公司与王某之间,虽王某有一定过错,但纠纷的主要原因是由于物业公司在管理和服务问题上出现的漏洞造成的。因此,王某可另行提起诉讼要求物业公司承担相应责任。

四、车辆丢失赔偿案

案情:陆某开车前往其表姐家,该小区为半封闭式物业管理小区,出入口为东西两门,小区内设有保安进行巡逻。陆某将车停至其表姐家楼下的停车位上,锁好车门后上楼。当日下午2时许,陆某下楼取车的时候,发现停在车位上的车不见了。陆某随即向物业公司反映该情况,物业公司查看了现场情况后,向公安机关报案。陆某多次向物业公司索赔(该车总价款为320000元),但物业公司却以其未交保管费为由拒绝赔偿。陆某多次索赔未果,将物业公司起诉至法院,要求物业公司对其所丢失的车辆负赔偿责任。

案件审理结果:经法院审理查明,在当天,小区的保安并未有脱离岗位的情况,并且按规定进行了巡视。审理过程中,人民法院组织双方当事人进行调解,双方达成调解协议,由物业公司补偿陆某人民币20000元,陆某撤诉。

评析:本案的关键问题有两方面:首先,依据《中华人民共和国合同法》第三百六十六条规定:"寄存人应当按照约定向保管人支付保管费,当事人对保管费没有约定的或者约定不明确,依照本法第六十一条的规定仍不能确定的保管是无偿的。"依据该条之规定,陆某虽未向物业公司交纳保管费,但其已进入该小区,并将车辆停放于该小区的停车位上,实际上陆某便与物业公司形成了一种事实上的保管合同关系,作为物业公司就有义务尽到保管的义务。其次,依照《中华人民共和国合同法》第三百七十四条之规定:

"保管期间,因保管人保管不善造成保管物毁损、灭失的,保管人应当承担损害赔偿责任,但保管是无偿的,保管人证明自己没有重大过失的,不承担损害赔偿责任。"依据此条之规定,作为物业公司是否尽到职责就成为了本案是否应当赔偿的关键,如果物业公司的保安人员按正常情况进行巡视,就尽到了其应尽的义务,在车辆被盗的时候物业公司主观上没有重大过错,该车辆的损失就不应由物业公司来承担。反之,如果保安没有按正常情况履行其应尽义务,致使犯罪分子有时机进行盗窃活动,对于保安的失职行为所造成的损失,物业公司就应承担赔偿责任。

五、物业管理合同纠纷案

案情:1999年6月,张先生在某市高档住宅小区购买了二室二厅住房,并同物业公司签订了物业委托协议,物业公司负责整个小区的保安、保洁等方面工作。此小区为半封闭式物业管理模式,南北设两个进出口,外来人员进入本小区须经两个门的保安进行登记,并在入口处由保安人员通过电子对讲器与业主取得联系,经业主同意后方可进入该小区,且小区内设有24台电子监控设备,可捕捉到园区内每个角落。2000年8月2日晚9时许,张先生回到本小区,将车行至小区停车位,锁好车准备回家时,忽然背后出现两人用刀子逼住张先生,抢走现金4000余元及手表、手机等贵重物品,并用刀将张先生扎伤,两犯逃窜。张先生随即来到门卫室,但发现门卫室内外没有保安人员。张先生随后向公安机关报案。接到报案后公安机关在5日内将其中一名犯罪嫌疑人抓获。就其供述,其与另一同案犯王某于2日下午五时许进入该小区,进入时保安并未向其进行询问和登记,二犯随即在园区内伺机作案,二人一直在园区内寻找作案对象,但并未得手,直到晚9时许,才得以作案。事发后张先生以物业公司违反合同约定为由,向物业公司提出索赔要求。物业公司以已经设置保安并起到震慑犯罪分子的作用,而且二犯在傍晚时作案无法发现,就是造成损失也应由二犯来承担,与物业公司无关,因此拒绝张先生的赔偿要求。张先生只好将物业公司起诉至法院,要求物业公司承担相应责任,并赔偿损失。

案件审理结果:一审法院判决物业管理公司向原告张先生赔偿经济损失共计人民币4000元,并向张先生支付违约金人民币2000元。物业公司不服一审法院判决,认为该损失不应由物业管理公司承担,二审法院认为一审法院的判决得当,维持一审法院判决。

评析:在本案中,张先生在入住的同时与物业公司签订了物业委托协议,并就相关事宜双方进行了约定,物业公司负责整个小区的保安、保洁等方面的工作。物业公司作为合同的一方,应当严格按照合同约定的内容履行其应尽的义务,其虽履行了设置保安的义务,但其行为表明只履行了部分义务。保安人员虽无公安机关及其他国家机关的行政强制执行的权利,但就其设置的根本目的来说,就是要尽到保证业主的人身和财产在园区内不受侵犯的职责。而在此案中,物业公司并没有按照合同约定内容履行义务。就犯罪嫌疑人的供述,在其进入园区的这段时间,保安人员并未对其进行登记和询问,本身园区内有监视系统,而犯罪嫌疑人在进入园区4个小时的时间内监视系统竟没有发现,物业公司下属的保安人员明显是一种失职行为,正是由于他们的失职才导致张先生的人身和财产受到损害,故物业公司的抗辩理由不能成立。依据《中华人民共和国合同法》第四百零六条之规定:"有偿的委托合同,因受托人的过错给委托人造成损失的,委托人可以要求赔偿损失。"第一百零七条之规定:"当事人一方不履行合同义务或者履行合同义务不符合约定的,应当承担继续履行、采取补救措施或者赔偿损失等违约责任。"因此物业公司的此种行为完全是一种违约行为,对于张先生的损失应负赔偿义务。同时,张先生要求物业公司按照《中华人民共和国合同法》的有关规定,就物业公司未尽到合同约定义务,要求物业公司支付违约金,也是完全符合法律规定的。

六、损害赔偿案

案情:1999年,张女士购买了位于某市的某高档花园小区住房,并同物业公司签订了物业委托协议书,由物业公司负责小区的物业管理工作。张女士按每月每平方米1.5元的价格向物业公司交纳物业管理费。同年7月,张女士入住该小区。2001年6月6日晚,张女士同其女儿王某从母亲家返回,走到该小区6号楼楼前,王某忽然一声大叫,张女士发现其女儿的左腿掉入了设在路边的一口井里,张女士随即拨打了120电话将女儿送至医院。经医院检查,王某的左腿为粉碎性骨折。张女士在此事发生3天后找到物业公司,要求物业公司对其女儿的受伤承担赔偿责任。物业公司却辩解称:"在事情发生的当时,该马路是由物业公司委托的市建一公司对该井进行疏通和维修,是由于市建一公司的工作人员不负责任,未将井盖盖紧所发生的事故。因此事故应由市建一公司承担赔偿责任。况且在事故发生时路面是平整的,该路段上的路灯是完好的,使用是正常的,所以,物业公司在主观与客观方面是完全没有责任的,不应由物业公司进行赔偿。而且业主本身也没尽到注意的义务。"同年7月张女士见此事无法解决,便将物业公司与市建一公司起诉至法院,要求其承担损害赔偿责任。

案件审理结果:在法院的主持下,双方达成调解协议,由市建一公司向张女士女儿赔偿医药费共计人民币3000元,损害赔偿金1000元,物业管理公司承担连带责任。

评析:此案也涉及了两个法律关系,即物业公司与业主间因物业管理合同而形成的委托关系,物业公司与市建一公司间的委托维修合同关系。在前一法律关系中,作为业主的主要义务就是按协议约定向物业公司交纳物业管理费,同时协助物业公司的工作。而物业公司的主要职责就是让业主在一个和谐、安全、舒适的环境中生活。物业公司与市建一公司之间则是另一个委托维修合同,相对于前一法律关系来说,物业公司不能以"是由于市建一公司工作人员不负责任,才导致损害结果发生的"为由来对抗张女士。因此物业公司应承担损害赔偿责任。但物业公司可以依据《中华人民共和国民法通则》第一百二十五条:"在公共场所、道旁或者通道上挖坑、修缮安装地下设施等,没有设置明显标志和采取安全措施造成他人损害的,施工人应当承担民事责任"向市建一公司追偿。

七、违建拆除纠纷案

案情: 2001年6月,刘女士购买了位于某市的××高档花园小区某楼B座7楼,面积为260m^{2}的三室两厅住宅(该楼最高层为7楼),该7楼户型为空中花园式结构(该房屋的使用面积为230m^2,其中空中花园面积为30m^2),同时物业公司在售房的过程中极力推荐该屋空中花园可由业主自行支配使用。买房时刘女士与物业公司在购房合同及物业管理委托协议中明确约定,刘女士可以在该空中花园搭建厨房及休息场所。2001年7月刘女士入住该小区,并在该处修建了一个自家的厨房。2001年11月6日晚,刘女士返回家中时,被邻居告知,物业公司保安已将其私自在顶层搭建的厨房拆除。刘女士随即来到物业公司,要求物业公司对擅自将其厨房拆除的行为做出合理的解释。物业公司称,虽然物业公司与李女士在购房合同及物业管理协议中有过"可将该花园由刘女士自行支配"的约定,但刘女士的搭建行为违反了该市城市建设的有关法律规定,属于违建房,且该建筑物的搭建影响了整个小区的外观形象的美观。物业公司对此事不应予以赔偿。刘女士见事情无法解决,便将物业公司起诉至法院,要求物业公司承担赔偿责任。

案件审理结果: 一审法院判决物业管理公司对其给刘女士造成的财产损失负赔偿责任,赔偿刘女士损失费共计人民币6000元。物业公司对一审法院判决不服上诉至二审法院,二审法院认为一审法院认定事实清楚,维持一审法院判决。

评析: 在本案中作为业主的刘女士是该房屋的权属所有者,空中花园本身属于该房屋整体的一部分,刘女士对于其所有的该处房屋有自行支配的权利,刘女士在其所有的房屋范围内修建厨房是其处置自己权利的一种方式。其在购房过程中房屋销售人员也极力向其推荐并保证该空中花园可供刘女士自行支配使用,且物业公司与刘女士在房屋买卖合同及物业管理协议中也明确约定了该处可由刘女士自行使用,从表面上看二者的行为是真实意思的表示,是一种有效的受法律保护的房屋买卖合同关系。但二者的行为与该市的地方法规发生了冲突,根据《中华人民共和国合同法》第五十二条之规定:"有下列情形之一的,合同无效:一方以欺诈、胁迫的手段订立合同,损害国家利益;违反法律、行政法规的强制性规定。"第五十六条之规定:"无效的合同或者被撤销的合同自始没有法律约束力。合同部分无效,不影响其他部分效力的,其他部分仍然有效。"所以刘女士与物业公司所签订的可由刘女士在该空中花园内搭建厨房及休息场所的部分约定是无效的。但在本案中,由于物业公司的虚假宣传致使刘女士的合法权益无法正常地行使,而刘女士购买该房的目的是看中物业公司所售楼盘的实用性,因此才选择该住宅。物业公司与刘女士在合同中也明确约定了顶层的所有权归刘女士所有,虽然刘女士的此种处置方式是违反法律、法规规定的,但刘女士违反法律法规的行为主要是由于房地产开发企业和物业管理公司的过错造成的;另外,作为物业管理公司,其本身没有国家赋予的强制执行的权利,因此物业公司无权将刘女士在该住宅所有权范围内修建的厨房予以强制拆除。根据法律规定,刘女士的违建房屋不能恢复原状,刘女士因此受到的损失应由物业管理企业给予适当的补偿。

八、违法处罚案

案情: 2001年11月张女士入住某花园小区,业主委员会委托某物业公司对小区进行物业管理,与物业公司签订了《物业管理委托合同》,物业公司在接受委托的同时制定了《小区管理办法》。在《小区管理办法》中明确规定,物业公司有权对业主的违规行为,如不向小区指定地点投放垃圾、随意向楼下乱扔杂物、未经物业管理公司许可擅自装修房屋等违规行为进行罚款。2001年9月,张女士将自家厨房和浴室进行装修,但未通知物业管理公司,同年10月物业公司以张女士违反《小区管理办法》为由,对张女士罚款3000元,张女士认为物业管理的此种做法没有法律依据,要求物业公司返还所交罚款,物业管理公司拒不返还,翌年1月张女士将物业公司起诉至法院,要求物业公司返还其所交纳的罚款。

案件审理结果：双方在法院的主持下达成一致意见，物业管理公司返还对张女士的3000元罚款，张女士予以撤诉。

评析：从法律上讲罚款是一种行政行为，物业公司本身并不具有国家赋予的强制处罚权。对于罚款只能按照《中华人民共和国行政处罚法》的规定进行，也就是说，只能是享有行政处罚权的机关才能行使。在本案中物业公司与业主签订的委托合同，按照法律的规定双方的法律地位是平等的，双方的权利义务只能依靠双方签订的合同进行确定。根据《中华人民共和国行政处罚法》第十五条之规定："行政处罚由具有行政处罚权的行政机关在法定职权范围内实施。"因此无论是何种意义上的罚款，只要罚款人无法律上的明确授权，其就不享有罚款的权利。因此物业管理公司不具备处罚的资格，对张女士的罚款行为是一种无效的行为，应返还张女士3000元。由于物业管理公司不具备法律规定的行政处罚权，所作出的罚款行为是无效的。双方可以在合同中约定如一方违反合同约定的内容，另一方可要求对方支付违约金或承担赔偿责任等方法。

九、物业公司侵权纠纷案

案情：1997年8月赵女士购买了位于××市的高档住宅小区某某楼6层的三室一厅房屋。赵女士购房的方式是分期付款，即赵女士按月支付房价款每月3000元人民币，期限为5年。1997年12月赵女士出国，出国期限为2个月。在出国前，赵女士找到开发商要求在其出国期间的房款等2个月回国后一并交齐，开发商表示同意。1998年1月，开发商向物业公司发来一份通知，称赵女士未将应付房款付清，要求物业公司对该住户采取停水、停电、停煤气等措施，以迫使该住户交纳所欠房款，该物业公司遂即照此办理，使得赵女士的家人无法正常地生活，赵女士家人随即将物业公司起诉至法院，要求物业公司立即恢复供水、供电、供气。

案件审理结果：双方在法院的主持下达成一致意见，物业管理公司恢复对赵女士家的供水、供电、供气，并在本小区的公告栏，向赵女士及其家人赔礼道歉。

评析：在这个案件中涉及到两种法律关系，一种是赵女士在买房的过程中同开发商形成的房屋买卖关系。另一种是赵女士与物业管理公司就委托物业管理所形成的委托关系。因两种关系都是由双方主体在平等、自愿的基础上形成的，因此两种法律关系是受法律保护的，是具有法律约束力的。

在房屋买卖关系中，赵女士承担支付房价款的义务，有取得房屋所有权的权利。而在物业管理法律关系中，业主承担支付物业管理费的义务，享有接受物业管理企业服务的权利。在任何一个法律关系中，履行了相关合同规定义务，就应该享有相应的权利，反之则应按照合同的约定承担相应的责任，这就是权利与义务相一致原则。因此不能将两种不同的法律关系混淆。

在本案中的赵女士同时是房屋买卖关系以及物业管理关系的主体，她未按期交纳购房款，说明她没有履行房屋买卖关系中按时付款的义务，那么她就应承担相应的民事责任，开发商也有权要求其承担这种民事责任。开发商可以按照购房合同的约定要求赵女士承担相应责任，甚至可以要求解除合同。但如果赵女士已经按照物业管理合同的要求交纳了物业管理费，这就意味着她在物业管理法律关系中已经履行了自己的义务，那么她就应得到完善的物业管理服务。作为物业公司应保证业主权利的实现，而其他人（包括开发商）则不能对这种权益进行侵害。因此，赵女士及其家人有权要求物业公司恢复供水、供电、供气等项的服务，并可要求物业公司承担违约责任。

十、损害赔偿案

案情：1998年6月张先生购买了××小区某楼B座3层的四室二厅住房，在入住前张先生与物业管理公司签订了物业管理委托协议。同时，物业管理公司为方便广大业主，提供了多项服务，如业主可拨打电话要求物业管理公司派人上门维修等业务。同年11月6日，张先生发现家中水龙头漏水，便打电话到物业公司要求物业公司派人进行维修。物业公司立即派人上门进行维修，在维修过程中发现需要换件，经张先生同意，维修工人使用了物业公司提供的水龙头。第二天当张先生欲用水时,水龙头忽然爆裂,后经质量检验部门对水龙头进行检验发现,物业公司提供的水龙头质量问题是造成这起事故的根本原因。张先生起诉至法院,要求物业公司赔偿其经济损失共计人民币15000元。该案在审理期间,经委托有关部门鉴定,张先生实际经济损失为7000元。

案件审理结果:一审法院判决物业公司向张先生支付经济损失费共计人民币7000元,双方均未提起上诉。

评析:我国《消费者权益保护法》中明确规定:"消费者因购买、使用或者接受服务受到人身、财产损害的,享有依法获得赔偿的权利。"虽然是物业公司向业主提供的水龙头,但物业公司并不是以此为营利手段,仅是为了方便维修,该水龙头仅是物业公司提供物业服务的工具,所以物业公司对于业主来说不是该水龙头的销售者。但这并不是说物业公司就不负赔偿责任。作为物业服务的提供者,物业公司有义务为接受其服务的消费者提供安全的服务,因此对于出现的此次事故,物业公司应负赔偿责任。但同时物业公司可以追究水龙头生产厂家的法律责任。

十一、损害赔偿案

案情:王小姐住在二楼,三楼的邻居国庆期间外出。某天,王小姐发现天花板开始滴水,意识到三楼邻居家可能漏水。她向该住宅的物业管理公司反映情况,物业管理公司称:三楼住户不在家,物业公司无权进入其家中,不能入室进行检修。结果情况越来越糟,天花板、家具衣服、被褥等都受到不同程度的损失,其中一些物品受损相当严重,而物业公司仍不予维修,王小姐无奈只好打110报警,在警方的要求下,物业管理公司砸开三楼房门入内维修,经检查发现,发水原因是自来水阀爆裂造成的,物业公司更换了水阀。同时,对三楼住户遭水浸泡的物品进行了抢救,避免了三楼住户损失的进一步扩大。三楼住户外出回来后,发现门窗损坏,家中物品被水浸泡,即找物业公司要求赔偿。物业公司认为,发现问题后,物业公司已履行了职责,门窗损坏是因二楼住户及公安机关要求下进行的,且为防止损失扩大,物业公司对其物品进行了抢救,发生水灾完全是由于三楼住户自己外出无人看护造成的,物业公司不同意赔偿。三楼住户找到二楼住户,二楼住户称,门窗砸坏是为了进入三楼住户家中,也是为了将损失减少到最小程度,不同意三楼住户提出的赔偿要求。经三方多次协商未果,三楼住户便将物业公司及二楼住户起诉至法院。

案件审理结果: 三方自行达成和解,三楼住户撤回起诉。

评析: 这是个比较典型的案例,其实质内容是物业公司的紧急避险及其免责问题。紧急避险就是为了使第三人或本人的人身或财产或者公共利益免遭正在发生的、实际存在的危险而不得已采取的一种加害于他人人身或财产的损害行为。以本案为例,三楼漏水,损害了王小姐的财产。在三楼住户家中无人的情况下,为了减少损害,就必须破门而入,对水管、水道进行修复,但客观上又会对三楼住户的门窗、玻璃等财产造成损害,类似这样的行为就是紧急避险行为。

紧急避险行为由于其所保护的利益大于其所造成的损害,具有正义合理性,因而我国《民法通则》对此予以认可。但是三楼住户的财产由于紧急避险而造成的损害应由谁来赔偿呢?对此最高人民法院《关于贯彻执行〈中华人民共和国民法通则〉若干问题的意见》(试行)第156条规定:"因紧急避险造成他人损失的,如果险情是由自然原因引起,行为人采取的措施无不当,则行为人不承担民事责任。受害人要求补偿的,可以责令受益人适当补偿。"从以上法律可以看出,当出现紧急避险情形时,是可以采取紧急避险行为的。在措施得体的情况下,无论是物业公司还是二楼住户,都不应承担民事责任。因此物业公司可以在此种情况下进入业主室内,进行维修。

十二、保管合同纠纷案

案情: 1996年5月王先生购买了一辆奔驰车,并向保险公司交纳了保险费。王先生每天上班将车停放在公司办公楼停车场,由该停车场的物业管理公司向王先生提供一个车位,王先生按月向物业公司缴纳车辆保管费120元,当该车辆出入公司停车场时,应向物业公司保安人员交收《出入证》，出入证上写明：进入停车场领取此证方可入内，汽车驶出应交回此证方可放行。1997年6月4日下午2时，王先生返回公司将车放入停车场位，并在入口处领取了出入证，晚5时王先生到停车场取车发现该车不见，王先生找到物业公司向物业公司反映情况，物业公司通过询问保安人员得知，当时下午4时左右，一男子将车开走，在出口处时保安要求其交回出入证，该男子称出去接人马上回来，保安便予以放行。事后，王先生找到物业公司要求物业公司对车辆的丢失负赔偿责任。但物业公司称我公司未与客户订立车辆保管合同，王先生交纳的是停车场场地出租费，而不是保管费，况且王先生已经投保，损失应由保险公司来承担，物业公司对该车辆的丢失不负赔偿责任。王先生在物业公司不予赔偿损失的情况下将该公司起诉至法院，要求物业公司赔偿其失盗车辆的全部费用。

案件审理结果：法院审理后判决物业公司在判决生效后10日内，赔偿王先生的损失共计70万元。物业公司不服一审判决上诉至二审人民法院，二审法院认为一审法院认定事实清楚证据确实充分，维持一审法院的判决。

评析：本案是一起由于保安人员工作失职所引起的一种民事纠纷。在本案中，王先生每月向物业公司支付120元的费用，双方虽未签订书面保管合同，但在事实上已经形成了一种委托保管的法律关系。物业公司向客户提供停车位，客户交纳一定的费用，客户占用一定场地，并为此支付相应的费用，客户在其停放车辆后，该车辆即脱离了客户的控制和监督，因此物业公司制定了一套出入、放行的管理制度。客户或者公众在无明示的情况下，对此以保管合同看待是很正常的。同时，物业公司作为向社会提供某种服务的经营者，依照《消费者权益保护法》第十八条的规定，又负有"保证其提供的商品或者服务符合保障人身、财产安全的要求"的法定义务。所以物业公司以与王先生没有签订保管合同的抗辩理由是不成立的。特别是在本案中，物业公司管理的停车场实行的是停车领证、开出交证的出入管理制度，并由保安人员负责，在性质上即属保障客户财产安全的措施。而物业公司的保安人员疏于管理、没有执行自己制定的制度，正是造成王先生财产损失的直接原因。因此应由物业公司对王先生的财产损失负赔偿责任。